英語と日本語における数量表現と関係節の
解釈に関する記述的・理論的研究

英語と日本語における数量表現と関係節の解釈に関する記述的・理論的研究

田中秀毅 著

開拓社

は　し　が　き

　本書は，平成 26 年 4 月に筑波大学人文社会研究科に提出した学位論文（本書と同じ題目）に部分的な加筆修正を施したものである．本書で扱う言語現象は，日英語の数量表現と関係節に関するものである．特に，部分・全体の関係を表す数量表現が関係節の環境に生じた場合の文法性や解釈可能性に焦点を当てる．本研究の着想は，平成 7 年 12 月に筑波大学文芸・言語研究科に提出した修士論文（Stranding vs. Base Analyses of English Floating Quantifiers）のためのインフォーマント調査で偶然見つかった言語事実に端を発している．このテーマを扱った研究は質量ともに限定的であったため，事実観察から始める必要があった．以来，20 年以上もこの萌芽的な研究テーマに取り組んできたが，ここまでやってこられたのは筆者が身を置いた環境によるところが大きい．そこではたくさんの先生方のご指導，インフォーマントの方々のご協力，さらに先輩方との充実した議論に恵まれた．そのすべての方々について記すことはかなわないが，特にお世話になった方々のお名前を記して謝意を表したい．

　筑波大学大学院に在籍していた時には，中右実，故・原口庄輔，廣瀬幸生，島岡丘，藤原保明の先生方にご指導いただいた．それまで統語論を中心に学んできた筆者に意味，音声・音韻，通時研究の世界を丁寧に教えてくださり，言語研究の裾野の広さに感銘を受けたことは忘れられない．ジャル語（オーストラリア先住民語），朝鮮語，ドイツ語など英語以外の言語の世界に筆者を導いてくださったのは，角田太作，鷲尾龍一，大矢俊明の先生方であった．ともすれば英語中心になりがちな視点を矯正する貴重な機会をいただいた．

　課外の勉強会では加賀信広，竹沢幸一の両先生に深夜までお付き合いいただき，多様な言語分析について自由闊達な討論の場をもたせていただいた．さらに，日本語学コースの橋本修先生，当時院生だった石田尊，福嶋健伸の両氏からは日本語の分析に対する有益なコメントをいただいた．大学院 OB の大室剛志，岩田彩志，本間伸輔，星英仁，松岡幹就の各氏には，学会や研

究会でお目にかかった際に研究の相談にのっていただいたり，励ましの言葉をいただいたりした．

　加賀信広先生には，数量詞という研究テーマの共通性から大学院在籍時のみならず，就職してからも筆者の論考に目を通していただき，その度に鋭く，有益なコメントを数多くいただいた．博士論文の原稿にも丹念に目を通してくださり，分析や議論を筋の通ったものにするための，数え切れないほどのアドバイスを頂戴した．また，加賀信広，青柳悦子，大矢俊明の先生方には公私ともに幾度となく激励していただき，博士論文の執筆に踏み込む勇気をいただいた．

　思い返せば，筆者が数量表現に興味をもつきっかけを与えてくださったのは，弘前大学でご指導いただいた奥野忠徳先生であった．当時はこれほど長く取り組むトピックになるとは予想できなかったが，結果的に発展性のある研究テーマを紹介してくださったことに改めて感謝したい．また，弘前大学在籍中にご指導いただいた故・佐藤ちゑ子，木村宣美，故・大石強，奥野浩子の先生方には，筆者の言語学への関心を広げていただいただけでなく，大学院在籍中はもとより，就職後も励ましのお言葉を頂戴した．

　数量表現を伴った関係節は，その統語的・意味的複雑さゆえに使用が限定される．よって，言語コーパスが発達した現在においてもインフォーマント調査は欠かせない．幸いなことに，筆者の質問に真剣に，そして忍耐強く答えてくださるインフォーマントに恵まれた．特に，Robyne Tiedemann, Ronald Klein, Leslie Pearsall, John Herbert, Michael Gorman, David Hurley, Michael Herke, Ronald Mason, Roger Martin, Ronald Creig の各氏には幾度となくご協力いただき，筆者の質問に回答するのみならず，英語母語話者の直感について丁寧にご説明いただいた．

　参考文献の入手については，広島女学院大学図書館と摂南大学図書館のレファレンス・サービス係にお世話になった．必要な文献をいつも迅速に取り寄せてくださったことに感謝したい．そのおかげで研究を効率的に進めることができた．

　開拓社の川田賢氏には本書を出版するにあたって的確な助言をいただいた．執筆や校正の作業が遅れがちでご迷惑をおかけしたにもかかわらず，出版スケジュールを調整していただいた．本書を上梓することができたご縁に心から感謝したい．

最後に，個人的なことであるが，研究に追われて時間のない筆者を遠い故郷からいつも励まし，温かく見守ってくれた両親と筆者が研究に前向きに取り組めるように精神的な支えになってくれた妻に感謝したい．

　本書は，日本学術振興会から平成 27 年度科学研究費補助金研究成果公開促進費（学術図書）の助成を受けて上梓されることになった（課題番号 15HP5064）．記して感謝申し上げる．また，本書には筆者が代表者として受給した，以下に挙げる一連の科学研究費補助金の研究成果の一部が含まれている．

(1) 平成 14 年度〜平成 16 年度科学研究費補助金（若手研究（B））
　　課題番号 14710349「日英語の数量詞と関係節の相関に基づく両者の統語的・意味的機能の研究」（研究代表者　田中秀毅）

(2) 平成 17 年度〜平成 19 年度科学研究費補助金（若手研究（B））
　　課題番号 17720119「先行詞または節内に数量詞を含む関係詞節の日英比較研究」（研究代表者　田中秀毅）

(3) 平成 20 年度〜平成 22 年度科学研究費補助金（挑戦的萌芽研究）
　　課題番号 20652034「数量表現を伴う関係詞節の統語的・意味的機能の研究」（研究代表者　田中秀毅）

(4) 平成 24 年度〜平成 26 年度科学研究費補助金（基盤研究（C））
　　課題番号 24520560「関係詞節・分詞節が主節と結ぶ論理関係とその決定因子に関する日英対照研究」（研究代表者　田中秀毅）

(5) 平成 27 年度〜平成 30 年度科学研究費補助金（基盤研究（C））
　　課題番号 15K02618「部分・全体関係を表す表現の日英対照研究」（研究代表者　田中秀毅）

2015 年 8 月

田中　秀毅

目　次

はしがき　　　v
表のリスト　　viii
図のリスト　　viii

第1章　序　論 ································· 1
  1.1.　はじめに ······························ 1
  1.2.　本書の構成 ···························· 2

第2章　英語における部分関係 ··················· 7
  2.1.　部分関係と数量詞の分類 ················ 8
  2.2.　先行研究 ····························· 10
    2.2.1.　記述的研究 ······················· 10
    2.2.2.　理論的研究 ······················· 14
  2.3.　先行研究における部分構造の分類基準の比較 ··· 19
    2.3.1.　質を表す部分関係 ················· 20
    2.3.2.　量を表す部分関係 ················· 25
    2.3.3.　計量的な部分関係 ················· 29
    2.3.4.　部分構造に生じる第1名詞(句)の意味的特徴 ··· 30
  2.4.　第2名詞句の解釈による部分構造の分類 ··· 31
  2.5.　部分構造と A out of B 形式 ············ 36
    2.5.1.　部分構造と A out of B 形式の比較 ··· 36
    2.5.2.　M 部分構造と T 部分構造の曖昧性 ··· 40
    2.5.3.　T 部分構造と第2名詞句の単複 ······ 43
  2.6.　本章のまとめ ························· 50

第3章　日本語における部分関係 ················ 53
  3.1.　日本語数量詞の分類 ··················· 56

3.2. 'A ノ（ウチノ）B' 形式が表す部分関係 ·························· 59
3.2.1. 'A ノ B' と 'A ノウチノ B' の意味論的区別 ················ 60
3.2.2. 'A ノ B' 形式における名詞交替 ······················· 61
3.2.3. 部分構造と疑似部分構造の解釈上の区別とその形式 ······· 64
3.3. 数量詞遊離文が表す部分関係 ································ 71
3.3.1. 数量詞の種類と数量詞遊離文の解釈 ···················· 71
3.3.2. 遊離数量詞と先行詞の意味関係 ······················· 72
3.3.3. まとめ ·· 84
3.4. 数量詞遊離文と連体数量詞文 ································ 85
3.4.1. 数量詞遊離文と連体数量詞文の機能 ···················· 86
3.4.2. 定名詞句を先行詞とする遊離数量詞 ···················· 89
3.4.3. 節と句が表す T 部分関係の比較 ························ 96
3.4.4. 数量詞遊離文と部分構造が表す部分関係の比較 ·········· 101
3.4.5. NQC 型の数量詞遊離文 ································ 103
3.5. 本章のまとめ ·· 108

第 4 章　英語関係節の分類と M 部分構造 ························ 111
4.1. 関係節の分類 ·· 113
4.1.1. 制限節と非制限節 ···································· 113
4.1.2. 定・不定制限節の意味機能 ···························· 115
4.1.3. 安井 (2000) の「吹き出し・はみ出し」分析 ············ 118
4.1.4. 安井分析の問題点 ···································· 122
4.1.5. 関係節の統語構造と決定詞の選択 ······················ 125
4.1.6. まとめ ·· 131
4.2. 定・不定制限節と部分構造 ···································· 132
4.2.1. 河野 (2004, 2012) の分析 ······························ 135
4.2.2. 部分構造を含む制限節 ································ 136
4.2.3. 部分構造制約と関係節の先行詞の定性 ·················· 138
4.2.4. 部分構造を含む制限節の容認性 ························ 144
4.2.5. まとめ ·· 146
4.3. 本章のまとめ ·· 147

第 5 章　英語における数量表現と関係節の相関 ···················· 149
5.1. 制限節と部分構造 ·· 150
5.1.1. 部分構造を含む関係節 ································ 151

	5.1.2.	類別詞の意味機能 ··	156
	5.1.3.	制限節の機能 ···	157
	5.1.4.	類別詞の省略に関する意味条件 ·······························	159
	5.1.5.	類別詞の省略に関する意味条件の由来 ························	162
	5.1.6.	部分構造を含む制限節の日英語対照研究 ······················	164
	5.1.7.	まとめ ··	171
5.2.	非制限節と部分構造 ···	171
	5.2.1.	三木 (2001) の「アド・ホックではない説明」···················	173
	5.2.1.1.	分析の骨子 ···	173
	5.2.1.2.	三木分析の問題点 ···	174
	5.2.2.	関係節と主節の論理関係に関する先行研究 ·····················	177
	5.2.2.1.	非制限節 ···	178
	5.2.2.2.	制限節 ···	179
	5.2.3.	関係節が主節と結ぶ論理関係と主節主語の指示特性 ············	181
	5.2.4.	非制限節と先行詞に含まれる数量詞 all の関係 ···············	185
	5.2.5.	まとめ ··	192
5.3.	本章のまとめ ··	193

第6章　日本語における数量表現と関係節の相関 ················ 195

6.1.	遊離数量詞の関係節化 ···	196
	6.1.1.	副詞と遊離数量詞 ···	196
	6.1.2.	数量詞遊離文と数量限定型関係節の共通点 ·····················	198
	6.1.3.	数量限定型関係節の主名詞（スケール名詞）····················	200
	6.1.4.	数量限定型関係節と個体限定型関係節 ························	201
	6.1.5.	量を表すスケール名詞 ······································	206
	6.1.6.	数のスケール名詞と量のスケール名詞の比較 ···················	210
	6.1.7.	まとめ ··	211
6.2.	複合名詞句からの数量詞遊離 ····································	211
	6.2.1.	主節と関係節の論理関係と遊離数量詞 ························	212
	6.2.2.	数量詞遊離文における遊離数量詞と先行詞の関係 ···············	216
	6.2.3.	関係節のテンス・アスペクトと遊離数量詞の容認性 ············	219
	6.2.4.	原因解釈の決定要因 ···	221
	6.2.5.	まとめ ··	225
6.3.	概数詞の遊離文 ··	225
	6.3.1.	赤楚 (2005) による概数詞の分析 ·····························	227
	6.3.2.	赤楚分析の問題点 ···	228

        6.3.3. 遊離基数詞と遊離概数詞の解釈 ………………………… 229
        6.3.4. 遊離基数詞と遊離概数詞の意味機能の違い …………… 231
        6.3.5. 概数詞の基数的用法と比率的用法 ……………………… 237
        6.3.6. 二重数量詞文と先行詞のヒト性 ………………………… 240
        6.3.7. 二重数量詞文と遊離基数詞 ……………………………… 243
        6.3.8. まとめ ……………………………………………………… 245
    6.4. 本章のまとめ …………………………………………………… 246

第7章 結　論 ………………………………………………………… 249
    7.1. 各章の結論の要約 ……………………………………………… 249
    7.2. 残された課題と今後の展望 …………………………………… 252

参考文献 ……………………………………………………………… 255
索　引 ………………………………………………………………… 265

表のリスト

表 2.1 英語数量詞の分類 ……………………………………………………… 9
表 2.2 英語部分構造における第 1 名詞(句)と第 2 名詞句の意味関係 ………… 34
表 2.3 部分構造と対比構造の比較 ……………………………………………… 40
表 2.4 英語部分構造の種類と第 2 名詞(句)の形式 (単数) ……………………… 49
表 2.5 英語部分構造の種類と第 2 名詞(句)の形式 (複数) ……………………… 50
表 3.1 日本語数量詞の分類 ……………………………………………………… 57
表 3.2 'Q ノ N' 形式と 'N ノ Q' 形式の解釈 ……………………………………… 64
表 3.3 種類名詞・1 字名詞を含む 'A ノ B' 形式の解釈 ………………………… 65
表 3.4 日英語の T 部分関係の対応関係 ………………………………………… 98
表 3.5 日本語の数量詞遊離文と部分構造の対比 ……………………………… 103
表 4.1 定・不定制限節と非制限節の機能の比較 ……………………………… 122
表 5.1 制限節の先行詞の指示レベルと数量表現の量化レベル ………………… 158
表 5.2 目的語の指示レベルに基づく動詞の分類 ……………………………… 169
表 5.3 関係節の種類と主節に対する論理関係 ………………………………… 181
表 5.4 関係節が先行詞と結びうる修飾関係の型 ……………………………… 186
表 6.1 '3 人' と '人数' の意味機能の対比 (江口 (2002: 24))) …………………… 200
表 6.2 主節の原因解釈と遊離数量詞 (FQ) の容認性 …………………………… 215
表 6.3 遊離数量詞 'いくつか・ほとんど' の解釈と先行詞の形式 ……………… 239
表 6.4 二重数量詞文における遊離した数量表現と先行詞の相関 ……………… 241

図のリスト

図 4.1 制限節と先行詞の意味関係 ……………………………………………… 114
図 4.2 非制限節と先行詞の意味関係 …………………………………………… 114
図 5.1 類別詞 issue と copy の概念レベルの上下関係 ………………………… 163
図 6.1 'その後' と主節時の関係 ………………………………………………… 223
図 6.2 比率的数量詞スケール (加賀 (1997: (35))) ……………………………… 232
図 6.3 基数的数量詞スケール (加賀 (1997: (36))) ……………………………… 232
図 6.4 遊離数量詞と連体数量詞を含む先行詞の意味関係 …………………… 233
図 6.5 概数詞遊離文と連体数量詞を含む先行詞の意味関係 ………………… 235

英語と日本語における数量表現と関係節の解釈に関する記述的・理論的研究

第 1 章

序　論

1.1. はじめに

　本書は，英語と日本語の数量表現と関係節の解釈について考察する．数量表現と関係節は，どちらも言語研究の初期段階から研究対象にされてきた．数量表現については，例えば Jespersen (1949) は one of the students に例示される「部分構造」(partitive construction) を partitive *of* として取り上げ，その統語的・意味的特性を記述している．また，山田 (1936) は，基数詞が限定対象の名詞と助詞に対して占める相対的な位置を詳しく観察し，本研究で取り上げる形式を網羅した 5 つの基本型を提示している (cf. 寺村 (1991, 1993))．

　関係節は伝統文法において中核的な構文として扱われてきた．Quirk et al. (1985) が採用している，制限的用法（restrictive use）と非制限的用法（non-restrictive use）の区別は，その半世紀以上まえに Jespersen (1933) で論じられている．また，理論言語学の黎明期には関係節の生成に関する研究 (Kuroda (1968) など) や日英語の関係節の対照言語学的研究 (Kuno (1973) など) が提出され，それ以降現在に至るまでに数多くの論考が提出されてきたことは周知のとおりである．関係節を言語学で最も活発に研究された構文の 1 つとして位置づけることに異論はでないであろう．

　半世紀以上にわたる部分構造と関係節の研究は，それらの個別のさまざまな特性を解明してきた．本研究は数量表現と関係節の相関関係に注目するこ

とによって，個別に観察した場合には具現しない，両者の特性を浮き彫りにする．具体的には，関係節が部分構造に類似する機能を有することや，部分構造を含めた数量表現が関係節と主節の論理関係に影響を及ぼすこと，などを示す．

　数量表現と関係節の相関関係に関する研究は，両者を個別に扱った研究に比べると著しく限定的であると言わなければならない．Quirk et al. (1985) のような大部の文法書でさえ，ごく限られた言語データを提示する程度であるし，双璧をなす Huddleston and Pullum (2002) には数量表現と関係節の相関関係に関する記述は見当たらない．数量表現と関係節の個別的研究が一定の進展を遂げた今，両者の相関関係に焦点を当てた研究が存在意義をもつとすれば，これまで見逃されてきた新しい言語事実の発掘と記述，さらにそれを言語学的に説明することによる理論的貢献が考えられる．それが本研究の目指すところである．

1.2. 本書の構成

　本書は，数量表現に関する考察（第 2 章と第 3 章）と数量表現と関係節の相関関係に関する考察（第 4 章から第 6 章）の 2 部で構成されている．前の部では英語と日本語の「全体・部分の関係」（part-whole relation）を表す表現の統語的・意味的特性について論じ，あとの部では各言語における数量表現と関係節の相関関係について，対照言語学的な考察も交えて論じる．以下に章ごとの概要を述べる．

　まず，第 2 章では全体・部分の関係（以下，「部分関係」と呼ぶ）を表す英語表現として部分構造を取り上げる．Quirk et al. (1985) は，質（quality）・量（quantity）・計量（measure）の観点で「分割」（partition）を区別する．それぞれ代表例を示すと次のようになる．

(1) a. a new kind of computer
　　b. two pieces of cake
　　c. a page of a book
　　d. one kilo of apples

(1a) は質の観点による分割，(1b, c) は量の観点による分割，(1d) は計量

の観点による分割と見なされる．これらの分割の違いは，直感的に理解できるものであるが，部分関係の観点から言えば，明示的に2つの個体の部分関係を表しているは (1c) だけである．すなわち，(1c) では of の後ろの名詞句が全体に相当する個体を表し，of の前の名詞句がその個体を構成する，部分としての個体を表しているのに対して，それ以外の例では，このような明示的な部分関係は認められず，句全体で個体の種類や量を表しているにすぎない (cf. Selkirk (1977), Jackendoff (1977))．

本研究は，分割の観点と部分関係の区別を統合し，次に例示される分類を提案する．

(2) a. two of the books
    b. two pages of the book
    c. two copies of the book

(2a) はグループ・メンバーの関係に基づく部分関係を，(2b) は単一個体とその中身の関係に基づく部分関係を，(2c) はタイプ・トークンの関係に基づく部分関係を表す．Quirk et al. (1985) による分割の区別に基づくと，(2a, b) は量の観点による分割，(2c) は質の観点による分割となる（計量の観点による分割は，量の観点による分割の下位類として組み込まれる）．(2) に示した3種類の部分関係は分割の観点について類似点をもつが，一方で互いに異なる特性も示す．このことは，第5章で見る，関係節との相関関係の考察でも示される．

第3章では，部分関係を表す日本語表現として，'A ノ（ウチノ）B' 形式と「数量詞遊離文」(quantifier-floating sentence) を取り上げ，それらの統語的・意味的特徴について考察する．まず，(2) に例示される部分関係のうち，(2a, b) に対応する部分関係が 'A ノ（ウチノ）B' 形式でも表せることを示す．

(3) a. それらの本のうちの2冊　［グループ・メンバーの関係］
    b. その本の2ページ　［単一個体とその中身の関係］

ただし，'A ノ（ウチノ）B' 形式では，数量表現が (3) のように助詞 'ノ' の後ろに生じる場合と次のように助詞 'ノ' の前に生じる場合がある．

(4) a. 多くの本
b. ほとんどのページ

このような数量表現の統語的位置の違いによって表される部分関係がどのように異なるかについて論じる．

また，日本語では数量詞遊離文も部分関係を表しうる．数量詞遊離文とは，次のように数量表現が限定対象の名詞句（[ ] で表示）の外の位置に生起する文のことである．

(5) a. 花子は [その本] を2冊買った．
b. 花子は [その本] を2ページ読んだ．

これらの例では，数量表現の '2冊・2ページ' がその限定対象の名詞句と部分関係を結ぶが，それと (3) の各部分構造で表される部分関係がどのように異なるのか明らかにする．

第4章は，英語の部分構造（グループ・メンバーの関係を表すもの）と関係節との相関関係について論じる．まず，制限的関係節と非制限的関係節の特徴を整理したうえで，Fetta (1974) の指摘した，部分構造を含む関係節にまつわる言語事実について考察する．[1]

(6) a. *The trucks each of which blocked the highway belonged to the independent truckers. (Fetta (1974: Ch. I (18b)))
b. The trucks, each of which blocked the highway, belonged to the independent truckers. (ibid.: Ch. I (18a))

この文法対立は，部分構造（each of which）が非制限的関係節と整合するが，制限的関係節と整合しないことを示している．しかし，河野 (2004, 2012) は制限的関係節が数量表現を内包する実例を収集し，一部の制限的関係節については部分構造と整合しうると主張している．本研究は，制限的関係節と部分構造の整合性を決定する要因が何であるか解明する．

第5章では，第4章で扱わなかった，(2b, c) のような部分構造も考察の

---

[1] 容認性判断の表示は，OK を意味する無印から ? > ?? > ?* > * の順序で容認性が低いことを意味する．

対象に加え，制限的関係節との相関関係を見る．特に，copy/page のような「類別詞」(classifier) が制限的関係節内で省略できる場合とできない場合があることを指摘し，その理由を解明する．

(7) the book that Mary bought two copies of
 ⇒ the book that Mary bought two of
(8) the book that Mary read two pages of
 ⇒ *the book that Mary read two of

さらに，次のように関係節の先行詞が数量表現を内包する場合の文法対立にも注目する．

(9) a. All the students who had failed the test wanted to try again.
b. *All the students, who had failed the test, wanted to try again.
(Quirk et al. (1985: 1241))

この文法対立は，制限的関係節が数量表現を含む先行詞と整合し，非制限的関係節がそれと整合しないことを示している．しかし，Rydén (1970) や Quirk et al. (1985) によれば，次のように数量詞 all を含む先行詞と非制限節が整合する場合があるという．

(10) All the students, who had returned from their vacation, wanted to take the exam. (Quirk et al. (1985: 1241))

本研究は，(9b) と (10) の文法対立が主節と関係節の論理関係と数量表現の整合性に起因するものであると主張する．

第 6 章では，日本語における数量表現と関係節の相関関係について論じる．まず，数量詞遊離文が関係節化された場合として，次のような例を取り上げる (cf. 江口 (2002))．

(11) 学生が数人試験に落ちた．
a. ［試験に落ちた］学生の数
b. ［学生が試験に落ちた］数

(11a) と (11b) は，関係節（［ ］で表記）によって修飾される要素が異なっている．(11a) は数量詞遊離文の '学生' が関係節化された場合で，英語の

対応表現がある (the number of the students that failed the test). (11b) は数量詞遊離文の'数人'に相当する要素が関係節化された場合で, 英語の対応表現が存在しない. 本研究は, (11a) と (11b) の意味解釈にどのような違いがあるのか探り, 各形式の意味特性の解明を目指す.

次に, 数量表現が関係節を伴う複合名詞句を修飾する場合に注目する.

(12) a. 山田はそこで [その後の人生を一変させる] 1冊の本を買った.
　　　b.?*山田はそこで [その後の人生を一変させる] 本を1冊買った.
(廣瀬 (1998))

興味深いことに, (12a) のように数量表現が連体用法の場合は容認されるが, (12b) のような数量詞遊離文の場合は容認性が低下する. 本研究は, 関係節事態 (本を買うこと) と主節事態 (山田の人生が変わること) が因果関係にあることに注目し, 節同士の論理関係が遊離数量詞の容認性に影響を与えることを指摘し, その理由を探る.

最後に, 基数詞 ('2個' など)・概数詞 ('2, 3個' など)・数量詞 ('ほとんど' など) が遊離した文の統語的・意味的特性を比較する. Kawashima (1998) は, 遊離した数量表現が概数詞か基数詞かで容認性が逆転する現象について考察している.

(13) a.??花子が積んであったたくさんのみかん箱を3個投げ捨てた (こと) 　　　　　　　　　　　　　　　　(Kawashima (1998: (31b)))
　　　b. 花子が積んであったたくさんのみかん箱を2, 3個投げ捨てた (こと) 　　　　　　　　　　　　　　　　　　　(ibid.: (33b))

この文法対立は, 基数詞と概数詞の意味特性の違いを示唆している. 本研究は, 遊離数量詞の限定対象の名詞句に含まれる数量詞'たくさん'との相関によって概数詞だけが整合すると主張する.

最後の第7章は, 第2章から第6章までの考察で得られた結論をまとめる. また, 本研究で解決できなかった問題を整理し, 今後の展望を述べる.

第 2 章

英語における部分関係

本章は,英語における部分関係について考察する.部分関係とは,全体に相当する集合とその集合のメンバーの一部(全部の場合も含む)の間に成立する意味関係のことである.特に,部分構造(部分関係を表す句形式の表現)とその類似表現に焦点を当てる.

英語部分構造は A of B の形式で表され,B の要素(以下,「第 2 名詞(句)」と呼ぶ)が全体を,A の要素(以下,「第 1 名詞(句)」と呼ぶ)がその一部分または割合をそれぞれ表す.具体的には,次のような句が部分構造である.

(1) a. one of the students
    b. most of the students

(1a) では,第 1 名詞が第 2 名詞句の表す母集合に対する部分集合を表している.一方,(1b) では,第 1 名詞が第 2 名詞句の表す母集合に占める割合を表している.あとで見るように,(1b) が表す部分関係は,特に比率関係と呼んで区別する.

本章の目的は,英語部分構造の統語的・意味的特徴を解明することである.構成は以下のとおりである.2.1 節では英語数量詞の前提性の違いを見る.続く 2.2 節と 2.3 節では,英語部分構造に焦点を当て,表される部分関係に基づいて細分化する.さらに,2.4 節では部分構造とその類似表現であ

る A out of B 形式を対照する．2.5 節は各節の要旨をまとめる．

2.1. 部分関係と数量詞の分類

部分関係には数量表現が密接に関わるため，まず数量表現の種類とそれぞれの特性について押さえておく．

Milsark (1974) は，英語の there 存在文と数量詞の整合性を踏まえて数量詞を「弱決定詞」(weak determiner) と「強決定詞」(strong determiner) の 2 つに分けている．弱決定詞とは，(2a) に含まれる some/many のように there 存在文の意味上の主語として許容される決定詞のことで，強決定詞とは，(2b) に含まれる all/most のように there 存在文の意味上の主語として許容されない決定詞のことである．[1]

(2) a. There are some/many books on the table.
　　b. *There are all/most books on the table.

Milsark は，強決定詞と弱決定詞の違いとして「前提性」(presuppositionality) を挙げる．強決定詞は，常に限定する名詞の母集合の存在を前提とする．例えば，most books は（語用論的にあらかじめ導入された）ある本の集合を前提とし，その集合の大部分のメンバーからなる部分集合を表す．一方，弱決定詞は，無標では—弱形 (unstressed) のとき—限定する名詞の指示対象の多寡を表すだけで，限定する名詞に関わる母集合の存在を前提としないが，強形 (stressed) では限定する名詞に関わる母集合の存在を前提とし，その集合の部分集合を指す．例えば，some books (some は弱形) は本の個体数を限定するだけで，その本の集合に対する母集合の存在を前提にしない．SOME books (SOME は強形) は強決定詞と並行的に，（語用論的にあらかじめ導入された）ある本の集合に対して，その集合の一部のメンバーからなる集合を指す．

以上，強決定詞が常に前提性をもつのに対して，弱決定詞は強形の場合を除き前提性をもたないことを見たが，強決定詞が there 存在文と整合しない

---

[1] 以下で見るように，some/many には all/most のように母集合の存在を前提とし，その部分集合を指す解釈もある．

のは，両者が機能的に衝突することによると考えられる．すなわち，there 存在文は「提示文」(presentational sentence) の一種なので意味上の主語は初めて談話に導入されるものでなくてはならないが，強決定詞によって限定される名詞はあらかじめその母集合が導入されていなくてはならないので，提示文と強決定詞の要求が同時に満たされることはない．

　母集合の存在が前提になるのは強決定詞の場合だけではない．部分構造は，決定詞の種類を問わず母集合を前提とする．例えば，部分構造の two of the cows は強決定詞を含まないが，第2名詞句の the cows が母集合を表し，その一部のメンバーからなる集合を第1名詞の two (弱決定詞) が表す．したがって，Diesing (1992: 72) が指摘するように，部分構造は there 存在文と意味的に整合しない．

(3) a. *There are two of the cows in the stable.

(Diesing (1992: (27a)))

b. *There are many of the pianos in need of tuning.

(ibid.: (27b))

このように，前提性（母集合の存在）は，部分構造に由来する場合と強決定詞の語彙的特性に由来する場合がある．以下では，語彙的に表される部分関係の解釈を「語彙的部分解釈」(lexical partitive interpretation)，部分構造のような統語形式によって表される部分関係の解釈を「構文的部分解釈」(constructional partitive interpretation) と呼んで区別することにする．

　加賀 (1997) は，弱決定詞・強決定詞の区別に基づいて，各タイプの数量詞を次に示すように，それぞれ「基数的数量詞」(cardinal quantifier)，「比率的数量詞」(proportional quantifier) と呼んでいる．

数量詞の種類	例
基数的数量詞	some/many（弱形），several など
比率的数量詞	most, all, some/many（強形）など

表 2.1　英語数量詞の分類

基数的数量詞は単に数量の多寡を表すのに対して，比率的数量詞は前提となる母集合に対する数量の割合を表す．本研究は，加賀の用語法を踏襲することにする．

2.2. 先行研究[2]

　英語部分構造において，第1名詞(句)と第2名詞(句)になりうる要素は多様で，両者の間に成立する部分関係も一様ではない．実際，先行研究においても英語部分構造を複数のクラスに分類する試みがなされてきた (Allan (1977), Selkirk (1977), Jackendoff (1977), Quirk et al. (1985), Lehrer (1986) などを参照)．以下では先行研究のうちから，記述的研究として Quirk et al. (1985) を，理論的研究として Selkirk (1977) と Jackendoff (1977) を取り上げ，概観する．

2.2.1. 記述的研究

　Quirk et al. (1985) は，部分関係を「分割」(partition) ととらえ，「質」(quality),「量」(quantity),「計量」(measure) の3つの観点で区別する．3つの観点は，しばしば第1名詞句内に生じる kind, piece, liter などの類別詞によって明示される（ただし，two of the students のように類別詞を伴わない場合もある）．[3] 以下に3種類の部分関係の特徴をまとめる．

　(4) は質に関する分割（以下，「質を表す部分関係」と呼ぶ）で，第1名詞句に'種類'を意味する類別詞 (kind/sort/type) が含まれる．

　(4)　質を表す部分関係
　　　a.　第2名詞が可算名詞の場合
　　　　　a new kind of computer　[Singular Partitive]
　　　　　new kinds of computers　[Plural Partitive]

---

[2] 本節は田中 (2003) に加筆修正を施したものである．
[3] Aikhenvald (2000) によれば，数量に関係する類別詞（数量類別詞）は東アジアや東南アジアの言語で観察されるという（類別詞の分類については水口 (2004) を参照）．

　日本語は英語に比べて類別詞が発達している．英語で two dogs のように基数詞が単独で用いられる場合でも，日本語では'2匹の犬'のように類別詞の'匹'を用いる．日本語類別詞は，名詞に応じて使い分けられる．動物名詞を例にとると，猫には'匹'，馬には'頭'，すずめには'羽'が用いられる．藤原 (2004) によれば，類別詞同士の関係は一律ではなく，'匹'はほかの2つの類別詞よりも上位語であるという．日本語類別詞の体系的分類につい

b. 第2名詞が不可算名詞の場合
a delicious sort of bread [Singular Partitive]
delicious sorts of bread [Plural Partitive]

(Quirk et al. (1985: 249))

質を表す部分関係では，第2名詞として可算名詞・不可算名詞のいずれも生じることができる．[4] (4a) は第2名詞が可算名詞の場合で，(4b) は第2名詞句が不可算名詞の場合である．例はそれぞれ '新機種のコンピューター'，'おいしいパン' という意味で，それぞれ機種や味の観点からコンピューターとパンの一部分を指している．[5]

(5) は量に関する分割（以下，「量を表す部分関係」と呼ぶ）で，第1名詞句が piece/pack/page などの類別詞を含む．

ては，松本 (1991) と Matsumoto (1993) による原型意味論に基づく分析などを参照のこと．

[4] (4a) の第2例は，第2名詞が可算名詞の複数形になっているが，『ジーニアス英和辞典』第4版（以下，『G^{4}英和』）や『オーレックス英和辞典』初版（以下，『O^{1}英和』）には，all kinds of guitar(s) のように第2名詞として可算名詞の複数形と単数形の両方が許されるという記述がある（無冠詞単数のほうを堅い言い方とする）．なお，2.3.1 節で第2名詞の複数性が個体の複数性ではなく，集合の複数性であることを見る．

[5] (4b) に対応する日本語表現を 'A ノ（ウチノ）B' 形式に求めると '*おいしい種類のパン' となるが，この表現はすわりが悪い．これは，おいしさが種類を形成するための基準として不適切であるためであると考えられる（'*おいしくない種類のパン' のような対立表現も不自然）．対照的に，かたさはパンの種類の基準として適切である（'かたい種類のパン' や 'やわらかい種類のパン' は容認される）．

形式的に (4b) に近い日本語表現として「パンのおいしいの」がある．この表現は '〈名詞〉＋ノ〈形容詞〉＋ノ' 形式で部分関係を表しており，部分構造の対応表現と見なせる．野呂 (2013) によれば，'〈名詞〉＋ノ〈形容詞〉＋ノ' 形式において，名詞と形容詞の意味関係は制限的関係にならなければならない．

(i) a. りんごの赤いの   cf. 赤いりんご（制限的用法）
    b. #地球の青いの   cf. 青い地球（非制限的用法）

(ia) では 'りんご' がりんごの集合（全体）を表し，'赤いの' がその部分集合を指している．これに対して，(ib) では '地球' は唯一物であるため，'青いの' がメンバーの一部分を指すことはできない．

(5) 量を表す部分関係の場合
    a. 第2名詞が不可算名詞
       a piece of cake [Singular Partitive]
       two pieces of cake [Plural Partitive]
    b. 第2名詞が可算複数名詞の場合
       a pack/packet of cigarettes
       a (large) crowd of people
       a (huge) flock of birds
    c. 第2名詞句が可算単数名詞の場合
       a page of a book
       a branch of a tree
       a piece of a loaf

                          (Quirk et al. (1985: 249-250))

この部分関係では，第2名詞(句)として可算名詞・不可算名詞のどちらも許されるが，可算名詞の場合に (5b) のように必ず複数形になるものと (5c) のように単数形になるものがある．(5a-c) に共通するのは，第1名詞句が量に関する表現だということである．それぞれの最初の例を見ていくと，(5a) は '1切れのケーキ'，(5b) は '1箱の巻きたばこ'，(5c) は '本の1ページ' となる．[6] 各例で表される部分関係は，ケーキ全体（ホール）の一部分としての1切れ，無数にある巻きたばこの一部分としての1箱，特定の本を構成する複数のページのうちの1ページである．

  (6) は長さ・重さなどの「計量的部分名詞」(measure partitive noun) によって表される部分関係（以下，「計量的な部分関係」と呼ぶ）で，第1名詞句には kilo/liter など尺度を表す類別詞が含まれる．

(6) 計量的な部分関係
    a. a meter of cloth [Length]
    b. one kilo of apples, a pound of butter [Weight]

---

[6] '本の1ページ' は部分関係を表すが，第1名詞と第2名詞句を入れ替えて '*1ページの本' とはできない．このように 'A ノ B' 形式で A に数量表現が生じた場合，単一個体の中身の部分関係を表せない．これについては第3章で論じる．

c. an acre of land　[Area]
　　d. a liter of wine, a pint of milk　[Volume]

(Quirk et al. (1985: 249-251))

　計量的な部分関係は尺度による厳密な量を問題にするが，量を問題にする点で量を表す部分関係の下位類と見ることができるだろう．ただし，計量的な部分関係は第2名詞句が可算の場合，(6b) が示すように必ず複数形になるのに対して，量を表す部分関係は第2名詞が可算の場合，(5c) が示すように単数形も許す．(6a) は'1メートルの布'，(6b) は'1キロのりんご'，(6c) は'1エーカーの土地'，(6d) は'1リットルのワイン'となる．いずれも第1名詞句が表す尺度の観点で，第2名詞の量を表している．

　以上，Quirk et al. (1985) による部分関係の分類を見た．この分類法の特徴は，第1名詞(句)の意味的な性質（質・量・計量）に基づくことである．[7] 第1名詞(句)の種類と第2名詞(句)の可算・不可算・単複の組み合わせについては記述しているが，なぜそのような関係が共起するのかについては論じていない．本研究は，Quirk et al. (1985) による記述に言語学的な説明を与えることを目指す．具体的には，第1名詞(句)の意味的特性によって，第2名詞(句)の単複の形式・解釈が決定されていると主張する．

---

[7] Allan (1977) は Quirk et al. (1985) よりも細かく部分関係を分類しているが，基本的に Quirk et al. による質・量・計量の区別に収まるように思われる．Allan の分類は，Quirk et al. の量を表す部分関係に相当するものが細分化されており，次のような区別が提案されている．

　　(i)　Collective classifiers　　　e.g. a herd of animals
　　(ii)　Fractional classifiers　　　e.g. three quarters of the cake
　　(iii)　Number set classifiers　　e.g. many hundreds of people
　　(iv)　Arrangement classifiers　　e.g. two rows of beans

さらに，Lehrer (1986) は次のような表現も部分関係と見なす．

　　(v)　Metaphorical comparison classifiers　　e.g. a bear of a man

Lehrer は，第1名詞句と第2名詞句の間に成立する比喩関係を部分関係の一種ととらえられている．
　本研究は (i) (ii) に例示される部分関係については論じるが，(iii) (iv) (v) に例示されるものについては取り上げない．

2.2.2. 理論的研究

英語部分構造の理論的研究は，部分関係が成立するための統語的・意味的条件に注目する．例えば，a group of men と a group of the men を比較すると，of の後ろの名詞(句)が定か不定かで異なる．この違いにより2つの表現の意味解釈に決定的な違いが生じる．不定名詞が of の後ろに生じている a group of men は，単一の男の集合を表すのに対して，定名詞が of の後ろに生じている a group of the men は2つの集合を表し，かつそれぞれの集合は部分関係を結ぶ．換言すれば，第2名詞句は母集合を表し，第1名詞句はその部分集合を表す．この意味的な区別を統語的特徴に結びつけるべく，理論的分析は第2名詞句の「定性」(definiteness) の観点から部分構造を分析する．

Selkirk (1977) と Jackendoff (1977) は，生成文法理論の枠組みで部分構造を分析し，第2名詞句に限定詞が含まれるかどうかで部分構造が異なる振る舞いを示すことを指摘している．Selkirk (1977) の言語観察を踏まえ，Jackendoff (1977) は第2名詞が限定詞を含む (7) のような部分構造を「真部分構造」(true partitive)，第2名詞が「はだか名詞」(bare noun) で限定詞を含まない (8) のような部分構造を「疑似部分構造」(pseudopartitive) と呼んで両者を区別している．

(7) 真部分構造
a bunch of the men, one of the boys, most of the students
(8) 疑似部分構造
a bunch of men, a group of women, a couple of people
cf. *one of boys, *a few of girls, *most of students

Jackendoff は，真部分構造では第1名詞(句)と第2名詞句が部分関係にあるが，疑似部分構造ではそうではないと主張する．各タイプの部分構造の例を見ればわかるように，Jackendoff は部分関係を Quirk et al. (1985) よりも狭い意味で用いている．すなわち，2.1節で見た前提性の観点で言えば，真部分構造は母集合が前提となるタイプで there 存在文の意味上の主語になることができないが，疑似部分構造はそのような前提がないタイプで there 存在文の意味上の主語になることができる．

以下では Jackendoff (1977) が真部分構造と疑似部分構造を区別する根

拠とした，各構造の統語的特徴について Selkirk（1977）が指摘した関連する言語事実も含めて要約する．なお，用語の統一のため，以下では「部分構造」によって真部分構造を指すこととし，疑似部分構造と対比的に用いる．また，部分構造と疑似部分構造の両方に同時に言及する場合は，「(疑似) 部分構造」と表記する．

部分構造と疑似部分構造の第1の相違点として，部分構造には「部分構造制約」(partitive constraint) が課されるが，疑似部分構造には課されないことがある．

(9) 部分を表す of 前置詞句は，指示詞（demonstrative）または属格指定辞（genitive specifier）を含んでいなければならない．

(Jackendoff (1977: 113))

「部分の of 前置詞句」とは第2名詞句を含む of 前置詞句を指す．[8] 部分構造では，次の例に示されるように第2名詞句が the や those のような指示詞や our のような人称代名詞の所有格を含んでいなければならない．

(10) a. a bunch of the/*some men
   b. a gallon of our/*much wine
   c. a number of those/*all objections

部分構造制約は，部分構造の第2名詞句が定（definite）であることを要求する．[9] 換言すれば，部分構造において母集合の存在が前提となるという

---

[8] Jackendoff (1977) は，X バー理論の枠組みで名詞句が N‴，N″，N′ の3層レベルからなると分析する．部分構造は「of N‴ 構造」と呼ばれ，部分構造制約でも同様の用語が用いられているが，本研究の議論に直接関わらないので，X バー理論の用語は適宜簡略化して表記する．

[9] 部分構造制約は，「定制限」(definiteness restriction) と見なされる傾向にあるが，(5c) の例が示すように，第2名詞句が不定の部分構造が許容されることがある．さらに，次のような例も観察されている．

(i) One of some boys who were playing in the alley got arrested.
(Stockwell, Schachter and Partee (1973: 144))
(ii) This is one of a number of counterexamples to the PC. (PC < partitive constraint)
(Ladusaw (1982: 240))

ことである．この制約は，部分について言及するためには全体があらかじめ導入されていなければならない，という意味論的要請に由来すると考えられる．

疑似部分構造に目を向けると，第2名詞としてはだか名詞が生じる．

(11) a. a bunch of men
　　 b. a gallon of wine
　　 c. a number of objections

池内 (1985) が指摘するように，(11) の名詞句はそれぞれ several men, some wine, some objections に近い意味を表していることを踏まえると，第2名詞句の表す集合を母集合とし，第1名詞句がそのメンバーの一部分を表している (10) とは決定的に異なることは明らかである．

部分構造と疑似部分構造の相違点の2つ目として，第2名詞を含む of 前置詞句に「外置」(extraposition) が適用できるかどうかがある．外置とは，文の要素の一部を文末に移動させる移動規則である．次の例が示すように，

この事実は例外とされることも少なくないが，一方で部分構造制約の修正を試みている論考も見られる．例えば，Fodor and Sag (1982) は不定名詞が指示的に解釈されるとし，Reed (1991) は不定名詞が談話的グループを参照 (access) できるように明示的な修飾表現や文脈調整がなされれば容認されるとしている．

Abbott (1996) は次の例文に含まれる，第2名詞が単数形の部分構造を「質量部分構造」(mass partitive) と呼び，(i) (ii) に含まれる第2名詞が複数形の「グループ部分構造」(group partitive) と区別する．

(iii) Why settle for half of a loaf?　　　　　　　　(Abbott (1996: (14b)))
(iv) There was most of a birthday cake and all of a large vegetarian pizza sitting on the buffet.　　　　　　　　(ibid.: (14c))

Abbott はグループ部分構造に質量部分構造よりも強い語用論的制約が課されると主張する．グループ部分構造では不定のグループを導入したうえで，そのグループの下位グループを取り出すため，上位グループを導入する根拠が必要となる．これに対して，質量部分構造では（2つのグループではなく）個体とその中身が問題になるため，その個体と文脈の関連だけが保障されればよい．

本研究は，次節で見るように (i) (ii) の部分構造が表すグループ・メンバーの関係と (iii) (iv) の部分構造が表す単一の個体と中身の関係を区別するので Abbott の分析と符合するが，不定の第2名詞の問題には立ち入らない．ただし，(ii) のような部分構造については第4章4.2.3節で考察する．

部分構造の of 前置詞句は外置できるが，疑似部分構造のそれは外置できない（角かっこは外置された要素を表す）．

(12) A lot of the leftover turkey has been eaten.
⇒ A lot has been eaten [of the leftover turkey].

(Jackendoff (1977: (5.10a)))

(13) A lot of leftover turkey has been eaten.
⇒ ?*A lot has been eaten [of leftover turkey].

(ibid.: (5.46a))

(12) の主語名詞句 A lot of the leftover turkey は，部分構造で of 句の外置が可能である．[10] これに対して，(13) の主語名詞句 A lot of leftover turkey は疑似部分構造で of 句の外置が許されない．

部分構造と疑似部分構造の相違点の3つ目は，部分構造と関係節の相関に関するものである．部分構造の場合，関係節が第1名詞句と第2名詞句のどちらを修飾することも可能で，結果として解釈は2通り生じる．疑似部分構造の場合には，関係節は名詞句全体を修飾し，解釈は曖昧にならない．次の最小対立を考えてみよう．

(14) a. She bought him a number of those daffodils, only two of which were faded. (ibid.: (5.49a))
b. She bought him a number of daffodils, only two of which faded. (ibid.: (5.49b))

これらの文は bought の直接目的語以外は共通で，文末に非制限的関係節が続く．[11] (14b) の直接目的語の a number of daffodils は，第2名詞がはだ

---

[10] Akmajian and Lehrer (1976: footnote 9) は，主語名詞句内の要素の外置が文体上の要因による影響を受けると指摘している．外置される要素が長く，動詞句が短いほうが，容認されやすいという．

(i) A bottle was sent of that marvelous French perfume.
(ii) A bottle was sent late last night of perfume.

(i) は動詞句が短く，外置される要素が長いので (ii) よりもすわりがよいという．

[11] 非制限的関係節は先行詞の指示決定に関与せず，先行詞の指示決定に欠かせない制限的関係節とは区別される．関係節の制限用法と非制限用法の違いについては第4章で

か名詞の複数形 (daffodils) なので疑似部分構造である．(14a) の直接目的語の a number of those daffodils は，第2名詞句が指示詞を伴った定名詞 (those daffodils) なので部分構造である．ここで関係節に目を向けると，(14a) と (14b) はいずれも指示の確定した先行詞を受ける非制限的関係節であることは共通であるが，関係代名詞 which の先行詞が (14a) と (14b) では異なる（なお，関係代名詞を含む名詞句の only two of which 自体も部分構造である）．[12]

　(14a) と (14b) はどちらも'彼女は花屋で彼にスイセンを数本買った'という事態を表すが，その数本のスイセンの状態が問題となる．まず (14a) と (14b) に共通する解釈について言うと，買った数本のスイセンのうちたった2本だけがしぼんでいるという状況である．この場合は，非制限的関係節は買ったスイセン，すなわち (14a) では a number of those daffodils, (14b) では a number of daffodils をそれぞれ先行詞とする．ここで注意すべきは，those の有無にかかわらず，両表現は同じ本数のスイセンを指せるということである．部分構造のほうは，第2名詞句が指示詞を含んでいるので全体の数がはっきりしているという点で異なるが，結局買ったスイセンはその一部分（a number の指示対象）である．例えば，もらったスイセンの本数を仮に6本とすると，6本のうちの2本がしぼんでいる状況を表す．

　次に (14a) だけがもつ，もう1つの解釈を考えてみる．この解釈では花屋のスイセンの中から数本選んで買ったとき，花屋のスイセンのうちの2本がしぼんでいたという意味である．この場合には，関係節が those daffodils だけを修飾する．仮に買ったスイセンの本数が6本だったとすると，しぼんでいるのは買った6本のスイセンのうちの2本なのか，それとも買わなかったスイセンのうちの2本なのか定かではない．

　まとめると，部分構造に続く関係節は，those daffodils（第2名詞句で全体に相当する表現）を修飾することも，a number（第1名詞句で部分に相当する表現）を修飾することもできる．これに対して，疑似部分構造に続く関係節が修飾するのは疑似部分構造全体で表される指示対象である．

詳しく論じる．
[12] 名詞句の only two of which を部分構造と見なす根拠として，問題の関係節が非制限的用法で，関係代名詞の先行詞が指示的に定であることが挙げられる．

以上，部分構造の理論的研究において，部分構造と疑似部分構造を区別する統語的・意味的根拠を見た．次節では，先行研究における部分関係の分類基準を比較する．

2.3. 先行研究における部分構造の分類基準の比較

　記述的研究が部分構造の第 1 名詞(句)の意味的特徴（質・量・計量）に注目するのに対して，理論的研究は部分構造の第 2 名詞句の指示性（定性と特定性）に注目する．どちらの分類基準も互いに矛盾するものではなく，(疑似)部分構造を適切にとらえるうえで重要な観点であると言える．部分関係の観点から言えば，部分構造は母集合とそのメンバーが第 2 名詞句と第 1 名詞(句)によってそれぞれを表されているが，疑似部分構造は第 1 名詞(句)によって数量が指定され，その中身を第 2 名詞が漠然と表しているにすぎない．また，第 1 名詞(句)の意味的な区別（質・量・計量）は，部分関係がどのような性質のものかを決めるうえで重要である．

　部分構造と疑似部分構造は，定義上，第 2 名詞(句)の定性について対立する．一方，第 1 名詞(句)について，部分構造と疑似部分構造がどのような関係にあるかについては，先行研究では明確にされておらず，調査が必要である．例えば，第 1 名詞には部分構造しか許さない (15a) のグループと部分構造と疑似部分構造の両方を許す (15b) のグループがある（アスタリスク付きのかっこは，かっこ内の要素の省略が許されないことを示す）(cf. (7) (8))．

(15) a. one of *(the) boys, a few of *(the) girls, most of *(the) students
　　　b. a bunch of (the) men, a group of (the) women, a couple of (the) people

(15a) の第 1 名詞(句)は，one, a few のような基数的数量詞(句)か，most のような比率的数量詞である．(15b) の第 1 名詞句の bunch/group/couple はいずれも個体のまとまりを表す表現である（couple には単にまとまりを表すだけでなく，2 という数を指定する働きもある）．

　(15) の文法対立を踏まえると，①基数的数量詞と比率的数量詞は単独で

部分構造の第1名詞(句)になれるが，疑似部分構造の第1名詞(句)にはなれないこと，② bunch のようなまとまりを表す表現は部分構造と疑似部分構造の第1名詞句になれること，の2点が導かれる．ただし，あとで見るように，まとまりを表す表現の中でも crowd のように，部分構造に生じる場合に一定の制約が課されるものがある (cf. *a crowd of the people)．そこで，以下では疑似部分構造の第2名詞を定名詞に変えることによって部分構造が得られるかどうかを調査する．

2.3.1. 質を表す部分関係

一般に，kind/type/sort (Quirk et al. (1985) は partitive count noun と呼ぶ) は，this kind of car のように第2名詞として可算名詞であっても無冠詞単数をとる．[13] この第2名詞は，タイプ解釈を受けていると考えられる．「タイプ」とは時間的・空間的に規定できない指示対象のことで，時間的・空間的に規定可能な指示対象である「トークン」と区別される (Lyons (1977), Carlson (1977b), Jackendoff (1983), Kaga (1991) などを参照).

kind/type/sort が第2名詞として単数形をとるのは，これらの表現が語彙的に複数の個体の集合を前提とし，単数形の名詞が意味的に複数の個体の集合として解釈されるためであると考えられる．このことは kind/type/sort の語義によって裏づけられる．*Cobuild Advanced Dictionary of English*, seventh ed. (以下 CADE[7]) では，kind/type/sort は次のように定義される（イタリック・下線は筆者).

(16) CADE[7] における kind/type/sort の定義
    a. kind の定義
       If you talk about a particular kind of thing, you are talking about one of the *types* or *sorts* of that thing.
    b. type の定義
       1) A type of something is a <u>group</u> of those things that have

---

[13] ただし，kind/sort が複数形の場合は，all kinds of guitar(s) のように第2名詞として可算名詞の複数形も許容される．注4も参照のこと．

particular features in common.
2) If you refer to a particular thing or person as a type of something more general, you are considering that thing or person as an example of that more <u>general group</u>.
　c.　sort の定義
1) If you talk about a particular sort of something, you are talking about a <u>class</u> of things that have particular features in common and belong to a larger <u>group</u>.
2) You describe someone as a particular sort when you are describing their character.

(16a) の kind の定義には type/sort が含まれており，(16b, c) の type/sort の定義には general group/a class of things that ... belong to a larger group といった集合の概念が含まれる．以上から kind/type が可算名詞の単数形が意味的に複数の個体の集合と解釈されることがわかる．

さらに，(16) の語義は，kind/type/sort が複数形の第 2 名詞をとる場合の意味的特性についても示唆を与える．

(17)　a.　this kind of car/*cars
　　　b.　two kinds of car/cars

(17a) が示すように，kind が単数の場合には，複数形の第 2 名詞が許されない．一方，(17b) が示すように，kind が複数形の場合には，複数形の第 2 名詞が許される．この対照性から第 2 名詞の単複は個の複数性を表すものではなく，グループの複数性を表すものであると結論づけられる．[14]

---

[14] kind/type/sort は，(i) に示すような，名詞を後方から修飾する形式（後方修飾型）が可能である．後方修飾型は，(ii) に示すような前方修飾型よりも堅いが 1 種類を指すのに正確な表現とされる（『O¹ 英和』を参照）．

(i)　a.　a car of this kind
　　b.　cars of this kind
(ii)　a.　this kind of (a) car
　　b.　*this kind of cars　cf. these kinds of cars

部分構造で第2名詞句が基本的に定になることを踏まえると，無冠詞単数と結びつく kind/type/sort は部分構造と意味的に整合しないことが予想される．しかし，実際には限定的にではあるが，整合する場合がある．それは disease のように定表現が下位類の想定できるようなタイプ名詞として解釈される場合である．

(18) a. There are various types of the disease. (CADE[7])
  b. a type of his disease

(18a) は CADE[7] の例文で，第1名詞句に types を含む部分構造が定の第2名詞句をとっている．文意は'その病気にはさまざまな種類がある'で，第2名詞句が特定の病気の種類を指し，その下位類を第1名詞句が表すという意味関係になっている．このように，種類が限定されていても，その下位類が想定できる場合には，質を表す部分関係が部分構造と整合する．なお，(18a) の部分構造に対応する疑似部分構造は various types of disease(s) である．この句の意味は，病気の種類が特定されず，'さまざまな種類の病気'となる．(18b) の部分構造は第2名詞句が属格指定辞を含んでいるが，この場合は病気にかかっている人が特定されることで病気の種類が限定される．第1名詞句はその病気の下位類の1つを指す．

次に疑似部分構造から部分構造を作れない場合を見る．次のように質的部分を表す疑似部分構造の new kinds of computers (=(4a) の2つ目の例)から部分構造を作ることはできない．

(19) *new kinds of his computers

疑似部分構造では，不定の第2名詞 (computers) は，種類が限定されていない，不特定多数のコンピューターを指すのに対して，(19) では第2名詞句が定名詞の his computers なので，特定の個人が所有するコンピューター(の機種)を指す．特定の機種の後継機という場合は，a newer model of his

---

両形式は文体的な違いだけでなく，限定される名詞の数の意味合いが異なることに注意しなければならない．後方修飾型では第1名詞の数が個体数を反映したものであるが，前方修飾型では第2名詞の数がグループ・タイプの数を反映したものである．したがって，(iib) が示すように前方修飾形式で kind が複数形でない場合，第2名詞として可算名詞の複数形は許されない．

computer としなければならない.(19)が容認できるとすれば,次のような文脈設定が必要となる.すなわち,第2名詞句を 'Steve Jobs(元アップル社 CEO)のコンピューター' のようにアップル社(Mac の製造メーカー)のメトニミー的表現として解釈し,それが製造する異なる種類のコンピューター製品(例えば,タブレット型の iPad やノートブック型の MacBook,デスクトップ型の iMac,タワー型の PowerMac)を指すととらえる場合である.(18b)と(19)の文法対立は,部分構造の第2名詞句がタイプ名詞句として下位類が想定できるものでなければならないことを示唆していると考えられる.

kind/type/sort とヒト名詞が組み合わされる場合は,疑似部分構造から部分構造への変換がさらに厳しく制限される.

(20) a. I'm a very determined type of person.　　　　　(CADE[7])
　　　 b. *a determined type of the person

(20a)は CADE[7] の例文で,疑似部分構造の第2名詞はヒト名詞である.(20b)が示すように,この第2名詞句を定表現に変えることはできない.この事実は,(18a)で第2名詞句が定名詞(the disease)でも容認されたのとは対照的である.ヒト対モノの対立は,ヒト名詞がモノ名詞や動物名詞に比べて下位類をもつタイプとして解釈されにくいことに起因すると考えられる.この問題については 2.5.3 節で論じる.

ヒト名詞と部分構造の整合性に関して,『O¹ 英和』には次のように kind が不定冠詞を伴う名詞と共起できるという記述がある.

(21)　What kind of (a) doctor is he?

『O¹ 英和』によれば,第2名詞句が不定冠詞付きの名詞になるのは無冠詞単数名詞の場合に比べて口語的だという.さらに,(21)の解釈は,第2名詞が無冠詞単数のときは医者の種類('何の医者か')を,不定冠詞を伴うときは医者の特徴・能力('どんな医者か')を問題にするという.[15]

---

[15] 『ジーニアス英和大辞典』には次の例が掲載されている.

(i)　Whàt kínd of (a) craftsman is he?
　　　彼はどんな職種の職人ですか:どの程度の腕前[信用度]の職人ですか

第2名詞(句)の形式に応じて解釈が変わることについては，次の見立てが考えられる．無冠詞の場合は，個のレベルが捨象された種類（内科や外科といった医学分野）が問題になるのに対して，不定冠詞付きの名詞の場合は，個のレベルの性質・能力（神経質な性格の医者や腕のよい医者など個人の性格・能力）を問題になる．要するに，不定冠詞は，個のレベルを問題にしていることを形式的に反映していると思われる．

また，(21)で不定冠詞付きの名詞が容認されるのは，主語が単数形であることが重要な要因になっていると考えられる．というのも，次のように主語が複数形になると，第2名詞ははだか名詞の複数形となり，主語と数の一致を示すからである．

(22) a. What sort of men were they? (CADE[7])
b. *What sort of (a) man/person were they?

(22a)はCADE[7]の例文で第2名詞が無冠詞複数形（men）になっている．これを単数形に変えた(22b)は，不定冠詞の有無にかかわらず容認されない．ヒト名詞がkind/type/sortと共起した場合の振る舞いは，ヒト名詞がモノ名詞と異なり，形式的に複数性を表すことを示している．人は「個別性」(individuality) が強く，物と異なり均質性を見いだしにくいという特徴がある（Kaga (1991)を参照）．(20a)が示すように，他人との違いを性格で分類することは可能であるが，それは物の分類のような客観的なものではなく，主観的に決定されるものであると考えられる．このことが，人の下位類を想定することを難しくし，結果として質的な部分を表す部分構造にヒト名

例文の訳から判断すると，「職種」は種類の解釈（無冠詞単数形に対応する解釈）で，「腕前・信用度」は性質・能力の解釈（不定冠詞付きの名詞に対応する解釈）であると考えられる．この説明は『G[4]英和』と『O[1]英和』にも見られる．ただし，各辞典の最新版では差異が認められる．すなわち，『O[2]英和』では当該説明が引き続き掲載されているが，『G[5]英和』ではそれが削除されている．

また，安藤 (2005) は Greenbaum and Whitcut (1988) の言語観察を引用して，*kind of* が不定冠詞付きの名詞句の場合に含意される意味が異なると述べている（角かっこはGreenbaum and Whitcut が提示している言い換え）．

(ii) What kind of job is that? [What does the work entail?]
(iii) What kind of a job is that? [You should be ashamed of it!]

詞が生起しにくくなっていると思われる．

2.3.2. 量を表す部分関係

量を表す部分関係は，次のように部分構造によって表すことができる．

(23) a. two pieces of this/your cake　　(cf. (5a) の 2 つ目の例)
　　 b. a page of the/her book　　　　(cf. (5c) の 1 つ目の例)

(23a) は第 2 名詞句が不可算名詞の場合，(23b) は第 2 名詞句が単数形の可算名詞の場合である．

また，第 2 名詞句が可算名詞の複数形の場合についても，部分構造が可能である．

(24) a. two pieces of your cakes
　　 b. a page of her books
　　 c. a pack of his cigarettes　　(cf. (5b) の 1 つ目の例)

(24c) は第 2 名詞の his cigarettes が pack の集合と読み換えられ，a pack of his carton (of cigarettes) と解釈される．[16]

水口 (2004) は日本語類別詞を '人・個' などの「個別類別詞」，'対・束' などの「集合類別詞」，'杯・キロ' などの「計量類別詞」の 3 つに分類しているが，(24c) の pack は英語の集合類別詞に相当すると考えられる（group/pack/crowd/herd/flock なども同様）．[17] 集合類別詞を伴う名詞は，個々のメ

---

[16] ただし，a pack of these/those cigarettes のように第 2 名詞が these/those によって限定される場合には第 2 名詞句をタイプ解釈することもできる．詳しくは 2.5.3 節で論じる．

[17] Jackendoff (1968) は，冠詞・形容詞による限定が可能かどうか，はだか名詞の of 句をとるかどうかに基づいて group と herd を同一グループ (Group I) に分類している．

　(i) Group I
　　 a. a group of (the) men　　　　　　　　　(Jackendoff (1968: (2),(3)))
　　 b. an incredibly large herd of cattle　　　　　　　(ibid.: (6))

Jackendoff は，(ia) で group が疑似部分構造と部分構造のどちらにも生起できることを観察しているので同一グループの herd についてもこの特性を認めていると推測される．ただし，Jackendoff は規模の大きい集合を表す類別詞 crowd/flock については言及していない．

なお，ほかのグループとして Jackendoff (1968) は，Group II (some などの数量詞) と Group III (three などの基数詞) を提案する．

ンバーよりもグループに焦点が当たると水口は述べている．
　集合類別詞を含む部分構造は基本的に可能である．最も典型的な例として group の場合を示す．

(25) a. a group of the animals cf. a group of animals
　　 b. a group of the students cf. a group of students

第2名詞句として (25a) では動物名詞が，(25b) ではヒト名詞が生じているが，どちらも適切に母集合と見なされ，第1名詞句 a group がその部分集合を表している．

　次に，crowd/herd/flock の場合に目を向けると，容認性判断に揺れが見られるものの，第2名詞句がヒト名詞かどうかで容認性が下がると判断するインフォーマントがいる．

(ii)　Group II
　　a.　some ((of the) men)　　　　　　　　　　　　(ibid.: (11))
　　b.　*the some men　　　　　　　　　　　　　　(ibid.: (10))
(iii)　Group III
　　a.　three ((of the) men)　　　　　　　　　　　　(ibid.: (13))
　　b.　the three men　　　　　　　　　　　　　　(ibid.: (16))

Group II は，(ii) が示すようにはだか名詞の of 前置詞句をとれない点や冠詞による限定を受けない点で Group I と異なる．また，Group III は，はだか名詞の of 句をとれない点で Group II と類似するが，冠詞による限定を受けられる点では Group I に類似する．
　McKeon (1972) は，pack や group などの類別詞を含む句と類別詞を含まず，数量詞のみで量化される句の違いを指摘している．(iv) のように集合類別詞を含む句は (v) のような書き換えができる．

(iv)　a.　(the) pack of cigarettes　　　　　(McKeon (1972: Ch. III (45b)))
　　 b.　(any) group of men　　　　　　　　　(ibid.: Ch. III (45d))
(v)　a.　the pack comprised of cigarettes　　　(ibid.: Ch. III (52b))
　　 b.　any group made up of men　　　　　　(ibid.: Ch. III (52d))

これに対して，(vi) のように類別詞を含まない部分構造では (vii) のような書き換えはできない．

(vi)　a.　each one of the men
　　 b.　*each one composed of the men　　　(ibid.: Ch. III (55a, b))
(vii)　a.　some of the birds
　　 b.　*some comprised of the birds　　　　(ibid.: Ch. III (56a, b))

第 2 章　英語における部分関係

(26) a. *a crowd of the people that are waiting
     cf. a crowd of people
  b. a herd of the cows that are browsing in meadow
     cf. a herd of cows
  c. a flock of the birds that are migrating to the south
     cf. a flock of birds

これらの集合類別詞は疑似部分構造であれば問題なく容認されるが，部分構造の第 1 名詞句に生じる場合，第 2 名詞句として (26a) が示すようにヒト名詞句は許容されないが，(26b, c) が示すように非ヒト名詞句であれば許容される．

以下ではこの「ヒト性」(humanness) の違いによる文法対立の原因を解明するために，辞書の定義を確認する．CADE[7] と *Dictionary of Collective Nouns and Group Terms*, second ed. (DCG[2]) における crowd/herd/flock の定義は次のようになっている（下線は筆者）．

(27) a. crowd の定義
     CADE[7]: A crowd is a large group of people who have gathered together.
     DCG[2]: a number of persons or things closely pressed together
  b. flock の定義
     CADE[7]: A flock of birds, sheep, or goats is a group of them.
     DCG[2]: a company of people, birds, or animals; a group of Christians who worship together
  c. herd の定義
     CADE[7]: A herd is a large group of animals of one kind that live together.
     DCG[2]: a number of animals assembled together, chiefly large animals; a crowd of people

これらの語義から crowd は第 1 義が人のまとまりを表し，flock/herd は第 1 義が動物のまとまりを表すことがわかる．まとまりは group という表

現で表されており，さらに large という規模の情報が加わっている．

　(25) で見たように，group の場合にはヒト性の対立が生じないのだから，(26) の文法対立に規模が関わっていると考えるのが妥当だろう．また，crowd/herd/flock を疑似部分構造に用いた場合にヒト性の対立が起こらないことを踏まえると，大規模なまとまりが部分集合と見なされるときにヒト名詞が排除されるということになる．これが意味するところは，大規模なまとまりが部分集合となるような母集合を考える場合，ヒト名詞であればその個別性が失われてしまうということである．つまり，人が均質な個体の集合と見なされることに等しい．例えば，ヒト名詞に herd/flock が用いられる場合，CADE[7] の定義では same という表現が加わる（下線は筆者）．

(28) a. herd の定義
　　　 a group of people that do the same thing or go to the same place
　　b. flock の定義
　　　 a large group of the same kind of people

人は通常，個別性が重視され，その点で理性をもたず本能の赴くままに行動する動物と区別される．このことにより，大規模なまとまりを表す集合類別詞で部分構造を構成する場合にヒト名詞の容認性が低下するものと考えられる．

　なお，(26c) の部分構造にヒト名詞を代入すると，次のように容認性が低下する．

(29) *a flock of the people that are migrating from a poor country

この事実から動物名詞に用いられる集合類別詞をヒト名詞に用いることは個別性の欠如といった軽蔑的な含みをもたせることができるが，部分構造の場合はそのような効果が得られないことがわかる（個別性が捨象された人の集合の部分関係になってしまう）．[18]

---

　[18] Lehrer (1986) は，集合類別詞の flock や herd について，通常のコロケーションでは組み合わされる名詞に対して意味的にほとんど寄与しないが，非標準的なコロケーションでは通常組み合わされる名詞の連想を引き継ぐと指摘している．例えば，a herd of lin-

(15b) (25) に示したように，bunch/group は部分構造の第 1 名詞として機能することができ，ヒト性の対立も起こらない．これはまとまりを表す表現として group が最も基本的な表現であることを示していると考えられる．すなわち，group は人・物を問わず，また規模についても大小を問わず用いることができる（下位のグループを subgroup と呼べることがそれを示している）．

　以上の考察をまとめると，量を表す部分関係については，規模の大きなまとまりを表す集合類別詞でヒト名詞を含む部分構造を作ることはできないが，そのほかの集合類別詞については基本的に部分構造と整合すると結論づけられる．

2.3.3. 計量的な部分関係

　計量的な部分関係は，次のように部分構造で表すことができる．

(30) a.　a meter of the/that cloth　　(cf. (6a))
　　 b.　one kilo of my apples　　　(cf. (6b))
　　 c.　an acre of his father's land　(cf. (6c))
　　 d.　a liter of our wine　　　　　(cf. (6d))

これらの部分構造では，第 1 名詞句に特定の尺度に基づく厳密な量を表す計量類別詞が含まれる (cf. 水口 (2004))．第 2 名詞句は指示詞や所有格の人称代名詞を伴っているので，第 1 名詞句は特定の指示対象の計量的な部分を指すことになる．結果として，(30) の各句では明確に部分関係が表される．

　計量類別詞が部分構造に生じた場合，第 2 名詞句が 2 通りに解釈できることに注意しなければならない．例えば，計量類別詞の kilo は，次に示すように第 2 名詞句として可算名詞の単数形と複数形のいずれも許す．

(31) a.　one kilo of this apple
　　 b.　one kilo of these/those apples

---

guists においては，herd が通常のコロケーションで組み合わされる動物の連想が意味に反映される．

(31a) は this apple の指す個体の一部分が1キロである（1キロより重いりんご）という意味ではない．この第2名詞句はタイプ解釈を受け，りんごの特定の種類を表す．第1名詞句は，第2名詞句によって表されるりんごの種類について，その量を指定する．

(31b) は第2名詞句がタイプ解釈を受ける場合と個体解釈を受ける場合がある．第2名詞句が個体解釈を受ける場合，第2名詞句はりんごの集合を表しており，その部分集合が1キロであるという解釈となる．[19] 第2名詞句がタイプ解釈を受ける場合は，(31a) の場合と同様，第2名詞句は，りんごの特定の種類を表し，その量を第1名詞句が指定する．指示詞の these/those の違いは「近接性」(proximity) の違いであり，タイプ・トークンの解釈の違いには影響しない．

2.3.4. 部分構造に生じる第1名詞(句)の意味的特徴

これまで Quirk et al. (1985) による第1名詞(句)の区別（質・量・計量）を踏まえて，部分構造との整合性を検証してきた．その結果，部分構造の第1名詞(句)として許容されるのは，量を表す部分関係（ただし，crowd など一部の集合類別詞はヒト名詞と整合しない）と計量的な部分関係であった．質を表す部分関係については，disease のように下位類が想定できる名詞の場合にしか許容されないことが明らかになった．

部分構造の第1名詞(句)に生じる類別詞の中には，計量類別詞の kilo のように解釈が曖昧になるものがあった．例えば，two kilos of these apples では，第2名詞句がタイプ解釈を受けて'この（種類の）りんごを2キロ'という意味になる場合と，個体解釈を受けて'これらのりんごのうちの2キロ（分）'という意味になる．タイプ解釈は計量的な部分関係の場合にのみ観察されるものではなく，量を表す部分関係でも観察されることを次節で見る．

---

[19] 計量類別詞 kilo は，第2名詞句のタイプ解釈と個体解釈のどちらも許す．この点で，第2名詞句が常にタイプ解釈になる類別詞 copy と対照的である．例えば，(ia) の第2名詞句はタイプ解釈しかもたず，(ib) の第2名詞句のような個体解釈は表さない．

(i) a. one copy of the books （'それらの本の1部ずつ'）
    b. one of the books　　　（'それらの本のうちの1冊'）

2.4. 第 2 名詞句の解釈による部分構造の分類

本節は，第 2 名詞句の解釈に基づく部分構造の分類を提案する．特に，第 1 名詞(句)が類別詞を含む場合と含まない場合の解釈の違いに注目する．

先行研究では，第 1 名詞が基数詞・数量詞のみで構成される部分構造と，第 1 名詞句が類別詞を含む部分構造が同列に扱われている．例えば，Quirk et al. (1985) の分類基準では，次の部分構造がすべて同一タイプと見なされる．

(32) a. two of the books
 b. two pages of the book
 c. two copies of the book

(32a) は第 1 名詞が基数詞のみからなるが，(32b, c) は第 1 名詞句が類別詞の pages/copies を含む．それでも (32) の各句が同列に扱われるのは，第 1 名詞(句)，すなわち two (books), two pages, two copies がいずれも量に関する部分を表すためである．また，Jackendoff (1977) の分類基準を用いても (32) の部分構造はいずれも第 2 名詞句が定名詞であるから同一タイプと見なされる．

しかし，(32) の各部分構造における第 1 名詞(句) と第 2 名詞(句) の意味関係は均質ではないことに注意しなければならない．概略，(32a) では個体の集合（グループ）とその部分集合（メンバー）の関係が問題になっているが，(32b) では単一の個体の中身（の一部分）が問題になっている．さらに，(32c) では第 2 名詞句が可算名詞の単数形であるが，(32b) と違って単一の個体の一部分を問題にしているわけではない．以下では，(32) の部分構造のそれぞれの意味特性について分析する．

(32a) のタイプの部分構造では，第 2 名詞句が第 1 名詞の表す数よりも大きな数を表さなくてはならない (cf. *two of the book)．第 1 名詞と第 2 名詞句がどちらも本の集合を問題にするため，部分集合に相当する第 1 名詞の表す数が母集合に相当する第 2 名詞句のそれよりも小さくなければならないからである．ところが，(32b) のタイプの部分構造では第 1 名詞句と第 2 名詞句の表す数の大小が逆転しても問題ない．これが許されるのは，第 1 名詞句に含まれる類別詞 page の機能による．第 2 名詞句は本の集合を

問題にするが，類別詞 page を含む第 1 名詞句は本よりも下位レベルのページの集合を問題にする．したがって，第 2 名詞句の表す数が第 1 名詞句よりも大きくならなくてもよい．要するに，第 2 名詞句よりも第 1 名詞句の表す数が大きくても第 1 名詞句が部分，第 2 名詞句が全体として解釈されるのは，第 2 名詞句の問題にする集合のレベル（本のレベル）と第 1 名詞句が問題にする集合のレベル（ページのレベル）の間に部分関係が成立するからである．

次に，第 2 名詞句として可算名詞の単数形が許容される（32c）を見よう．第 1 名詞句に類別詞の copy（日本語の'冊'に相当する）が含まれる場合，第 2 名詞句はタイプ名詞句として解釈され，第 1 名詞句はそのトークンを指す．つまり，(32c) の第 2 名詞句と第 1 名詞句はタイプ・トークンの関係を結ぶ．具体的には，(32c) の第 2 名詞句は本の特定の題名（タイトル）を指し，そのトークン（実際に手に取って見られる本）を表す．結果的に，(32c) の解釈は'特定のタイトルの本 2 冊'になる（'*その本の 2 冊'が容認されないため，日本語では'A ノ（ウチノ）B'形式でこの部分関係を表せないことがわかる）．

(32c) が同一タイプの 2 つのトークンを指すことを裏づける事実として，'買う'と'読む'との共起関係がある．(32c) を buy と read の目的語に代入すると文法性が逆転する．[20]

(33) a. I bought two copies of the book.
　　 b. *I read two copies of the book.

この文法対立は，buy/read の語彙特性の違いに由来すると考えられる．すなわち，同一タイトルの本について，複数冊買うことは可能であるが，複数冊読むことは不可能である（cf. 'その本を 2 回読んだ'）．よって，第 1 名詞句がトークン指示の部分構造と read は意味的に整合しない．

(32b) は第 1 名詞句に類別詞を含む点で (32c) に類似するが，両者は意味的に区別されなければならない．第 1 名詞に類別詞 pages を含む (32b) では，第 2 名詞句の the book は個体解釈を受け，手に取って見られる「特

---

[20] 動詞 buy/read とタイプ・トークンの関係を表す部分構造との整合性については，第 5 章 5.1.6 節で考察する．

定の本」を指すのに対して, 第 1 名詞に類別詞 copies を含む (32c) では, 第 2 名詞句の the book はタイプ解釈を受け, 本のタイトルを指す. タイプ名詞(句)は定義上, 空間・時間で規定できない個体の集合を指すため, (32c) の the book が表す集合のメンバーは定まらず, 単一の個体を表す (32b) の the book とは決定的に異なる.

次のように第 2 名詞句が可算名詞の複数形になった場合でも, 類別詞の違いに応じて解釈の違いが見られる.

(34) a. two pages of the books (cf. (32b))
b. two copies of the books (cf. (32c))

(34a) の第 2 名詞句は個体解釈を受け, 問題となる本の集合のそれぞれのメンバーについて第 1 名詞句が中身の一部分 (2 ページ) を指す. これに対して, (34b) の第 2 名詞句はタイプ解釈を受け, 複数の本のタイトルを表し, それぞれの本のタイトルについて第 1 名詞句が 2 つのトークン (つまり 2 冊) を指す. 例えば, 『ハリー・ポッターと賢者の石』の 2 冊と『指輪物語』の 2 冊を第 1 名詞句が指すような状況である.

なお, 第 2 名詞句がタイプ解釈を受ける場合も, 第 1 名詞句と第 2 名詞句の表す数の大小関係の逆転が許される. (32c) の two copies of the book を例にとると, 第 2 名詞句の表す数は 1, 第 1 名詞句表す数は 2 なので, 部分に相当する第 1 名詞句が全体に相当する第 2 名詞句の表す数よりも大きくなっている. それでも両者間に部分関係が成立するのは, 第 1 名詞句の指示レベルがトークンで第 2 名詞句の指示レベルのタイプよりも下位の概念だからである.

(31) で見た計量類別詞 kilo を含む部分構造と (34b) の copy を含む部分構造を対比すると, どちらも第 2 名詞句のタイプ解釈が可能であるが, 形式とタイプ解釈の対応関係が異なることがわかる. すなわち, (34b) では第 2 名詞句 the books がタイプの数が複数であることを表し, 「複数のタイトルの本を 2 冊ずつ」という意味を表すのに対して, (31b) は第 2 名詞句 these/those apples が可算名詞の複数形でもタイプ数は 1 種類で (31a) の場合と同じになる. つまり, 「複数の種類のりんごを 1 キロずつ」という意味にはならない. この第 2 名詞句が表すタイプの数の違いは, 類別詞の copy と kilo の特性に由来すると考えられる. すなわち, copy が個を問題にする

のに対して，kilo は量を問題にするため，前者では個に対する種類が問題になり，後者では個の区別は失われ，全体の種類が問題になる．

また，2.3.1 節で見たように，two kinds of the disease のような質を表す部分関係では，第 2 名詞句が常にタイプ解釈を受ける．なお，第 2 名詞句が disease のように下位類が想定できるタイプを表す名詞の場合，タイプの指定が可能である．すなわち，第 2 名詞句が特定の病気の種類（タイプ）を表し，第 1 名詞句がそのトークンを表す（疑似部分構造の two kinds of disease(s) では，第 2 名詞句は第 1 名詞句が何のトークンであるかを漠然と表すだけである）．この種の部分構造の第 1 名詞句と第 2 名詞句の意味的関係は，(32c) の two copies of the book や (31a) の one kilo of this apple における第 1 名詞句と第 2 名詞句の意味関係と並行的である．

これまで (32) に例示した 3 種類の部分構造について，第 2 名詞句の解釈に注目して，どのような部分関係を表すのか見てきたが，それをまとめると次の表になる．

部分構造の例	第 1 名詞(句)(N_1/NP_1) と 第 2 名詞句 (NP_2) の指示レベル
two of the books	NP_2 は本の集合を表し，N_1 は NP_2 のメンバーの一部からなる集合を表す．
two pages of the book(s)	NP_2 は本の集合を，NP_1 は NP_2 よりも下位レベルのページの集合を表す．
two copies of the book(s)	NP_2 は本のタイトル（タイプ）を表し，NP_1 は NP_2 のトークンの集合を表す．
two kilos of { this apple / these apples }	NP_2 はりんごの種類（タイプ）を表し，NP_1 は NP_2 のトークンの集合を計量的に表す．
two kilos of these apples	NP_2 はりんごの集合を表し，NP_1 が NP_2 のメンバーの一部からなる集合を計量的に表す．
two kinds of the disease	NP_2 は病気の種類（タイプ）を表し，NP_1 は NP_2 のトークンの集合を表す．

表 2.2　英語部分構造における第 1 名詞(句)と第 2 名詞句の意味関係

まず，two of the books のように第 1 名詞が類別詞を含まない部分構造では，第 1 名詞と第 2 名詞句が指示レベルの等しい個体の集合を表す．すなわち，第 2 名詞句の表す本の集合を母集合とし，第 1 名詞がそのメンバー

の一部からなる部分集合を表す．第 2 名詞句と第 1 名詞の関係は，グループ・メンバーの関係に基づく部分関係である．この特徴を踏まえて，この種の部分関係を「M 部分関係」（M は member の頭文字）と呼び，当該関係を表す部分構造を「M 部分構造」と呼ぶことにする．

次に，two pages of the book(s) のように第 1 名詞句に類別詞 page が含まれる場合である．第 2 名詞句は個体解釈となり，特定の本の集合を表す．第 1 名詞句は，本の「譲渡不可能な部分」(inalienable part) であるページの集合を表す．このような部分関係を「I 部分関係」（I は inalienable part の頭文字）と呼び，これを表す部分構造を「I 部分構造」と呼ぶことにする．

第 1 名詞句が two copies of the book(s) のように類別詞 copy を含む場合，第 2 名詞句はタイプ解釈になり，特定の本のタイトルを指す．第 1 名詞句はその本のトークンの集合を表す．この特徴を踏まえて，この場合の部分関係を「T 部分関係」（T は token の頭文字）と呼び，それを表す部分構造を「T 部分構造」と呼ぶことにする．

また，two kilos of the apple(s) のように第 1 名詞句が計量類別詞を含む場合，第 2 名詞句はタイプ解釈と個体解釈の両方が可能である．個体解釈を受けた第 2 名詞句はりんごの集合を表し，第 1 名詞句は第 2 名詞句の表す集合を母集合とする部分集合を表す．このとき，問題のメンバーの集合は計量的なまとまりとして表される．この解釈における第 2 名詞句と第 1 名詞句の関係は，M 部分関係であるから，その部分構造は M 部分構造の下位類と見なすことができる．これに対して，タイプ解釈を受けた第 2 名詞句は，りんごの種類（タイプ）を表し，第 1 名詞句がそのりんごの集合を表す．この解釈における第 2 名詞句と第 1 名詞句の意味関係は，T 部分関係であるから，その部分構造は T 部分構造の下位類と見なすことができる．

最後に，two kinds of the disease のような質を表す部分関係については，第 2 名詞句が下位類の想定できるタイプ名詞句である場合に限り，部分構造が可能である．その場合，第 2 名詞句と第 1 名詞句は T 部分関係になる．すなわち，第 2 名詞句は特定の病気の種類を表し，そのトークンの集合を第 1 名詞句が表す．

以上，部分構造において第 1 名詞(句)と第 2 名詞句が結ぶ部分関係を 3 つに分類した．すなわち，①第 1 名詞に類別詞を含まない M 部分構造，②第 1 名詞句が類別詞を含み第 2 名詞句の譲渡不可能な部分を表す I 部分構

造，③第 1 名詞句が類別詞を含み，第 2 名詞句のトークンを表す T 部分構造，の 3 種類である（第 1 名詞句が計量類別詞を含む部分構造は，第 2 名詞句が個体解釈を受ける場合は M 部分構造に，第 2 名詞句がタイプ解釈を受ける場合は T 部分構造にそれぞれ分類される）．この部分構造の分類法を先行研究での分類法と区別するために「MIT 分類」と呼ぶことにする．

MIT 分類は第 2 名詞句の定性だけでなく，第 1 名詞(句)との意味関係に注目する点に特徴がある．この分類法で重要なのは，第 1 名詞(句)の意味特性によって第 2 名詞句の解釈が決定される点である．具体的には，第 1 名詞(句)が基数詞・概数詞・数量詞の名詞用法の場合は M 部分構造を形成し，第 2 名詞句は個体解釈を受ける（形式的には可算名詞の複数形のみ）．第 1 名詞句が page のような類別詞を含む場合は I 部分構造を形成し，第 2 名詞句は個体解釈を受ける（形式的には可算名詞の単数形もしくは複数形）．第 1 名詞句が copy のような類別詞を伴う場合は T 部分構造を形成し，第 2 名詞句はタイプ解釈を受ける（形式的には可算名詞の単数形もしくは複数形）．

2.5. 部分構造と A out of B 形式[21]

部分構造の類似表現として A out of B 形式がある．どちらの表現も部分関係を表せるが，言語学における取り扱いは意外にも対照的であった．部分構造が Jespersen (1949) によって取り上げられ，生成文法理論や形式意味論などの理論的枠組みで活発に議論されてきたのに対して，A out of B 形式は Quirk et al. (1985) が部分構造と対比して記述したのを除けば議論の対象になることは少なかった．よって，本節では部分構造と A out of B 形式の類似点と相違点について論じる．

2.5.1. 部分構造と A out of B 形式の比較

部分構造と A out of B 形式の共通点は次の例で端的に示されている．

(35) Most of the housewives—twenty-four out of the forty—said that their husbands only commented negatively, never appreciatively.

(BNC)

---

[21] 本節は Tanaka (2012) に大幅な加筆修正を行ったものである．

主語名詞句の Most of the housewives は部分構造で，第 1 名詞 (most) が第 2 名詞句 (the housewives) の一部分を指している (厳密には，第 1 名詞と第 2 名詞句は比率関係を結んでいる). この主語名詞句に A out of B 形式の twenty-four out of the forty が続いている. 部分構造にならって A を第 1 名詞(句)，B を第 2 名詞句と呼ぶことにすると，第 1 名詞 (twenty-four) は第 2 名詞句 (the forty) の一部分を表している. 部分構造と A out of B 形式が共起しているのは，部分構造によって表される比率関係 ('主婦の大半') に具体的な数の比の情報 (24 人と 40 人) を追加するためである. この A out of B 形式の特性を踏まえて，当該形式を「対比構造」と呼んで部分構造と区別する. 以下では，部分構造と対比構造を次の A から D の観点で比較する.

- A. 第 1 名詞(句)として許容される数量詞の種類
- B. 第 2 名詞句の定性
- C. 第 2 名詞句の数量的な明示性
- D. 第 1 名詞(句)と第 2 名詞句の意味関係

まず，A について見よう. 部分構造と対比構造において，第 1 名詞(句)として適格となる数量詞の種類が一部異なる.

(36) 部分構造
 a. one/a few of the students
 b. all/most/half of the students

(37) 対比構造
 a. one/a few out of the (ten) students
 b. *all/most/half out of the (ten) students

部分構造は，(36) の各例が示すように第 1 名詞(句)として数量の多寡を指す基数的数量詞 (one, a few など) と母集合を前提とする比率的数量詞 (all, most など) のどちらの種類の数量詞も許容する. これに対して，対比構造は，(37) の各例が示すように第 1 名詞(句)として基数的数量詞を許容するが，比率的数量詞は許容しない. 対比構造の機能は，第 1 名詞(句)が表す数と第 2 名詞句の表す数を対比することなので第 1 名詞(句)が比率的な表現になると，out of に由来する比率解釈と重複し，結果として容認性が低

下すると考えられる.[22]

次はBの第2名詞句の定性についてである.部分構造は部分構造制約を遵守するが,対比構造は必ずしも部分構造制約を遵守しなくてよい.

(38) a. ?*Ten of fourteen women were single.
　　 b. Ten out of fourteen women were single.
(Quirk et al. (1985: 1287))

(38a)の主語名詞句は,部分構造になっており,第2名詞句が不定名詞であるために容認性が低下している.[23] これに対して,(38b)の対比構造は第2名詞句が不定名詞であっても許容される.対比構造では第2名詞句が不定

---

[22] 英語では比率的数量詞と out of 句が整合しないが,日本語の対応表現もすわりが悪い (cf. '?*学生のうちの全員'). ただし, 'ほとんど' の場合は, '全員' よりは容認性が上がるようである (cf. '?学生のうちのほとんど'). この要因については3.2.1節で論じる.

[23] Quirk et al. (1985) は,次のように of 句が前置された文で of 名詞が無冠詞であっても容認されることを指摘している.

　(i)　Of fourteen, ten women were single.　　　(Quirk et al. (1985: 1287))

Quirk et al. によれば,この場合の of 句は機能的には as for/as to に相当し,次のように書き換えられるため (38a) とは区別されるべきである.

　(ii)　There were fourteen women, and ten were single.　　　(ibid.)

また, Kuroda (1968) は, of 句が前置された文とそうでない文の文法対立を観察している.

　(iii)　*Mary likes that one of those dresses.　　　(Kuroda (1968: (64)))
　(iv)　Of those dresses Mary likes that one.　　　(ibid.: (65))

(iii) は that を削除すれば部分構造として容認されるが,(iv) の that は削除することはできない.2つの文における that one の振る舞いの違いは,前置された of 句が部分構造に由来するものではないことを示唆している.ただし,(iii) (iv) の that one を不特定名詞句の some で置き換えるとどちらも容認される.

　(v)　Mary likes some of those dresses.　　　(ibid.: (70))
　(vi)　Of those dresses Mary likes some.　　　(ibid.: (71))

以上を踏まえると, of 句が前置された文は,(vi) に例示される,部分構造に対応する意味に加えて,(i) (iv) に例示される,部分構造とは異なる情報構造に基づく意味を表せるようである.

名詞の場合は全体であるかどうかは定かではない．14 対 10 という（人）数の対比が問題になる．

次に C の第 2 名詞句の数量的な明示性について考えよう．対比構造の機能は 2 つの数の対比であるため，第 1 名詞（句）と第 2 名詞句が数量の指定を受けていなければならない（ただし，先行文脈で数を指定された名詞の代用表現も許容される）．

(39) a. two of the (ten) students
b. two out of {*(ten) students / the (ten) students}

第 2 名詞句については，先行文脈で生じた数量が指定された名詞を定名詞として受ける場合には容認されるが，そのような文脈がない場合は部分構造と同様に容認されない．

最後に，D の第 1 名詞（句）と第 2 名詞句の意味関係を見よう．部分構造は定義上，第 1 名詞（句）と第 2 名詞句が部分関係を結び，第 2 名詞句は全体を表す．これに対して，対比構造では第 2 名詞句が不定名詞である場合，全体を表す必要はない．対比構造は，第 1 名詞（句）と第 2 名詞句によってそれぞれ表される 2 つの数を対比することがその機能であるため，2 つの数（概数でも可）が指定されていることが重要でその一方が全体であるかどうかは重要ではない．この特徴は次のように人数を問題にする場合に際立つ．

(40) Nearly two out of five video owners find it difficult to programme their machines for recording because it is too complicated. (BNC)
Cf. *Nearly two of the five video owners find it difficult ...

主語名詞句の Nearly two out of five video owners は割合を表しているのであって実際の数でない（実人数を表すのに'ほぼ 2 人'と言えない）．例えば，50 人のビデオ所有者のうちの 18 人といった状況を指すのに用いられている．したがって，対比構造では第 2 名詞句が必ずしも全体を指す必要はない．この点で，部分構造と対比構造は性質を異にすると結論づけられる．

これまで考察した部分構造と対比構造の機能をまとめたのが次の表である．

形式＼特性	A に生じる数量表現	B の定性	B の数的明示性	A と B の意味関係
A of B	基数／比率	定	数は明示されなくてもよい	B は全体を表す
A out of B	基数	定／不定	不定の場合には明確な数を表す必要がある．	B は全体を表さなくてもよい

表 2.3　部分構造と対比構造の比較

2.5.2.　M 部分構造と T 部分構造の曖昧性

2.2 節で見たように，two of the students のような部分構造は母集合を前提にするため，there 存在文の意味上の主語として許容されない．これは，there 存在文が意味上の主語として前提をもつ表現を許さないためであった．ところが，次の対話が示すように，部分構造が there 存在文に生じる場合がある．

(41)　Temperance:　Are there <u>many of those machines</u>?　Because the autistic boy had one.

　　　　Angela:　I think around 20,000 were made.　And there are probably about 1,500 that are still in existence.

　　　　　　　　　　　　　　　　　　　　　　　　　　　(*Bones*, an American TV drama)

Temperance の発話の第 1 文では there 存在文の意味上の主語として部分構造（下線部）が生じている．この事実を説明するため，本研究は，問題の部分構造が M 部分関係ではなく，T 部分関係を表していると主張する．その根拠となるのは，第 2 名詞句 those machines が前方照応的（anaphoric）な表現ではないという事実である．Angela の発話で those machines の生産台数である 20,000 が新たに提示されていることから問題の部分構造 many of those machines の第 2 名詞句が前方照応的でないことは明らかである．Temperance は理由節が示しているように，自閉症の少年が所有していた 1 台の機械を指して同じタイプの機械がたくさんあるのか尋ねているのである．

2.2 節で提案した MIT 分類では，当該部分構造は，第 1 名詞に類別詞を

含まず，かつ第2名詞句が指示詞を伴う可算名詞なのでM部分構造に分類されるはずであるが，もしT部分構造であるという分析が正しければ，第1名詞が類別詞を含まない部分構造は，実はM部分構造の解釈とT部分構造の解釈で曖昧ということになる．

以下では，このことを裏づけるため，部分関係を表す対比構造と比較することによって，M部分構造とT部分構造の判別ができることを示す．具体的な主張は以下のとおりである．

(42) a. 部分構造がM部分構造の場合，there存在文の意味上の主語として生起できない．
b. 部分構造がT部分構造の場合，there存在文の意味上の主語として生起できる．

次の対話は，モンブラン社製のペンの保有数に関する質問とそれに対する回答である．

(43) A:　How many Mont Blanc pens do you have?
B:　I have {two of them / *two out of them}.

Aの質問に対する回答として適切なのは，部分構造（two of them）を用いたものであって対比構造（two out of them）を用いたものではない．この事実は，当該部分構造がT部分構造であることを意味する．なぜならば，M部分関係を表す対比構造が容認されないからである．[24] 疑問の焦点は第2名

---

[24] Koptjevskaja-Tamm (2001) は，フィンランド語の部分構造がしばしばM部分関係 (set-interpretation) とT部分関係 (kind-interpretation) で曖昧になることを観察している．

(i)　Anna　minulle pala　　tätä　　　　hyvää　　　kakkua /
　　 give　me:ALL bit:NOM this:PRTV good:PRTV cake:prtv /
　　 litra　　tuoretta　　　maitoa-si.
　　 litre:NOM　fresh:PRTV　milk:PRTV-2SG.POSS
　　 'Give me a bit of this good cake / a litre of your fresh milk.'
(Koptjevskaja-Tamm (2001: (9b)))

フィンランド語の部分構造は「部分格」(partitive case) によって表される．(i) では pala と litra が第1名詞，tätä hyvää kakkua と litra tuoretta maitoa-si が第2名詞句に相当する．第2名詞句はどちらも定名詞句であるが，個体解釈とタイプ解釈をもつためにM部分関係の解釈とT部分関係の解釈が得られると考えられる．

詞句ではなく，第1名詞である．対比構造では第2名詞句は数が明示されているか，先行する文脈で導入された個体の集合を指す表現でなければならない．

次に母集合が前提となる場合を見よう．

(44) A: How many books on the reading list have you read?
    B: I have read {two of them / two out of them}.

この対話において，A の発話は（先行文脈で導入された）リーディングリストについて言及している．(44) の B の発話に含まれる部分構造 two of them は，第2名詞句としてリーディングリストに載っている本の集合（＝母集合）を表し，その部分集合を第1名詞が表す．したがって，この部分構造は，対比構造と同様，M 部分関係を表していることになる．

第2名詞句が〈指示詞 (these/those) ＋名詞〉の場合にも部分構造と対比構造の並行的な差が観察される．

(45) a. The student bought three of those pens at a stationary store.
    （学生は文具店でそのペンを3本買った．）
   b. The student bought three out of those pens at a stationary store.（学生は文具店でそれらのペンのうちの3本買った．）

フィンランド語のもう1つの部分構造として，次のように「出格」(elative) を用いる形式がある．

(ii) Anna minulle pala tästä hyvästä kakusta /
    give me:ALL bit:NOM this:ELAT good:ELAT cake:ELAT /
    litra tuoreesta maidosta-si.
    litre:NOM fresh:ELAT milk:ELAT-2SG.POSS
    'Give me a bit of this good cake / a litre of your fresh milk.'

(ibid.: (9c))

Koptjevskaja-Tamm (2001: 532) によれば，出格を用いた部分構造は T 部分関係の解釈をもたず，M 部分関係の解釈になるという (your fresh milk を例にとると，yesterday's milk のような定の指示物との対比で解釈されるのが適切である). Koptjevskaja-Tamm (2001: 534) は，フィンランド語の出格は主に「内部からの移動」(MOTION FROM INSIDE) を表すと述べている．直感的にはこれと英語の out of が対応すると考えられる (The thief came out of the store). そうであれば，対比構造 A out of B が T 部分関係を表さず，M 部分関係のみを表す事実と完全に符合することになる．

(45a) では部分構造（下線部）の第2名詞句 those pens は，個体解釈ではなく，タイプ解釈を受ける．つまり，当該部分構造は T 部分構造である．(45b) では対比構造（下線部）の第2名詞句 those pens は，先行文脈で導入された特定のペンの集合として解釈され，第1名詞はその一部分を指す．つまり，当該部分構造は M 部分構造である．(45) の各文の日本語訳を比較すればわかるように，日本語では those pens がタイプ解釈を受ける場合には'そのペン'と単数形の指示詞が用いられ，those pens が特定の個体の集合として解釈される場合には'それらのペン'と複数形の指示詞が用いられる．[25]

以上，対比構造が M 部分関係は表すが，T 部分関係を表さないことを踏まえて，第1名詞に類別詞を含まず，第2名詞句が定の可算名詞である部分構造が M 部分構造と T 部分構造で曖昧であることを示した．

2.5.3. T 部分構造と第2名詞句の単複

前節では，次のような部分構造が M 部分構造としても，T 部分構造としても用いられることを見た．

(46)　many of those machines

この句が T 部分構造と見なされるとき，第1名詞に類別詞が含まれていないため，第2名詞句は可算名詞の複数形でなければならない（cf. *many of that machine）．この特性を踏まえて，(46) のような T 部分構造を「複数型 T 部分構造」と呼ぶ．

複数型 T 部分構造は，次のように第1名詞句に類別詞 copy が含まれる T 部分構造とは異なる．

---

[25] (45) の第2名詞を関係詞の先行詞にした場合でも第2名詞の解釈は保持される．

　(i)　a.　The stationary store has those pens of which the man bought three.
　　　b.　The stationary store has those pens out of which the man bought three.

(ia) の先行詞 those pens はタイプ名詞句として解釈され，(ib) の先行詞 those pens は特定のペンの集合と解釈される（指示詞を伴う名詞の解釈については 2.5.3 節で見る）．なお，(i) のように部分構造が関係節内に生じる文は第4章で考察する．

(47) a. two copies of the book　（＝(32c)）
　　　b. two copies of the books　（＝(34b)）

これらの部分構造では，第2名詞句が可算名詞の単複を問わずタイプ解釈を受ける．(47a) のように第2名詞句が可算名詞の単数形の場合，タイプ名詞句の the book はタイプの種類が1つであることを表す．これと並行的に，(47b) のように第2名詞句が可算名詞の複数形の場合，タイプの種類が複数であることを表す．可算名詞の単数形でタイプを表す特徴を踏まえて，(47) のような T 部分構造を「単数型 T 部分構造」と呼ぶことにする．

ここでの分析が正しければ，第2名詞句がタイプ解釈を受けるのは，(47) のように第1名詞句に類別詞 copy が含まれる場合に加え，(46) のように可算名詞の複数形の場合もあることになる．要するに，T 部分構造には①第1名詞句が類別詞 copy を含む単数型と②第2名詞句に these/those が含まれる複数型があることになる．

以下では2種類の T 部分構造を比較する．まず，複数型 T 部分構造では指示詞 these/those が第2名詞句の解釈で重要な働きをしていると考えられる．モノ名詞は，指示詞 these/those を伴うとタイプ的に解釈される集合を表すことができる．例えば，果物屋でりんごを買う場面で次のように言ったとしよう．

(48)　Can I have five of these/those apples?

この文は部分構造（下線部）を含むが，実際に目の前に複数のりんごがあるかどうかを問わず用いることができる．例えば，1つのりんごを手に取って「このりんごを5つ」という意味で five of these apples を用いることができる．この場合，these apples は手に取った特定のりんごに対するタイプ名詞句の働きをしていると考えられる．第2名詞句が単数形の *five of this apple が容認されないことから，T 部分構造で第1名詞が類別詞を含まない場合は，第2名詞句は複数形でなければならない (cf. this kind of apple)．なお，these/those apples が照応的用法の場合，すなわち第2名詞句が先行する文脈で導入されたりんごの集合を表す場合，第1名詞がそのうちの5つを指すことも可能で，その場合は (48) に含まれる部分構造は M 部分構

(48) の部分構造の説明は，a pack of these/those cigarettes にも適用できる．この例は，第 2 名詞句 these/those cigarettes がタイプ解釈を受けるか，個体解釈を受けるかで解釈が変わる．タイプ解釈を受ける場合，第 2 名詞句は巻きたばこの種類を表す．例えば，たばこ売り場で Can I have a pack of those cigarettes? と言えば，話者から離れたところにある特定の巻きたばこの銘柄を 1 箱購入したいという意味になる．(48) の T 部分構造と比較すると，a pack of those cigarettes におけるタイプ・トークンの関係では，第 1 名詞句がトークンの一定のまとまり (20 本) を表す点が異なる (この点は，(31b) の one kilo of these/those apples が特定種類のりんごの計量的なまとまり (1 キロ) を表すのと並行的である)．次に，第 2 名詞句 these/those cigarettes が個体解釈を受ける場合は，第 2 名詞句が巻きたばこの箱の集合 (＝カートン) ととらえられ，第 1 名詞句 a pack がその部分集合を指す．

複数型 T 部分構造の特徴の 1 つに，ヒト対非ヒトの対照性がある．ヒト名詞の場合には指示詞 these/those を付けてもタイプ解釈にならない．このことは，次の対話によって裏づけられる (# を付された文は文法的であるが文脈に整合しないことを示す)．

(49) A: How many returnees do you have in your class?
    B: #I have some of those (returnees) / some of the returnees.

B の回答に含まれる部分構造 (下線部) は，どちらも M 部分構造として解釈されるため，A の質問のまえに There are several returnees in our school のような文によってあらかじめ問題となる帰国生徒の母集合が導入されていなければならない．つまり，B の発話に含まれる部分構造は，あらかじめ帰国生徒の集合が導入されていて，そのメンバーの一部が自分のクラスにい

---

[26] 指示詞 those は，次のように部分構造の第 1 名詞にもなることができる．

  (i) those of you who passed the test

この指示詞は指示性が弱く，外置された関係節の先行詞として機能している．第 1 名詞句 (those who passed the test) と第 2 名詞 (you) の間には M 部分関係が成立するので，(i) は M 部分構造と見なすことができる．

るという状況でしか用いられない．逆に「私のクラスにはその手の学生（帰国生徒）が数人いる」という T 部分構造の解釈は不可能である．

次に，第 2 名詞として代名詞 it/them が生じる T 部分構造について考察する．まず，定義上，単数形の it は単数型 T 部分構造の第 2 名詞になれるが，複数型 T 部分構造の第 2 名詞にはなれない．

(50) T 部分構造と代名詞 it の整合性
 a. two copies of it (= the book)　　［単数型］
 b. *many of it (= the machine)　　［複数型］

(50b) の非文法性は，複数型 T 部分構造の統語特性に由来する．すなわち，複数型 T 部分構造は第 2 名詞句として（指示詞 these/those を伴った）可算名詞の複数形を要求するため，代用形の場合も単数形が容認されない．[27]

次に，複数形の them は，次に示すように単数型と複数型の T 部分構造の第 2 名詞になることができる．

(51) T 部分構造と代名詞 them の整合性
 a. many copies of them (= the books)　　［単数型］
 b. many of them (= these/those machines)　　［複数型］

複数型 T 部分構造は，第 2 名詞として them を許す．形式上は区別がつかないが，(51a) に含まれる them と (51b) に含まれる them は表すタイプの数が異なる．(51a) に含まれる them は複数のタイプを表すが，(51b) に含

---

[27] (50) は可算名詞の代用形としての it を問題にしているが，不可算名詞の代用形の it が複数型 T 部分構造に生じることを長原 (1990) が観察している．

 (i) That's exactly what the Secret Service tell us about the phoney money that's circulating in the city. There's a lot of it.　　(長原 (1990: 第 4 章 (31b)))

この例の最後の文は there 存在文で a lot of it を含んでいる．この表現について，長原は形式的には部分構造に見えるが，意味的には疑似部分構造であると述べている．さらに代用形 it が N' レベルが表す総称的概念を受けることができると結論づけている．要するに，it がタイプ解釈を受ける them の単数形として機能できることを意図していると考えられる．そうであれば，複数型 T 部分構造の第 2 名詞が代用形になる場合，可算名詞ならば them が，不可算名詞ならば it が用いられることになる．

まれる them は単一タイプ（の個体の集合）を表す．したがって，(51a) は複数のタイプについてそれぞれのトークンがたくさんあることを表し，(51b) は単一のタイプのトークンがたくさんあることを表す．

(48) と (49) の対照性に基づいて，複数型 T 部分構造がヒト対非ヒトの対照性を示すことを指摘した．興味深いことに，第 2 名詞として them を用いた場合，この対照性が消える．

(52) A: How many returnees do you have in your class?
B: I have some of them.

B の発話に含まれる A of B 形式（下線部）は，特に口語で用いられることが多く，of them は代用形の弱化により of'em や of'm のように発音されることもある．以下では，some of them が部分構造なのかどうか，部分構造であるならばどのような部分関係を表すのか考えてみたい．

仮に (52) の some of them が部分構造ではなく，例えば two of you が同格解釈をもつ場合と並行的にとらえられないか検証してみる．[28] 結論から言えば，同格分析は次の例をうまく説明できないと考えられる．

(53) A: How many returnees do you have in your class this year?
B$_1$: I have none of them.
B$_2$: I don't have any of them. I hope I'll have some of them next year.

B$_1$ の発話に含まれる A of B 形式（下線部）は，第 1 名詞が none，第 2 名詞が them であるが，これらを同格と見なすことはできない．また，B$_2$ の発話には 2 つの A of B 形式が含まれるが，最初の any of them の同格分析は none of them と同じ理由で難しい．したがって，(52) の some of them を同格と見なす分析は採用できない．

本研究は，問題の some of them が T 部分構造である考える．すなわち，第 2 名詞の代用形 them は，漠然と留学帰国生の集合を類として表している．その手がかりは (53) の B$_2$ の発話に見いだせる．すなわち，some of

---

[28] two of you には of の同格用法に由来する同格解釈（'あなた方 2 人'）に加え，部分の of に由来する部分解釈（'あなた方のうちの 2 人'）がある．

them は次の年の帰国生（あらかじめ導入された集合ではない）を指すことから，代用形の them がタイプ名詞の特性（空間的にも時間的にも規定されない集合）を示していると見なすことができる．

(52) の some of them が T 部分構造であるとすると，代用形 them と元の形式との関係が問題となる．すなわち，(51b) では many of these/those machines の第 2 名詞句を代用形に変えたものが many of them であると考えたが，同じ説明を (52) の some of them に適用するのは難しい．なぜなら，(49) では some of those returnees が T 部分構造とは見なされないからである．要するに，人を表す T 部分構造 some of them の基底形を T 部分構造の解釈をもたない some of those returnees に求めることはできないということである．

〈指示詞 (these/those) ＋ヒト名詞〉が（モノ名詞と異なり）タイプ解釈されない要因として，本研究は Kaga (1991) に従い，ヒト名詞は個別性が強く，タイプ解釈を受けにくいためであると考える．Kaga によれば，ヒト名詞は個が基本レベルカテゴリーであるのに対して，非ヒト名詞は個を捨象したタイプが基本レベルカテゴリーであるという．この主張の根拠として，Kaga は次の日本語に関する事実を挙げる．

(54) a. 花子が 2 本飲んだ酒　　　　　　　(Kaga (1991: (2a)))
　　　b. *花子が 2 人殴った男　　　　　　　(ibid.: (2a))
(55) a. 花子がその鳥を 3 羽飼っている．　　(ibid.: (3a))
　　　b. *花子がその医者を 3 人知っている．(ibid.: (3b))

(54) は関係節内に基数詞を含む名詞句であるが，関係節によって修飾される名詞は，(54a) では非ヒト名詞の'酒'でタイプを指すので基数詞と意味的に整合するが，(54b) ではヒト名詞の'男'でトークンを指すため基数詞と意味的に矛盾を起こす．また，(55) は数量詞遊離文で，遊離数量詞の限定対象の名詞（以下，「先行詞」と呼ぶ）と助詞'ノ'を介さずに修飾関係を結んでいる（第 3 章で詳しく見る）．(55a) と (55b) はいずれも遊離数量詞の先行詞が指示詞'その'を伴っている．(55a) では遊離数量詞'3 羽'の先行詞の'その鳥'はタイプを指示するため，遊離数量詞がそのトークンを量化し，意味的に整合する．一方，(55b) では遊離数量詞'3 人'の先行詞は'その医者'でトークンを指示するため，遊離数量詞と意味的に矛盾する．

ヒト名詞と非ヒト名詞の対照的な振る舞いによって，ヒト名詞が個体解釈しかできないのに対して，非ヒト名詞は個体解釈とタイプ解釈が可能であることが裏づけられる．指示詞 these/those によって限定されるとヒト名詞はグループとして認識されるが，メンバーの個別性が捨象されたタイプとしては認識されない．モノ名詞が指示詞 these/those によって限定された場合は，グループとして認識されることも，個別性を捨象したタイプとして認識されることも可能であると考えられる．

これまで考察した部分構造について，MIT 分類に基づく区別と第 2 名詞(句)の組み合わせをまとめると次のようになる．

部分構造の種類	NP$_2$ の形式	単数形 冠詞の有無	単数形 代用形
I	two pages of X	two pages of *(a/the) book	two pages of it
	two copies of X	two copies of *(a/the) book	two copies of it
T	two kilos of X	two kilos of *(an/the) apple	two kilos of it
	two kinds of X	two kinds of (a/the) disease	two kinds of it
	two of X ⟨sth⟩	*two of (an/the) apple	*two of it
	two of X ⟨sb⟩	*two of (a/the) returnee	*two of it
M	two of X	*two of (a/the) book	*two of it
	two kilos of X	*two kilos of (an/the) apple	*two kilos of it

表 2.4　英語部分構造の種類と第 2 名詞(句)の形式（単数）

部分構造の種類 / NP₂ の形式		複数形	
		冠詞の有無	代用形
I	two pages of X	two pages of *Ø/the/those books	two pages of them
T	two copies of X	two copies of *Ø/the/those books	two copies of them
	two kilos of X	two kilos of Ø/the/those apples	two kilos of them
	two kinds of X	two kinds of Ø/the/those diseases	two kinds of them
	two of X ⟨sth⟩	two of *Ø/*the/those apples	two of them
	two of X ⟨sb⟩	*two of Ø/the/those returnees	two of them
M	two of X	two of *Ø/the/those apples	two of them
	two kilos of X	two kilos of *Ø/the/those apples[29]	two kilos of them

表 2.5　英語部分構造の種類と第 2 名詞(句)の形式（複数）[30]

2.6. 本章のまとめ

本章は，英語部分構造とその関連表現について考察した．以下に節ごとの要旨を示す．

2.1 節では部分関係に密接に関わる英語数量表現の種類と特性について論じた．前提性の有無によって most/all などの比率的数量詞と many/some（弱形）などの基数的数量詞が区別されることを見た．また，many of the books のような部分構造に由来する部分解釈（構文的部分解釈）と most

---

[29] two kilos of Ø apples は疑似部分構造としてならば容認されるが，部分関係を表さないので除外している．

[30] 指示詞の代表例として those のみを表示しているが，these を用いることも可能である．

books のような比率的数量詞の語彙特性に由来する部分解釈（語彙的部分解釈）の区別を提案した．

　2.2 節は英語部分構造に焦点を当てた．まず，先行研究として Quirk et al. (1985) による記述的研究と Selkirk (1977) と Jackendoff (1977) による理論的研究を概観した．記述的研究は，第 1 名詞(句)の意味特性に基づいて部分関係を質・量・計量の 3 つの観点で分類する．質を表す部分関係は，第 1 名詞句に kind などの類別詞を含む．量を表す部分関係は，第 1 名詞(句)として数量表現が単独で生じる場合と piece/page などの類別詞が生じる場合がある．計量的な部分関係は，第 1 名詞句に kilo などの計量類別詞を含む．理論的研究は，部分構造の第 1 名詞(句)と第 2 名詞句の統語的・意味的関係に注目する．第 2 名詞句が定の解釈を受けると，統語的な独立性を獲得し，外置が可能となる．また，意味的には第 1 名詞(句)と第 2 名詞句がそれぞれ異なる集合を表すことから，第 2 名詞句が定の解釈を受ける部分構造を「真部分構造」，そのような想定をもたない部分構造を「疑似部分構造」と呼んで区別した．

　2.3 節では，記述的研究の分類基準（質・量・尺度）を踏襲し，それぞれの観点から部分構造が作れるか検証した．質を表す部分構造については，病気のようにさまざまな種類が想定できる名詞の場合を除き，基本的には部分構造を作れない．一方，量を表す部分関係と計量的な部分関係については，部分構造を作れる（ただし，herd/crowd などの集合類別詞が第 1 名詞句に含まれる場合，第 2 名詞として非ヒト名詞は容認されるが，ヒト名詞は容認されない）．

　2.4 節は，先行研究の分類法ではいずれも量を表す部分関係と見なされる two of the books, two pages of the book(s), two copies of the book(s) が意味的に異なる部分関係を表すことを指摘した．これらの部分構造は，順に M 部分構造（複数の本の集合とその部分集合の関係），I 部分構造（単一個体としての本とその中身の関係），T 部分構造（本の特定のタイプとそのトークンの関係）と見なされる．計量類別詞（kilo など）は M 部分構造と T 部分構造の第 1 名詞句として機能できることや質に関する類別詞 kind が第 2 名詞として定名詞をとることができず，部分構造の特性を示さないことも指摘した．

　2.5 節は英語部分構造と A out of B 形式を比較した．A out of B 形式が

M 部分関係を表せることに基づき，英語部分構造が均質でないことを証明した．つまり，A out of B 形式が交替できる部分構造（= M 部分構造）と交替できない部分構造（= T 部分構造）があることを示した．

　さらに，第 2 名詞句が指示詞を伴う複数型 T 部分構造（two of those pens など）と第 2 名詞が代用形の単数型 T 部分構造（two of them など）が第 2 名詞(句)の種類によって異なる振る舞いを示すことを指摘した．第 2 名詞句が人を表す場合は単数型は容認されるが，複数型は容認されない．例えば，'その手の学生 2 人' の対応表現として two of those students は容認されないが，two of them は容認される．T 部分構造におけるヒト対非ヒトの対立は，〈指示詞（these/those）＋名詞〉がトークンの集合によってタイプを表しており，非ヒト名詞の場合は個別性を捨象できるが，ヒト名詞の場合では個別性を捨象できないことに起因すると主張した．これに対して，第 2 名詞が代用形の場合は漠然とタイプを表していると分析した．

第 3 章

日本語における部分関係

　本章は，日本語における部分関係について論じる．日本語では部分関係が句または節で表される．句形式の表現としては 'A ノ（ウチノ）B' 形式がある．これは，第 2 章で考察した英語部分構造に対応する形式である．[1]

(1) a.　学生の（うちの）数人[2]　　　cf. some of the students
　　b.　学生の多く　　　　　　　　　cf. most of the students

助詞 'ノ' の前の要素を第 1 名詞（句），後ろの要素を第 2 名詞（句）と呼ぶことにすると，(1) では第 2 名詞の '数人・多く' が第 1 名詞の '学生' の一部分（数または割合）を表している．同義の英語部分構造と比べると，日本語の 'A ノ（ウチノ）B' 形式は，全体を表す要素と部分を表す要素が生じる位置について鏡像関係になる．

　部分関係を表す節形式には数量詞遊離文がある．数量詞遊離文は，(2a) のように数量詞が助詞の 'ノ' を介さずに名詞を量化する構文で，当該数量詞は (2b) に含まれる連体用法の数量詞（以下，「連体数量詞」と呼ぶ）と対

---

[1] 'A ノ B' 形式と 'A ノウチノ B' 形式の意味論的違いは，3.2.1 節で論じる．
[2] '学生の数人' は 2 通りに曖昧で，部分構造の解釈（'学生のうちの数人' と同義）と同格の解釈（'学生である数人' と同義）がある．この曖昧性は，英語において two of you が部分構造の解釈（'あなた方のうちの 2 人'）と同格の解釈（'あなた方 2 人'）をもつのと並行的である．

比して「遊離数量詞」(floating/floated quantifier) と呼ばれる．[3]

(2) a. 学生が 2 人来た． ['2 人'＝遊離数量詞]
    b. 2 人の学生が来た． ['2 人（の）'＝連体数量詞]

遊離数量詞と連体数量詞の関連性は，初期の生成文法理論で活発に議論された（奥津（1969, 1974, 1983），神尾（1977），井上（1977, 1978）ほか）．[4] 数量詞の移動規則によって連体数量詞を含む文（以下，「連体数量詞文」と呼ぶ）とそれに対応する数量詞遊離文を関連づける分析が提案されたが，2つの文の解釈が必ずしも一致しないことや遊離数量詞に対応する連体数量詞が存在しない場合があることなどにより，近年は「遊離」という用語を継承しつつも，遊離数量詞とそれ対応する連体数量詞を個別にとらえるのが一般的である（数量詞遊離文と連体数量詞文の解釈の違いについては 3.4 節で論じる）．[5] 本研究もその立場をとるが，説明の便宜上，遊離数量詞という用語

---

[3] 数量詞遊離文は，日本語以外に英語・フランス語・ドイツ語・朝鮮語・中国語・ヘブライ語など多くの言語で観察される．英語を例にとると，連体数量詞文では (ia) のように数量詞が限定対象の名詞と句を構成するのに対して，数量詞遊離文では (ib) のように数量詞が動詞と句を構成する．

(i) a. [$_{NP}$ All (of) the students] have passed the test.
    b. The students [$_{VP}$ have all passed the test].

日英語の数量詞遊離文の違いについては注 7 を参照のこと．

[4] 数量詞遊離文の分析は，遊離数量詞を数量詞の移動と見るか，基底生成と見るかで 2 分される（分析方法の変遷については，加賀（2001）を参照）．初期の移動分析は数量詞の移動規則が仮定された（Postal (1974), McCawley (1988a, 1998) など）．しかし，Sportiche (1988) 以降の移動分析は，遊離数量詞の先行詞が移動して数量詞が残留（strand）したものと見なすのが一般的である．一方，基底分析は遊離数量詞と先行詞の関係を移動規則に頼らずに説明する（Nakamura (1983), Bobaljik (1995) など）．

[5] 井上（1977）は，次のように連体数量詞（二重線）と遊離数量詞（下線）の両方を含む文が許容されると指摘している．

(i) a. 並んで走っていた数台のトラックがガードレールにみんなぶつかった．
                                                （井上 (1977: 49)）
    b. 彼は積んであったたくさんのみかん箱を路上に 2, 3 個投げ捨てた．
                                                （ibid.: 50)）

これらの文において遊離数量詞を連体数量詞に戻せないことから，井上は遊離数量詞の移動分析に反論している．なお，(i) のように先行詞が数量詞を含む数量詞遊離文については，

を用いる．

　数量詞遊離文が部分関係を表しうることは，井上（1977, 1978）をはじめとして複数の文献で指摘されている（Muraki（1974），Kim（1995），Downing（2003）などを参照）．井上は，次の数量詞遊離文において，遊離数量詞が先行詞が表す母集合の部分集合を表すと主張している．

　　（3）　前を走っていた乗用車が 2 台つかまった．　　（井上（1977:（48b）））

この文は，つかまった 2 台の乗用車が'前を走っていた乗用車'の一部であることを含意する．この読みは，次の'A ノ（ウチノ）B'形式を含む文の解釈とほぼ同じである．[6]

　　（4）　前を走っていた乗用車の（うちの）2 台がつかまった．

　以上，日本語における部分関係が，部分構造と数量詞遊離文で表されることを見た．[7] 本章は，部分構造と数量詞遊離文の統語的・意味的特徴を解明することを目的とする．構成は以下のとおりである．3.1 節では，前提性に基づく日本語数量詞の分類を行う．3.2 節は'A ノ（ウチノ）B'形式の統語的・意味的特性について論じる．続く 3.3 節では，数量詞遊離文によって表される部分関係の特徴について考察する．3.4 節では，数量詞遊離文と対応

第 5 章で詳しく考察する．

　[6] 遊離数量詞の部分解釈は，'A ノ（ウチノ）B'形式のそれとは異なりキャンセルできることを 3.4.2 節で見る．

　[7] 英語数量詞遊離文では遊離数量詞が普遍数量詞の all/both/each/every（one）に限られるため，日本語数量詞遊離文に比べて限定的にしか部分関係を表せない（every（one）については Nakamura（1983）を参照のこと）．例えば，次の文法対立が示すように，遊離数量詞は最大の部分（＝全体）を表せるが，一部は表せない．

　　(i)　a.　The students have all passed the test.
　　　　b.　*The students have some passed the test.
　　　　　cf. Some of the students have some passed the test.

これに対して，日本語ではさまざまな数量表現が遊離数量詞になれるので，次のように遊離数量詞が母集合に対する部分集合を問題なく表せる．

　　(ii)　ゼミ生が数人その試験に受かった．
　　　　cf. ゼミ生のうちの数人がその試験に受かった．

する連体数量詞文の意味的特徴を比較する．さらに，3.5節では'そのケーキ2つを食べた'のような〈名詞＋遊離数量詞＋格助詞〉形式（NQC型）の数量詞遊離文の解釈について考察する．最後の3.6節は各節の論点を要約する．

3.1. 日本語数量詞の分類

英語の場合と同様，日本語でも数量表現の種類によって表されうる部分関係が変わる．よって，まず日本語数量詞の種類とその特性について論じることにする．日英語の数量表現の共通点を見るため，以下に第2章で見た英語数量詞の分類について要約する．

Milsark (1974) は there 存在文との整合性に基づき，英語数量詞を弱決定詞（some/many など）と強決定詞（all/most など）に分類する．

(5) a.　There are some/many books on the table.　　（＝第2章 (2a)）
　　b. *There are all/most books on the table.　　（＝第2章 (2b)）

2種類の決定詞は前提性について対照的である．強決定詞は常に，限定する名詞の母集合の存在を前提とするが，弱決定詞は無標（弱形）ではそのような前提性をもたない．there 存在文は提示文なので，母集合が前提となる表現とはなじまない．したがって，強決定詞は there 存在文と整合しないが，弱決定詞は there 存在文と整合すると考えられる．

加賀（1997）は，弱決定詞に分類される数量詞と強決定詞に分類される数量詞をそれぞれ基数的数量詞，比率的数量詞と呼び，この区別が英語数量詞と日本語数量詞で並行的に成立することを実証的に示している．加賀の見解を踏まえると，日本語数量詞は次のように分類される（基数的数量詞の下位分類は筆者が加えたもの）.[8]

---

[8] 長谷川（1994）は，日本語数量詞の分析で'一割・一部・半分・すべて'などの数量詞を「割合数量詞（割合 Q）」と呼んでいる．

	基数詞	3個, 5人
基数的数量詞	概数詞	2, 3個, 数人
	数量詞	たくさん／多数, いくつか／少し
比率的数量詞		すべて, 大部分, 多く, いくつか

表 3.1　日本語数量詞の分類

'3個' のように明確な数量を表す基数詞と '数個' のように明確な数量を表さない概数詞を区別するのは，両者が異なる統語的・意味的特性を示すことが先行研究において指摘されているためである．詳しくは第5章で論じるので，ここでは分類の提示にとどめておく．

また，'いくつか' は基数的数量詞と比率的数量詞のいずれにも分類されているが，これは英語において some/many が基数的数量詞の用法と比率的数量詞の用法をもつことと並行的である．ただし，加賀 (1997) は，日本語の 'たくさん' と 'いくつか' は並行的には振る舞わないと主張する．すなわち，'たくさん' は基数的用法のみを担い，比率的用法は '多く' が担うという．

加賀は，次の最小対立を踏まえ，(6a) の落ち着きが悪いのは '多く' の比率解釈の前提となる母集合が与えられないことによると述べている．

(6) a. ?スーパーで野菜を多く買った．　　　　　（加賀 (1997: (25a)))
　　 b. 　スーパーで野菜をたくさん買った．　　　　（ibid.: (25b)）

加賀 (1997) によれば，「スーパーでいろいろな食品を買った中で野菜が多めであった，というような状況」(p. 104) を想定すれば (6a) の容認性が回復するという．確かに，次のように対比される要素をヨリ句で示すとすわりがよくなる．[9, 10] 興味深いことに，この環境では '多く' を 'たくさん' で置

---

[9] (7a) は (6a) よりも自然であるが，'より多く買う' が表す状況が明確でない．つまり，比較対象が個数・かさ・代金のいずれなのか定かではない．動詞を次のように '食べる' で置き換えると，かさの比較になり，曖昧さが解消される．

(i) 野菜を肉より多く食べた．

この事実は，'多く' に比率の基準の明確性が求められることを示唆している．

[10] 'たくさん・多く' の語彙特性が異なることは田中 (拓) (2010) でも指摘されている．田中は以下の例文の解釈に基づき 'たくさん' が個体・事態・中身の量をそれぞれ量化でき

き換えても意味はほぼ同じになる．

(7) a. スーパーで野菜をほかの食品より多く買った．
   b. スーパーで野菜をほかの食品よりたくさん買った．

次の最小対でも，'多く'のほうが'たくさん'よりも堅い響きがあるが，どちらの数量詞を用いても容認され，かつ文意はほぼ同じになる．

(8) a. 副市長が市長より多く給料をもらっている都市は20を超す．
   b. 副市長が市長よりたくさん給料をもらっている都市は20を超す．

(7) (8) を踏まえると，'多く'は確かに比率的用法をもつが，'たくさん'

るが，'多く'は個体しか量化できないと主張する．

(i) ジョンは本を多く読んだ． (田中(拓)(2010:(2b)))
(ii) ジョンは本をたくさん読んだ． (ibid.: (3b))
(iii) ジョンは『罪と罰』を {*多く／たくさん} 読んだ． (ibid.: (4a, b))

田中によれば，(i) は読んだ本の冊数（個体数）が多いことを表すが，(ii) は冊数の解釈に加え，特定の本を読む回数（事態数）が多いことを表すという．さらに，(iii) については，(ii) と並行的な回数の解釈と特定の本の中身の量（ページ数）の解釈をもつと主張している．
　田中の主張は，突き詰めると'多く'は冊数だけを問題にするが，'たくさん'はそれだけでなく，回数・ページ数も問題にできるということになる．しかし，事実はそれほど単純ではない．

(iv) 最近の彼女は，メタルフレームのメガネよりセルフレームのメガネを {多く／?*たくさん} かけている．('多く'＝メガネをかける回数)
(v) 『罪と罰』を返却期限までに読み終えるために，今日は昨日よりも {多く／たくさん} 読んだ．('多く・たくさん'＝読むページ数)

(iv) では'多く'が回数を量化している（'たくさん'はメガネの個体数の意味なら解釈できるが，複数のメガネを同時にかけるという不自然な状況になる）．(v) では'多く'がページ数を量化している．(iv) と (v) ではヨリ句によって比較対象が明示されていることから，'多く'を単独で用いるとすわりが悪いのは比較対象が明示されないためであると考えられる．実際，田中自身，'多く'が複数の語彙項目で構成される「複合語彙」であり，その中には'-er'が含まれると分析している（⟦-er⟧:= λD$_{dt}$λD'$_{dt}$. max(D)＞max(D') cf. Heim (2000)）．また，(iv) で'たくさん'の事態解釈が許容されないことから，田中の言う (ii) の事態解釈は，実はページ数の解釈から語用論的に推論されている可能性がある．なお，筆者の言語直感では (ii) の'たくさん'の事態解釈は幼児の発話を想起させる（'遊園地でジェットコースターにたくさん乗った'vs.'遊園地でジェットコースターに何回も乗った'）．

にも比率的用法を認めなければならないと考えられる．基数的数量詞の'たくさん'が比率的用法を獲得するプロセスとして次のような見立てができる．2つの物の数量の多寡を比べることと2つの物の全体に占める割合の大きさを比べることは，突き詰めれば2つの数量を比べる意味において等しい．

本節では，日本語数量詞の種類とその意味的特徴について論じた．次節以降は，'A ノ（ウチノ）B' 形式と数量詞遊離文の考察を行う．

3.2. 'A ノ（ウチノ）B' 形式が表す部分関係[11]

本章の冒頭で見たように，英語部分構造に対応する'A ノ（ウチノ）B' 形式は，第1名詞(句)が全体に相当し，第2名詞(句)が部分に相当する．例えば，(9a)では第2名詞の'2人'は，第1名詞句の'試験に合格した学生'の一部分を指す（[　] は関係節を表す）．一方，(9b) では第2名詞の'全員'は第1名詞句が表す集合に対する割合を表す．

(9) a. ［試験に合格した］学生の（うちの）2人
 b. ［試験に合格した］学生の（?*うちの）全員

MIT 分類に基づくと，(9) の 'A ノ（ウチノ）B' 形式は，どちらも第1名詞句と第2名詞の間に M 部分関係（グループ・メンバーの関係）が成立するので M 部分構造に対応する表現と見なされる．ただし，(9b) の部分関係は比率関係で (9a) とは異なる特性を示す．まず，'ウチノ'との整合性について基数的数量詞と比率的数量詞は対照的である．また，(9b) では第1名詞句と第2名詞を交替させても意味が保持されるが，(9a) では第1名詞句と第2名詞を交替させると意味が保持されない（'全員の試験に合格した学生' vs. '2人の試験に合格した学生'）．

本節では，以上のような，'A ノ（ウチノ）B' 形式の統語的・意味的特性を考察する．以下の構成は次のとおりである．まず 3.2.1 節で 'A ノ B' と 'A ノウチノ B' の意味的区別について論じる．3.2.2 節は，西田 (2004) による 'A ノ B' 形式における名詞交替の分析を概観する．そして，3.2.3 節では，英語における部分構造と疑似部分構造の形式的区別と数量詞の種類によ

---

[11] 本節は田中 (2012) の 3.3 節の一部を発展させたものである．

る解釈の違いが，'A ノ（ウチノ）B' 形式でどのように表されるかについて論じる．

3.2.1. 'A ノ B' と 'A ノウチノ B' の意味論的区別

本節では，'A ノ B' 形式と 'A ノウチノ B' 形式が常に交替可能なわけではなく，数量表現の種類によって整合する形式が異なると主張する．具体的には，比率的数量詞が 'A ノ B' と整合するが，'A ノウチノ B' とは整合しないのに対して，基数的数量詞は 'A ノ B' と 'A ノウチノ B' のどちらの形式とも整合することを示す．

次の例は『明鏡国語辞典』初版の 'うち' の項目で提示されているもので，'A ノ（ウチノ）B' 形式を含んでいる．

(10) a. 仲間のうちの 2 人が合格した．
　　 b. 定価のうち（の）2 割を内金として払う．

これらの形式が異なる種類の数量詞を含んでいることに注目すべきである．(10a) の '仲間のうちの 2 人' は基数的数量詞を含み，(10b) の '定価のうち（の）2 割' は比率的数量詞を含む．筆者の言語直感では，(10b) の 'A ノウチノ B' 形式には意味的な重複性が感じられ，'定価の 2 割' としたほうが自然である．3.1 節で見たように，比率的数量詞には前提性がある．'2 割' という表現は，母集合である '定価' に対する割合を表すため，'ウチ' という「範囲を明確にする表現」を伴わなくてもその範囲が定まっていると考えられる．'2 人' は基数的数量詞なのでデフォルトでは前提性をもたない．よって，母集合を明確にするために 'ウチ' が用いられるのではないかと考えられる．'仲間の 2 人' としても部分解釈は可能であるが，この形式でしか表せない同格読み（仲間である 2 人）のほうが優勢であるように思われる．

興味深いことに，(10b) の '定価のうち（の）2 割' からかっこの 'の' を省略して '定価のうち 2 割' とした場合，すわりがよくなる．もっとも，この場合の '定価のうち' と '2 割' は同一の名詞句を形成していないと考えられる．というのは，2 つの要素の間に副詞句を挿入できるからである（'定価のうち，あらかじめ 2 割を内金として払う'）．このように比率的数量詞とそれが限定する名詞が名詞句を構成しない場合，限定対象の名詞が 'ウチ' を含んでも意味的な重複は感じられない．これは，統語構造に由来する部分解

釈がないことによると考えられる．

　比率的数量詞と'ウチ（ノ）'が整合しないと述べたが，同じ比率的数量詞であっても容認性が一様ではないようだ．[12]

(11) a. ?*学生のうちの全員／すべて
　　　b. ?学生のうちのほとんど

普遍数量詞の'全員・すべて'は，'ほとんど'に比べて'ウチ（ノ）'との整合性が低い．この要因として，'ウチ（ノ）'が部分であることを前提とする表現であるため，普遍数量詞と意味的に衝突していることが考えられる．これに対して，比率的数量詞の'ほとんど'は部分を問題にするため，'ウチ（ノ）'と意味的に衝突することはない．

　これまでの'A ノ B'形式についての考察をまとめると，数量表現の生起位置と意味解釈の関係は次のようになる．数量表現が名詞(句)に後続する'N ノ Q'形式は部分構造と見なされ，その場合 N は必然的に定名詞の解釈になる．以下では，英語部分構造のように部分関係を表す'A ノ（ウチノ）B'形式を「（日本語）部分構造」と呼ぶことにする．

3.2.2. 'A ノ B'形式における名詞交替

　日本語部分構造では，第１名詞(句)と第２名詞(句)の順序は厳密に規定される．ただし，3.2節の冒頭で述べたように，'A ノ（ウチノ）B'形式で第１名詞(句)と第２名詞(句)を交替させられる場合がある．[13] この特性に注目した論考として，西田（2004）がある．

　西田は，比率的数量詞と基数詞で'A ノ B'形式の B の位置に生起できるかどうかが異なると指摘している．

(12) a.　反戦集会には {大半の市民／市民の大半} が参加した．

　　　　　　　　　　　　　　　　　　　　　　（西田（2004:（10a)))

---

　[12] 加賀信広教授（筑波大学）のご指摘による．
　[13] 英語部分構造では，基本的に第１名詞句と第２名詞句の交替は許されない (some of the students vs. *students of some)．ただし，T部分構造については，名詞の数を変えれば第１名詞と第２名詞を交替させることができる (this kind of car vs. cars of this kind)．

b.　反戦集会には {30人の児童／*児童の30人} が参加した．

　　　　　　　　　　　　　　　　　　　　　　　(ibid.: (10c))

比率的数量詞の'大半'は (12a) のように名詞'市民'に先行することも，後続することもできる．一方，基数詞の'30人'は，(12b) のように名詞'児童'に先行することはできるが，後続することはできない（ただし，西田は'児童'を'団地の児童'のように解釈すると容認性が上がると指摘している）．要するに，'AノB'形式において，比率的数量詞はAとBのいずれの位置にも生起できるが，基数詞はAの位置にしか生起できない．

　比率的数量詞と基数詞で生起できる位置が異なる事実について，西田 (2004) は次の説明を与えている（Qは数量詞を，Nは名詞句を指す）．

　　　'大半'は〔中略〕特定数を表さず，全体に占める割合を表すため，「Nノ Q」と「QノN」の交替を許す．'30人'のようにQが特定数を表すと，1個1個の個体が問題となり，全体で1つの特徴を表すという量の均質性が失われるので，「NノQ」と「QノN」は交替しない．(p. 80)

西田の説明は，比率的数量詞と基数詞の振る舞いの違いを各数量表現の意味機能と限定対象の名詞の特性に帰する．まず，数量詞が量を問題にできる場合，QとNの交替が許される（'大半'は量を問題にするが，'20人'は（個の）数を問題にする）．また，限定される名詞が「均質な個体の集合」を表す場合，QとNの交替が許される．西田は，均質な個体の集合を表す名詞について，Wierzbicka (1988) の言う「任意の分割可能性」を備え，物質名詞などと並行的にとらえられる名詞であると主張する．均質な個体の集合を表す名詞には，'絵画・岩石・河川・森林・樹木・土砂'のような「種類名詞」がある．種類名詞は，類義の2つの名詞で構成され，「形，単位，価値の違う個体」のまとまり（集合）を表す．[14]

　西田によると，種類名詞の'絵画'は均質な個体の集合を表すが，「1字名詞」の'絵'は個別に異なる個体の集合を表すという．その根拠として，西

---

[14] 西田は，種類名詞が畳語名詞（'人々'など）に関連する複数表現であるとし，種類名詞を音読みの複数形，畳語名詞を訓読みの複数形ととらえている．

田は比率的数量詞と名詞を交替させたときの解釈の違いを挙げている．

 (13) a. 美術館の火災では 絵画の大部分 が焼けてしまった．
    b. 美術館の火災では 大部分の絵画 が焼けてしまった．
（西田（2004: (14b)））

種類名詞の'絵画'と比率的数量詞の'大部分'は，意味を変えずに交替可能である．(13a) の'絵画の大部分'では'絵画'が美術館の所有する絵のコレクションを指し，そのメンバーの一部分を'大部分'が指す読みとなる（西田の用語では「量レベルの読み」）．(13b) の'大部分の絵画'についても同じ解釈となる．
 1字名詞の'絵'と比率的数量詞の'大部分'が交替した場合，可能な解釈が変わる．

 (14) a. 美術館の火災では 絵の大部分 が焼けてしまった．
    b. 美術館の火災では 大部分の絵 が焼けてしまった．
(ibid.: (14a))

(14b) の'大部分の絵'は (13) の'絵画の大部分・大部分の絵画'と同じ量レベルの読みになるが，(14a) の'絵の大部分'は量レベルの読みに加え，単一の絵とその部分の関係に基づく読み（西田の用語では「個体レベルの読み」）を表し，後者の解釈が優先されるという．
 さらに，西田は概数詞の特性についても言及している．西田は，概数詞が'A ノ B'形式に生じる場合，比率的数量詞のように A と B の交替が可能であることを指摘している．

 (15) a. この森では いくつかの種類の樹木／樹木のいくつかの種類が枯
     れかけてきている． (ibid.: (13b))
    b. 3種類の樹木／*樹木の3種類が枯れかけてきている．
(ibid.: (13a))

(15a) で'いくつかの種類'と'樹木'が意味を保持したまま交替できることから，西田は'樹木'は量の解釈を受けているとし，(15b) で'3種類'と'樹木'は交替できないことから，'3種類'は数える対象が個のレベルであると結論づけている．

3.2.3. 部分構造と疑似部分構造の解釈上の区別とその形式

本節では，西田（2004）の事実観察と分析を検討し，'A ノ B' 形式の意味的特徴について考察する．まず，(12) の各例に含まれる 'A ノ B' 形式について，数量表現（Q）が A 位置に生じるもの（'Q ノ N' 形式）と B 位置に生じるもの（'N ノ Q' 形式）を区別し，それぞれの形式について部分解釈の有無とその種類をまとめると次のようになる．

形式	例	部分解釈	部分関係の種類
Q ノ N	30 人の児童	−	NA
	大半の市民	＋（語彙的）	M 部分関係（比率）
N ノ Q	(*) 児童の 30 人	＋	M 部分関係
	市民の大半	＋	M 部分関係（比率）

表 3.2　'Q ノ N' 形式と 'N ノ Q' 形式の解釈

'児童の 30 人' は，第 1 名詞が '団地の児童' のように定名詞の解釈を受けなければ容認されない．この意味制約は，英語の部分構造制約に相当すると考えられる．すなわち，全体を表す名詞が定の解釈をもたなければならない（cf. 第 2 章 (9)）．'Q ノ N' 形式と 'N ノ Q' 形式を対比することによってわかるのは，Q が基数詞の場合，'N ノ Q' 形式（'児童の 30 人'）が部分解釈をもち，'Q ノ N' 形式（'30 人の児童'）が部分解釈をもたないことから，'N ノ Q' が部分構造に対応することになる．'Q ノ N' 形式は，単一の集合を表す点で英語疑似部分構造に対応する．まとめると，日本語では部分構造に対応する 'A ノ B' 形式と疑似部分構造のそれは，要素の順序が逆になる．[15]

比率的数量詞について言えば，'大半の市民' と '市民の大半' がどちらも部分関係を表すという事実は，比率的数量詞の特異性を表している．比率的数量詞は，3.1 節で見たように母集合を前提とする点で基数詞・概数詞とは異なる．この前提性によって部分構造制約が満たされるため，'市民の大半' のような 'N ノ Q' 形式（＝部分構造）は第 1 名詞が限定詞を含まなくても

---

[15] 日本語では数量表現（Q）が 'A ノ B' 形式の B の位置に生じたときに部分解釈をもつ．これに対して，英語では A of B 形式の B が定名詞のときに部分構造になる（a bunch of men vs. a bunch of the men）．

定の読みになり，適切に部分関係の解釈が得られる．また，'大半の市民' のような 'Q ノ N' 形式は，比率的数量詞の語彙特性によって語彙的部分解釈が得られる．[16]

日本語の 'A ノ B' 形式が数量詞・名詞の種類とその生起位置によってどのような解釈になるのかまとめると次のようになる．

N の種類	例	部分構造の種類	部分解釈の種類
種類名詞	絵画の大部分	M 部分構造	M 部分解釈（比率）
	大部分の絵画		語彙的部分解釈
1 字名詞	絵の大部分	I 部分構造	I 部分解釈
		M 部分構造	M 部分解釈（比率）
	大部分の絵		語彙的部分解釈

表 3.3　種類名詞・1 字名詞を含む 'A ノ B' 形式の解釈

西田の説明では，種類名詞の '絵画' は均質な個体の集合を表すため，'絵画の大部分' と '大部分の絵画' は同じ比率解釈になるが，1 字名詞の '絵' は個体レベルの表現なので '絵の大部分' は単一個体の一部分を指す解釈（つまり，I 部分構造の解釈）をもつ．西田は，種類名詞が量のレベルを表し，1 字名詞が個のレベルを表すと分析するため，'絵の大部分' が I 部分構造の解釈をもち，'絵画の大部分' がその解釈をもたないという事実が正しく予測される．しかし，一方で '絵の大部分' と '大部分の絵' で 1 字名詞が複数の個体の集合と読み換えられ，結果として比率の解釈が生じることを指摘しているものの，'大部分の絵' で I 部分構造の解釈が得られない理由については述べていない．

表 3.3 は，構文的部分解釈（部分構造に由来する解釈）と語彙的部分解釈（比率的数量詞が単独で名詞を限定するときに得られる解釈）の特性を示唆している．まず，構文的部分解釈については，全体に相当する名詞の単複に応じて M 部分関係になるか，I 部分関係になるかが決定される．これは英

---

[16] 英語は日本語と異なり，比率的数量詞が部分構造に生じる場合と名詞を限定する場合で語順が変わらない（第 2 章 2.1 節を参照）．

(i) a. two of the students　vs.　two students　［部分解釈なし］
　　b. most of the citizen　vs.　most citizen　［語彙的部分解釈］

語において，第2名詞句の単複によってM部分構造（例えばtwo of the books）とI部分構造（例えばtwo pages of the book）が区別されるのと並行的である．

　語彙的部分解釈については，比率的数量詞によって限定される名詞は，1字名詞・種類名詞の別を問わず，必ず複数の個体からなる集合と見なされる．換言すれば，比率的数量詞が連体用法の場合（助詞'ノ'によって名詞に接続する場合），名詞の個のレベルで量化できるが，個の中身について量化することはできない．このことは次の'月'（month）の例でも確認できる．

(16) a.　半分の月　half of the months
　　 b. *半分の月　half of a month　　cf. ひと月の半分（＝半月）

(16a)は「複数月の半分」の意味である．例えば，12ヶ月ならその半分の6ヶ月ということである．(16b)はひと月の半分で2週間を意図しているが，容認されない．[17]

　'月'を衛星と解釈した場合，'半分の月'は半月（a half moon）の意味で容認される．ただし，この場合の'半分'は属性記述表現で'月の半分'に含まれる'半分'とは異なる．[18] このことは次の最小対立で裏づけられる．

(17) a.　地球からはいつも月の半分しか見えない．
　　 b. #地球からはいつも半分の月しか見えない．

---

[17] 興味深いことに，複合語の'半月'（はんつき）は，(16b)で意図される意味を表せるが，(16a)で意図される意味は表せない．この特性は形態論的制約に由来すると考えられる．英語では，複合語を構成する名詞は原則として単数形でなければならない（pant leg vs. *pants leg）が，日本語でもこれと並行的な制約が課されていると考えられる．

[18] 'Q ノ N'形式はQが基数詞の場合も容認される．

　(i)　10段の階段を上った．

國廣（1980）が指摘しているように，この場合の基数詞は10段で構成されるという，階段の属性を表し，部分解釈をもたない．一方，次のように'10段'が遊離した文は，部分解釈を表しうることに注意しなければならない．

　(ii)　階段を10段上った．

この場合の階段は11段以上であってもよい（ただし，この解釈が義務的ではないことを3.4.2節で見る）．

(17a) では '月の半分' が I 部分構造で月全体の半分 (half of the moon) を指すため，地球からいつも月の半分 (＝月の裏側) は見えないという命題は真になるが，(17b) では '半分の月' が I 部分構造の解釈をもたず，半月 (a half moon) の意味にしかとれないため，地球からはいつも半月しか見えないという命題になり，偽になる．

(16) と (17) の比較によって 'N ノ Q' 形式 (＝部分構造) の表す構文的部分解釈と 'Q ノ N' 形式の表す語彙的部分解釈で次のような特性の違いが導かれる．語彙的部分解釈は M 部分関係 (個体の集合とその部分集合の関係) の読みになるが，構文的部分解釈は M 部分関係の読みに加えて，I 部分関係 (単一の個体とその中身の関係) の読みをもつ．

'N ノ Q' 形式と 'Q ノ N' 形式で可能な解釈が異なるという事実は，数量詞の特性を浮き彫りにする．すなわち，'Q ノ N' 形式 (例えば，'大部分の絵') で B の名詞は必ず複数の個体の集合として解釈される．このことは，英語の対応表現でも同様である．

(18) a.　most pictures　　cf. *most picture
　　　b.　most of {the picture / the pictures}

(18a) は比率的数量詞の most が名詞を直接限定する形式で，可算名詞は複数形でなければならない．つまり，絵を個として量化するが，個よりも低いレベル (単一の絵の中身) を量化できない．これに対して，(18b) は部分構造で第 2 名詞句として可算名詞の単数形と複数形の両方が許容される．複数形の場合は，個としての絵を量化する，(18a) と並行的な解釈 (M 部分関係の読み) が生じ，単数形の場合は，単一の絵の内部を量化する解釈 (I 部分関係の読み) が生じる．

数量詞が単独で名詞(句)を限定する場合に，名詞の指示対象を個のレベルで量化できても，単一の個体の中身を量化できないのは，言語普遍的なもので人間の認知のあり方に由来すると考えられる．すなわち，人間の数量認識の基本レベルは個であって，個の中身ではない．個よりも低いレベルの数量を問題にするためには，部分構造という専用形式を用いなければならない．

次に，比率的数量詞と概数詞の特性を比較する．西田によれば '樹木のいくつかの種類' と 'いくつかの種類の樹木' が同義であることから概数詞 'いくつか' が比率的数量詞と並行的な機能を担っているという (cf. '*樹木の 3

種類'）．この主張は'いくつかの種類'が割合を表す表現で'樹木'が量レベルで解釈されるのに対して，'3種類'は個を数える表現で'樹木'は個体レベルで解釈されるというものである．しかし，概数詞が（単独で）割合を表すとすれば次の文法対立は問題になると思われる．

(19) a. 児童の数人が反戦集会に参加した．
　　　b.??樹木の数本が枯れかけている．　　cf. 樹木の大部分

筆者の言語直感では，'児童の数人'のように概数詞を用いた場合，'児童の30人'よりも容認性が上がる．'児童の数人'は'児童の一部'と同義の解釈を受けているように思う．この点では，西田が主張するように概数詞は基数詞と異なり，量を問題にする機能があると言えるだろう．ただし，(19b)の'?? 樹木の数本'と'樹木の大部分'で明確な容認性の差があることから，概数詞が単独で'大部分'のように割合を表せるとまでは言えないと思われる．

　(19a) と (19b) の容認性を分ける要因として，先行する名詞の定性が考えられる．というのも，(19) の'A ノ B'形式は数量表現が B 位置に生じており，部分構造と見なされるからである．部分構造は，部分構造制約により第 1 名詞（句）が定の解釈を受けなければならない（第 2 章 2.2.2 節を参照）．(19a) の'児童'は定名詞の解釈を受ける文脈（例えば，あるの学校の児童）を想定しやすいのに対して，(19b) の'樹木'ではそのような想定がしづらいため，結果として容認性が低下すると考えられる．このことは，(19b) を'この森の樹木'のように定名詞として解釈すれば容認性は回復することからも裏づけられる．要するに，比率的数量詞は限定対象の個体の集合を前提にするため部分構造制約が満たされるが，概数詞にはそのような前提がないため，限定対象の名詞の定性が容認性に影響を与えるということである．

　では，(15a) の'いくつかの種類の樹木'と'樹木のいくつかの種類'の対応関係はどのように説明されるべきだろうか．'数本の樹木'と'樹木の数本'の対応関係と並行的だと見なしてよいだろうか．結論から言えば否である．'数本'と'いくつかの種類'の振る舞いを比較すると両者が異なる特性を示すことがわかる（アスタリスク付きかっこはその中の要素の省略が許されないという意味）．

(20) a. ＊(この森の) 樹木の数本
　　 b. (この森の) 樹木の数種類
(21) a. 　この森の樹木のうちの数本
　　 b.?＊この森の樹木のうちの数種類

(20a) と (21a) は M 部分構造に相当する．第 1 名詞句は定の解釈を受けなければならないため，'この森の'のような限定表現が必要である．また，(21a) のように，全体の範囲を表す'ウチ'を用いることも可能である (3.2.1 節を参照)．(20b) と (21b) で第 1 名詞句の限定表現が義務的ではないことは，'N ノ数種類'には部分構造制約が課されていないことを示唆する．また，(21b) のように'ウチ'を付加するとすわりが悪い．[19] したがって，'N ノ数種類'は M 部分構造とは異なると考えるべきだろう．

筆者の言語直感では，'いくつかの種類の樹木'と'樹木のいくつかの種類'はともに容認可能であるが，同義ではない．'いくつかの種類の樹木'は主要部 (head) が'樹木'で，個または種としての樹木を問題にする．'樹木のいくつかの種類'は主要部が'種類'で，種としての樹木を問題にする．よって，(15a) の述語'枯れかけてきている'と意味的に整合するのは，個としての樹木を問題にする'いくつかの種類の樹木'だろう．'樹木のいくつかの種類'には種に関する述語 (例えば'絶滅した') が整合するように思われる．この点は，次のように動物名詞を用いた場合に鮮明になる．

(22) a. 　この森で {いくつかの種類の野鳥／??野鳥のいくつかの種類}
　　　　 を見た．
　　 b. 　この森で／に {いくつかの種類の野鳥／野鳥のいくつかの種類}
　　　　 が生息する．

---

[19] 日本語の'種類'は英語の kind と並行的に振る舞う．第 2 章 2.3 節で見たように，英語では (ia) の A out of B 形式が M 部分構造と同じ解釈をもちうるが，kind は (ib) が示すように A out of B 形式に生じることができない．

(i) a.　a few out of ten trees　　cf. a few of the ten trees
　　b.　＊a few kinds out of trees

A out of B 形式の第 2 名詞としてタイプ名詞句が生じると，その特性上，母集合の数量が定まらず，結果として比率を表せないため，容認性が低下すると考えられる．

(22a)で'種類'が先行する形式と後続する形式で容認性が変わるのは，述語との整合性による．動詞'見た'は過去の出来事を表すため，タイプ的な表現と意味的に整合しない．[20] よって，個のレベルの野鳥を問題にする'いくつかの種類の野鳥'は自然であるが，種のレベルの野鳥を問題にする'野鳥のいくつかの種類'ではすわりが悪い．(22b)では'種類'が先行する形式と後続する形式がどちらも容認されるが，両形式の意味の違いは存在すると考えられる．動詞の'生息する'は単一の出来事ではなく，状態（つまり，タイプ的な事態）を表す．したがって，種としての野鳥を問題にする'野鳥のいくつかの種類'は自然である．'いくつかの種類の野鳥'についても，種を問題にできるので容認される．

　本研究は，'*樹木の3種類'と'樹木のいくつかの種類'の文法対立が，西田の言う'樹木'の表す集合の均一性とは異なる要因に由来すると考える．問題は，樹木のとらえ方ではなく，むしろ種類のとらえ方ではないかと思われる．すなわち，'3種類'は種類の数が3つという意味で，（種類の）数を問題にするが，'いくつかの種類'は種類の数が明確ではない．明確な数を表す表現は，不定の表現に対して限定詞としての役目を帯びる．一方，明確な数を表さない表現は，漠然とした数を表す点では限定詞の役割を担えるが，一方で限定される要素としての性質も兼ね備えていると思われる．要するに，不定表現（'樹木'や'野鳥'など）と共起するときに，主要部になれるかどうかは，問題の数量表現の「限定詞らしさ」が強すぎないことが重要だと考えられる．

---

[20] '見た'を次のように受動態に変えると容認性が回復する．

　(i) a. この森で野鳥のいくつかの種類が見られた．
　　　b. この森で野鳥のいくつかの種類が見られる．

受動態が能動態よりも客観性の高い表現である（'思う' vs. '思われる'）ことを踏まえると，特に過去形については受動態のほうが種に適した表現であると言える．この場合，'見られた'は'(種の)生息が確認された'のような種に関する述語として再解釈されていると考えられる．'見られる'のように現在形にすると，'生息している'のような状況の継続性を表す述詞と解釈され，より自然になる．

3.3. 数量詞遊離文が表す部分関係[21]

本節は，数量詞遊離文によって表される部分関係について論じる．日本語部分構造では，3.2 節で見たように，2 つの要素（数量表現と名詞）の意味的関係によって部分関係の種類が決まる．これに対して，数量詞遊離文の場合は，節を構成する要素が解釈に影響を与える．それには，数量表現と名詞だけでなく，述語や時制なども含まれるため，部分構造よりも多くの要素が部分解釈の計算で参照されることになる．以下では，数量詞遊離文が表しうる部分関係の種類について考察する．

3.3.1. 数量詞の種類と数量詞遊離文の解釈

第 2 章で Quirk et al. (1985) による質・量・計量の観点に基づく部分関係の分類法を見た．この分類基準は日本語の数量表現にも援用できる．特に，量と計量の違いは，北原 (1996) が日本語数量詞の分類として提案した「個体数量詞」と「内容数量詞」の区別に相当する．[22] 個体数量詞は個体数を問題にする．個体数とは，粒のように個別の境界をもつものの数のことで，例として '2 人・3 本' がある．これに対して，内容数量詞は内容量を問題にする．内容量とは単一で構成されるものの中身の量（容量・長さ・広さ・重さ・価格など典型的には計量類別詞を伴う）のことで，例として '1 リットル・200 グラム' がある．

個体数量詞と内容数量詞は，遊離数量詞として機能すると，先行詞（＝限定対象の名詞）との間に異なる種類の部分関係を結ぶ．このことを次の例で確認してみよう．

(23) a. チョムスキーの本を 2 冊読んだ．
　　 b. チョムスキーの本を 100 ページ読んだ．

奥津 (1983) は，(23b) で内容数量詞の '100 ページ' が 'チョムスキーの本' の中身の一部分を表すと指摘している．この指摘を受けて，北原 (1996)

---

[21] 本節は田中 (2001) に大幅な加筆修正を行ったものである．
[22] 同様の分類は長谷川 (1994) にも見られ，量を表す数量詞を「個数 Q」，計量を表す数量詞を「単位 Q」と呼んでいる．

は，文脈が与えられれば (23a) でも遊離数量詞が (23b) と並行的な部分解釈（'2冊'がチョムスキーの著書の集合の一部を指す解釈）を受けると主張している．

筆者の言語直感では，(23a) と (23b) では遊離数量詞の部分解釈の受けやすさに明確な差がある．(23b) では遊離数量詞の部分解釈は無標の解釈であるが，(23a) では少なくともチョムスキーの著書についての知識をもたない聞き手にとっては，遊離数量詞の部分解釈は優勢の読みではない．むしろ，(23a) は'チョムスキーの本'と'2冊'がタイプ・トークンの関係を結ぶ解釈が無標である．つまり，チョムスキーの著書の母集合を前提とせずに，話者が読んだ2冊の本がいずれもチョムスキーの著書であったという解釈である．内容数量詞に比べて個体数量詞の部分解釈が得られにくい理由を探るために，以下では遊離数量詞と先行詞の意味関係に注目する．

3.3.2. 遊離数量詞と先行詞の意味関係

日本語数量詞遊離文は，英語部分構造が表す部分関係と並行的な意味関係を表すことができる．英語部分構造は第2章で見たように，以下に示す3種類の部分関係を表すのであった．

(24) a. M部分構造　　e.g. two of the books　　　（＝第2章 (32a)）
　　 b. I部分構造　　e.g. two pages of the book　（＝第2章 (32b)）
　　 c. T部分構造　　e.g. two copies of the book（＝第2章 (32c)）

M部分構造は，第1名詞(句)と第2名詞句がグループ・メンバーの関係（＝M部分関係）を結ぶことを表す．I部分構造は，第1名詞句と第2名詞句が単一の個体とその中身の関係（＝I部分関係）を結ぶことを表す．T部分構造は第1名詞句と第2名詞句がタイプ・トークンの関係（＝T部分関係）を結ぶことを表す．「タイプ」とは時間や空間によって規定されない抽象的な概念で，時間と空間によって規定される「トークン」と対立する（Lyons (1977), Carlson (1977b), Jackendoff (1983), Kaga (1991) などを参照）．以下では各部分関係を表す日本語数量詞遊離文を例示する．[23]

---

[23] 日本語部分構造は，M部分関係・I部分関係を表せるが，T部分関係は表せない．この点で3種類の部分関係を表せる英語部分構造と異なる．

まず，M 部分関係を表す数量詞遊離文の例として，本章冒頭で見た (3)((25) として再掲) が挙げられる．

(25)　前を走っていた乗用車が 2 台つかまった．（= (3)）

井上 (1977, 1978) によれば，この文は先行詞の '前を走っていた乗用車' が 3 台以上の乗用車の集合を表し，遊離数量詞の '2 台' がその部分集合を指す．[24, 25]

I 部分関係を表す数量詞遊離文とは，次のような文である．

(26)　太郎はごま団子を一口食べた．

遊離数量詞の '一口' は内容数量詞で一口分の量を表す．よって，'一口' は先行詞の 'ごま団子' の中身の一部分を指している．

(i)　M 部分関係
　　それらの本のうちの 2 冊　vs.　two of the books
(ii)　I 部分関係
　　その本の 2 ページ　vs.　two pages of the book
(iii)　T 部分関係
　　*その本の 2 冊　vs.　two copies of the book

日本語では T 部分関係が数量詞遊離文によって表される ('その本を 2 冊買った')．部分構造と数量詞遊離文によって表される部分関係の違いについては 3.4.4 節で論じる．

[24] 井上 (1977, 1978) は (25) の M 部分関係の解釈にしか言及していないが，T 部分関係の解釈もあることに注意すべきである．その解釈では，'前を走っていた乗用車' が車種 (タイプ) を規定し，'2 台' がつかまった乗用車 (トークン) を表す (実際に前を走っていた車でなくてもかまわない)．詳しくは 3.5 節を参照のこと．

[25] Kim (1995) は日本語数量詞遊離文の解釈として，①「題述解釈」(rhematic reading)，②「部分解釈」(partitive reading)，③「包括的強調解釈」(exhaustive emphasis reading)，④「定言的否定読み」(categorical negation reading) の 4 つがあると主張している．部分関係と密接に関わるのは②と③である．Kim は各読みが得られる例として以下の文を提示している．

(i)　その米は一粒食うと千人力だ．　　　　　(Kim (1995: 38)))　[解釈②]
(ii)　あの悪者どもが今度はみんな寄って来よるぞ．　(ibid.: (41))　[解釈③]

部分関係の MIT 分類に基づくと，(i) では遊離数量詞の '一粒' は先行詞と T 部分関係を結ぶのに対して，(ii) では遊離数量詞の 'みんな' は先行詞と M 部分関係 (比率関係) を結ぶ．

最後に，T 部分関係を表す数量詞遊離文を見る．Kaga (1991) によれば，次の数量詞遊離文において先行詞はタイプ解釈を受け，遊離数量詞はそのトークンを表す．

(27) a.　丸善はその本を 10 冊仕入れた．　　　　(Kaga (1991: (4a)))
　　 b.　花子がその鳥を 3 羽飼っている．　　　　(ibid.: (3a))

(27a) では，先行詞の'その本'は具体的な本ではなく，タイトルを表す．これは時間的・空間的に規定されないということであり，'その本'はタイプ名詞句と見なされる．一方，遊離数量詞の '10 冊' はタイプ解釈される先行詞のトークンを量化している．(27b) も同様で，'その鳥'はタイプ名詞句，'3 羽'がそのトークンを表す．

以上，数量詞遊離文が M・I・T の部分関係を表せることを見た．これを踏まえて，(23)((28) として再掲) の解釈を考えてみよう．

(28) a.　チョムスキーの本を 2 冊読んだ．　　 (= (23a))
　　 b.　チョムスキーの本を 100 ページ読んだ．(= (23b))

(28a) における遊離数量詞とその先行詞は，T 部分関係もしくは M 部分関係を結ぶ．すなわち，個体数量詞の '2 冊' は，チョムスキーの本（タイプ）のトークン，もしくはチョムスキーの本の集合（グループ）の部分集合（メンバー）を表す．これに対して，(28b) における遊離数量詞とその先行詞は I 部分関係になる．すなわち，内容数量詞の '100 ページ' は，チョムスキーの本の中身（の一部分）を表す．[26]

(28a) が T 部分関係と M 部分関係のどちらを表すかは，母集合が前提とされるかどうかによって決まる．聞き手がチョムスキーの著書の数についての知識をもつか，先行文脈でチョムスキーの著書の集合が導入されていれば，M 部分関係の解釈が得られるが，そうでなければ T 部分関係の解釈に

---

[26] 宇都宮 (1995) は，(28) の各文における遊離数量詞の働きについて，(28a) では集合の構成単位としての個体の外側で量化（「外部量化」）が起こっているが，(28b) では単一個体の内部で量化（「内部量化」）が起こっていると主張する．外部量化と内部量化の区別は本研究の M 部分関係と I 部分関係の区別に対応すると考えられるが，T 部分関係がどのようにとらえられるかについては定かではない．

なる.[27] 要するに，M 部分関係の解釈は，T 部分関係の解釈で必要とされない，母集合の存在を前提にするため，有標の解釈と見なされる.

(28b) は I 部分関係を表し，遊離数量詞の'100 ページ'がチョムスキーの特定の著書（例えば，*Lectures on Government and Binding*）の一部分を指す読みが無標であるが，チョムスキーの著書（複数）の読んだ総ページ数が 100 ページであるという解釈（以下「累積量解釈」と呼ぶ）も可能だと思われる．これらの解釈は，'ページ'の特異性を示唆している.[28] 'ページ'は，'キロ'などの単位と違って個別の本ごとに規定される．1 ページが含む文字数や単語数は書式によって変化するため，異なる本のページ数を比較することは通常，意味をなさない．したがって，本を何ページか読んだと言うときは，特定の本を問題にするのが普通である．この点で，'キロ'のような単位とは異なる．'りんご 1 キロ'は，りんごの種類や形に影響されず，まとまった量を表すことができる．

以上の考察から，'100 ページ'のような内容数量詞の遊離数量詞は，'2 冊'のような個体数量詞のそれよりも部分解釈を受けやすいと言える．ただし，遊離数量詞の種類だけで数量詞遊離文の解釈が決まるということではなく，遊離数量詞の先行詞の意味特性，動詞の意味特性も含めた全体を見なければ正しい解釈を導くことができない．以下では，遊離数量詞の先行詞と動詞の意味特性が，数量詞遊離文の解釈にどのように影響するか考察する．

まず，数量詞遊離文の解釈と先行詞の意味特性との相関を見る．先行詞の定性によって遊離数量詞として許容される数量詞の種類とその解釈が影響を受ける．内容数量詞の場合から始めよう．

(29) a. 太郎は夏休み中に本を 100 ページ読んだ．
　　 b. 太郎は夏休み中にその本を 100 ページ読んだ．

---

[27] 日本語部分構造は，その構文的機能によって文脈や聞き手の百科辞書的知識に依存せずに部分関係（構文的部分解釈）を表すことができる．

(i) チョムスキーの本のうちの 2 冊を読んだ．

遊離数量詞の'2 冊'はタイトルの数を表し，'チョムスキーの本'が 3 冊以上あることが論理的に含意される．

[28] 北原 (1996) は'ページ'が単位ではないものの，内容数量詞として機能することを指摘している．

(29a) のように先行詞が不定名詞の'本'である場合は，優勢の読みは単一の本を100ページ読んだという状況であるが，しかるべき文脈が与えられれば(28b)と並行的な累積量解釈（複数の本の読んだ総ページ数が100ページであるという解釈）も可能である．(29b) のように先行詞を定名詞の'その本'に変えると，単一の特定の本を指すことになるため内容数量詞の'100ページ'はその本の中身の量を表す解釈（I部分解釈）を受ける．

I部分解釈が得られる数量詞遊離文は，國廣 (1980) でも取り上げられている．國廣は，(30a) が階段を構成する段のうちの10段を上った状況を表すと指摘している．

(30) a. 階段を10段上った．　　　　　　　　　　　　　（國廣 (1980)）
　　　b. その階段を10段上った．

(30a) は遊離数量詞が内容数量詞の'10段'で，先行詞は不定名詞の'階段'であるが，I部分関係を表せる．この読みは，遊離数量詞の先行詞が定名詞である(30b)の読みと同じである．要するに，(30)における'(その) 階段'と'10段'の意味関係は，(29)における'(その) 本'と'100ページ'のそれと並行的である．[29] ただし，筆者の言語直感では，(30a) のように遊離数量詞の先行詞が不定の場合，文脈を整えれば累積量解釈も得られる（'健康のため毎日階段を50段上っている'）．

また，奥津 (1996b, 2007) や高見 (1998a, 1998b) は遊離数量詞が個体数量詞の場合を取り上げ，先行詞の特定性 (specificity) で遊離数量詞の解釈が変わると指摘している．両氏の見解は，先行詞が特定名詞句の場合に遊離数量詞が部分解釈を受けるというものである．

(31) a. 僕は，りんごを3つ食べた．　［不特定名詞句］
　　　　　　　　　　　　　　　　　　　　　　（高見 (1998b: (63b))）
　　　b. 僕は，そのりんごを3つ食べた．［特定名詞句］（ibid.: (63a)）

(31a) は食べたりんごの総数が3つであるという意味で，'3つのりんご'と並行的な解釈を表す．(31b) では遊離数量詞とその先行詞がM部分関係を

---

[29] 國廣 (1980) は，(30a) に対応する連体数量詞文（'10段の階段を上った'）が階段の属性（階段が10段で構成されること）を表すと主張している．詳しくは注18を参照のこと．

結ぶ．すなわち，先行詞の'そのりんご'は4つ以上のりんごの集合と解釈され，遊離数量詞の'3つ'がその部分集合を表す．[30]

高見は言及していないが，(31b) には M 部分関係に加えて，T 部分関係の解釈もあることに注意しなければならない．すなわち，先行詞の'そのりんご'は，種類を表すタイプ名詞句として解釈できる．その場合，'そのりんご'とは，りんごの種類を表し，遊離数量詞は食べたりんご（トークン）の数を表す．

(32a) のように遊離数量詞の先行詞が不定名詞の'本'の場合は，漠然とタイプを表す．つまり，母集合が前提とされず，読んだ本の総数が2冊であるという解釈である．

(32) a. 太郎は夏休み中に本を2冊読んだ．
　　　b. *太郎は夏休み中にその本を2冊読んだ．

(32a) では遊離数量詞の部分解釈がとりにくい．(28a) で'チョムスキーの本'がチョムスキーの著書の集合ととらえられ，聞き手の知識や文脈上の前提があれば遊離数量詞の部分解釈が可能であることと対照的である．この違いは，(32a) の'本'を世界中に存在する本の集合ととらえ，その部分集合

---

[30] 高見 (1998b) は，(31b) の数量詞遊離文が部分関係を表すのに対して対応する連体数量詞文がどちらも単一の，りんごの集合を表すだけであると指摘している．

(i) a. 僕は，その3つのりんごを食べた．
　　b. 僕は，3つのそのりんごを食べた．

高見は (i) の文がいずれも部分関係を表さないため，数量詞遊離文が部分関係を表す表現としてライセンスされると主張する．さらに，高見は英語数量詞遊離文を取り上げ，(iia) が部分関係を表せないのは，(iib) の部分構造がそれを表すためであるとする．

(ii) a. *The students have three failed the test.
　　b. Three of the students have failed the test.

本研究は，(31b) で表される部分関係を表す句表現として，次の文に含まれる部分構造を想定する (3.2 節を参照)．

(iii) 僕は，そのりんごのうちの3つを食べた．

この対応関係が正しいとすれば，高見の理由づけでは (31b) が誤って排除されてしまう．なお，(31b) のような数量詞遊離文と (iii) のような部分構造はどちらも部分関係を表すが，それぞれの論理的含意は必ずしも同じでないことを 3.4 節で示す．

を問題にすることに通常，意義を見いだせないためであると考えられる．[31]

　(32b)のように遊離数量詞の先行詞が定の場合は容認されない．これは，遊離数量詞と先行詞がM部分関係とT部分関係のいずれも結べないことによる．まず，遊離数量詞と先行詞の間にM部分関係が成立しないのは，'その本'が単一の本を指し，かつ遊離数量詞が複数の本を指すためである．また，遊離数量詞と先行詞は，動詞の'読む'の意味特性のためにT部分関係を結ぶこともできない．この動詞はタイプに対する行為を表すため，'2冊読む'と言えば2つのタイトルを読むことを含意する．一方で，(32b)では遊離数量詞の先行詞が'その本'なのでタイトルは1つになる（'そのりんご'と'その本'の指示特性の違いについては，3.4.2節で論じる）．結果として，遊離数量詞と先行詞が意味的に整合しない（同一タイプに対する行為の複数性は'回'で表す）．

　ただし，(32b)の動詞を'読む'から'買う'に変えると，次に示すように容認性が回復する．

(33)　太郎は夏休み中にその本を2冊買った．

この文法対立は，'買う'と'読む'の語彙特性の違いに由来する．'買う'はトークンに対する行為を表せる．つまり，'2冊買う'とは必ずしも2タイトルである必要はなく，同一タイトルを2冊買うことであってもよい．したがって，先行詞が'その本'でタイトルが1つに限定されても意味的に整合する．[32]

　ここで注目すべきは，(28a)において'チョムスキーの本'と'読む'が(32b)のような意味的な矛盾を起こさないことである．この事実は，'チョムスキーの本'と'その本'の表すタイプの数が違うことを裏づける．すな

---

[31] 本の関連語彙で明確な集合を表すものに集合名詞の'蔵書'がある．次の例では，遊離数量詞は部分解釈になる．

　(i)　太郎は夏休み中に蔵書を2冊読んだ．

'蔵書'が個人のものか，図書館などの公共施設のものかは文脈によるが，いずれにしても'蔵書'は本の集合を指すため，遊離数量詞の'2冊'は部分解釈を受ける．

[32] 英語のread/buyにも日本語の'読む・買う'と並行的な語彙特性の対立が認められる（第2章(33)に対する説明を参照）．

わち，'その本'は指示詞によってタイプの数が1つになるが，'チョムスキーの本'はタイトルの数が1つに限定されない．結果として，'2冊読む'のような複数タイトルを問題にする表現との整合性に差が生じる．

'その本'のような定名詞はタイプ解釈を受けると1タイトルの本を指すが，大木 (1987) は次の文において'そのマンガの本'が複数の巻からなるマンガシリーズを指せると指摘している．

(34) そのマンガの本を3冊読みなさい． (大木 (1987: (51b)))

大木 (1987) は (34) に部分解釈があると主張する．すなわち，'そのマンガの本'は，例えば10巻からなるマンガシリーズを指し，遊離数量詞'3冊'がその一部分を指す．[33]

遊離数量詞の先行詞の意味解釈が数量詞遊離文の解釈に影響することは，加藤（重）(2003) の観察でも裏づけられる（「　」は発話を表す）．

(35) 「昨日，何してた？」「本屋に行って，前から欲しかった本を2冊買って，それから家でテレビを見ながらごろごろしてた」

(加藤（重）(2003: 第7章 (199)))

第2文の'前から欲しかった本を2冊買って'は，数量詞遊離文であるが，遊離数量詞'2冊'とその先行詞'前から欲しかった本'の意味関係について，加藤は次のように述べている（丸数字付きの下線は筆者）．

> 少なくともそれ（'前から欲しかった本'）は2冊以上であることはわかるが，何冊かは特定できない．①欲しいと思っていた10冊の本のうちの2冊という可能性［が］あり，また，②欲しいと思っていた2冊をいずれも買ったのかもしれず，特定は不可能である．
>
> (ibid.: 461)

---

[33] (34) の動詞を，次のように'買う'で置き換えると，M 部分関係の解釈に加えて，T 部分関係の解釈も可能となる．

 (i) そのマンガの本を3冊買いなさい．

'そのマンガの本'をタイプ名詞句として解釈し，遊離数量詞の'3冊'でそのトークンを指す読みも可能である．

本研究の分析に基づくと，(35)の第2文において遊離数量詞（'2冊'）と先行詞（'前から欲しかった本'）は，M部分関係かT部分関係のいずれかになるはずである．M部分関係の場合，遊離数量詞と先行詞がグループとそのメンバーの関係になるので下線部①の解釈が得られる．この読みはM部分構造を用いた文（'前から欲しかった本のうちの2冊を買って，...'）の読みにほぼ等しい．[34]

　T部分関係の場合，遊離数量詞の先行詞がタイプ解釈を受け，遊離数量詞がそのトークンを表す．つまり，(35)の第2文は購入した2冊の本が以前から欲しかった本であったという解釈となり，下線部②の解釈が得られる．加藤（重）は欲しかった本が必然的に2タイトル以上になるとしているが，実際には欲しかった本が1タイトルであっても，そのトークンを2冊購入することは可能である（つまり，'その欲しかった本を2冊買った'と同義）．例えば1冊を保存用にして，もう1冊を読書用にするという文脈であれば，以前から欲しかった本（1タイトル）を2冊買うという解釈は可能である．

　これまで遊離数量詞の先行詞の意味特性が数量詞遊離文の解釈に影響することを見てきた．先行詞が定名詞の場合，特定の個体（もしくはその集合）を指すので，遊離数量詞が個体数量詞の場合はM部分関係が成立し，遊離数量詞が内容数量詞の場合はI部分関係が成立する．先行詞が不特定名詞の場合もしくはタイプ名詞(句)として解釈される場合は，遊離数量詞のM部分関係の解釈は得られない．

　数量詞遊離文における遊離数量詞と先行詞の意味関係は，日英語の（疑似）部分構造における第1名詞(句)と第2名詞(句)の意味関係と基本的に並行的である．英語では，第2名詞句の定性によって部分構造と疑似部分構造が区別される．第2名詞がはだか名詞の場合（例えば a group of men）は疑似部分構造になり，句全体で1つの集合を表す．これに対して，第2名詞句が定名詞の場合（例えば a group of the men）は部分構造となり，第1名詞句は第2名詞句が表す母集合の部分集合を表す．

---

[34] 英語部分構造でも同様の制約が見られる．例えば，two of the books I wanted において，第2名詞は少なくとも3冊以上の本の集合であることを論理的に含意する．欲しい本が2冊だけなら the two books I wanted としなければならない．

日本語では，3.2.3 節で見たように 'A ノ B' 形式が部分構造に対応するかどうかは，数量表現（Q）と限定される名詞（N）の相対的な位置関係に依存する．具体的には，'30 人の児童'のような 'Q ノ N' 形式は部分関係を表さず，句全体で 1 つの集合を指す（ただし，第 1 名詞が '大半' のような比率的数量詞であれば，語彙的部分解釈が得られる）．一方，'団地の児童の（うちの）30 人' のような 'N ノ（ウチノ）Q' 形式では，第 1 名詞句と第 2 名詞が部分関係を結ぶ．

日英語の部分構造には部分構造制約が課される．すなわち，全体に相当する要素（英語では第 2 名詞句，日本語では第 1 名詞句）が定の解釈を受けなければならない．これを数量詞遊離文の場合に適用すると，遊離数量詞と先行詞との間に部分関係が成立するためには先行詞が定の解釈を受けなければならない，ということになる．これまでの考察から，数量詞遊離文が部分解釈を受けるためには，先行詞が部分構造制約を満たさなければならないと言える．

数量詞遊離文の部分解釈と先行詞の定性は密接に関わるが，数量詞の種類によって先行詞の定性が影響される場合がある．第 2 章 2.1 節と本章 3.2 節で述べたように，比率的数量詞（英語の most や日本語の 'ほとんど' など）が遊離数量詞になると，その前提性によって先行詞が定の解釈を受ける．長谷川 (1994) は，数量詞を「個数 Q」・「単位 Q」に分類することで，個体数量詞・内容数量詞の違いをとらえているが，さらに個数 Q としても単位 Q としても機能する「割合 Q」（比率的数量詞に相当）を仮定している．

(36) a. 学生が 10 人出席した．［個体数量詞］　（長谷川 (1994: (20)))
　　 b. 学生がすべて出席した．［割合数量詞］　　　　（ibid.: (19)))
(37) a. お金を千円出した．［内容数量詞］　　　　　　（ibid.: (22)))
　　 b. お金を半分出した．［割合数量詞］　　　　　　（ibid.: (21)))

遊離数量詞が基数的数量詞である (36a) (37a) では，遊離数量詞の部分解釈が得られないが，遊離数量詞が比率的数量詞である (36b) (37b) では遊離数量詞が部分解釈になる．先行詞の '学生・お金' ははだか名詞で定の解釈を受けないので，単独で母集合を表さないはずであるが，比率的数量詞の先行詞になると，(36b) の '学生' はクラスや学年などの学生の集合として解釈され，その構成メンバー全員が出席したと解釈される．また，(37b) で

は'お金'は手持ちのお金のような一定額のお金として解釈され，その半分を出したという解釈になる．

(28) の考察で述べたように，'チョムスキーの本'と遊離数量詞の'2冊'の意味関係は，T部分関係が無標である（M部分関係を得るには，文脈の調整や聞き手の百科辞書的知識が必要となる）．また，遊離数量詞が'100ページ'のような内容数量詞の場合は，先行詞の'チョムスキーの本'との意味関係はI部分関係が無標である．比率的数量詞が'チョムスキーの本'を先行詞とする遊離数量詞になる場合はどうだろう．

(38) チョムスキーの本を半分読んだ．

この文の無標の解釈は，(28b)の解釈と並行的である．すなわち，チョムスキーの単一の著書の半分を読んだという，I部分関係の解釈である．聞き手にチョムスキーの著書の数の知識があるか，チョムスキーの著書の母集合があらかじめ与えられれば，M部分関係の解釈も可能である．ただし，(28b)と違ってT部分関係の解釈は得られない．'チョムスキーの本'をタイプ名詞句と見なした場合，そのトークンの個数は問えない（タイプは時間的・空間的に規定されないため）．結果として，遊離数量詞の'半分'も意味をなさなくなってしまう．

次に，数量詞遊離文の解釈が述語の意味特性の影響を受けることを示す．遊離数量詞は動詞句の構成素なので動詞と密接な関係をもつ．以下では，「創造動詞」の'掘る'を例にして，遊離数量詞とその先行詞の意味関係が動詞の語彙特性によって影響されることを示す．

中右(1989)は，'地面に穴を掘る'について次のように述べている．地面は掘るという行為が遂行される以前に，あらかじめ存在しているのに対して，穴のほうはその行為が遂行された結果として存在するに至る．中右は「既存性」という概念によって，述語の表す行為（ひいてはその行為を含み込んだ状況）が生じるまえに実体が存在しているかどうかに注目している．

中右分析に基づいて，次の数量詞遊離文を見よう．

(39) a. 太郎は地面に穴を2つ掘った．
    b. 太郎は地面に穴を30センチ掘った．

どちらの文でも地面は〈+既存的〉であり，穴は〈−既存的〉である．遊離

した個体数量詞'2つ'および内容数量詞'30センチ'と先行詞'穴'は，どのような意味関係を結ぶだろうか．穴が〈−既存的〉であるということは，前提性をもたないことに等しい．したがって，先行詞'穴'は遊離数量詞に対する全体としては解釈されない．(39a) の'穴'と'2つ'はM部分関係ではなく，T部分関係を結ぶ．すなわち，'穴'はタイプ名詞として解釈され，そのトークンを'2つ'が表す．一方，(39b) の'30センチ'は先行詞の'穴'のトークンではない．先行詞は不定名詞であるため内容数量詞は掘った穴の深さが30センチであることを表すだけで，それが部分であることは含意しない．つまり，'30センチの穴を掘った'とほぼ同じ意味で解釈される．

次に，遊離した個体数量詞・内容数量詞の先行詞が限定詞を伴う場合を見よう．

(40) a. 太郎は地面にその穴を2つ掘った．
b. ??太郎は地面にその穴を30センチ掘った．

(40a) では'その穴'と'2つ'は依然としてT部分関係である．この場合，穴の種類（形状や深さなど）があらかじめ決まっており，同じ種類の穴を2つ掘ったという解釈になる．(40b) はすわりが悪い．3.3節の分析に基づけば，'その穴'と'30センチ'の意味関係はI部分関係になるはずであるが，この場合'その穴'はあらかじめ存在しないため，'その30センチの深さの穴'と同義か，せいぜい最終的な穴の深さの一部分が30センチであるという解釈になると思われる．

創造動詞は目的語の指示対象の存在について前提性がないため，それを要求する比率的数量詞と整合しない．

(41) a. *太郎は地面に穴をすべて掘った．
b. *太郎は地面に穴を半分掘った．

(41a) は遊離数量詞として比率的数量詞の'すべて'を含むが，先行詞の'穴'の存在が前提にならないため，遊離数量詞はM部分関係を表さない．(41b) は遊離数量詞として比率的数量詞の'半分'を含む．3.2.3節で見たように，この数量詞はM部分関係またはI部分関係を表す特性をもつが，M部分解釈は (41a) の'すべて'と同じ理由で得られない．I部分解釈については，

'穴'が存在しておらず，穴の特徴（大きさや深さなど）が定まっていないため，すわりが悪い．[35]

以上，本節では数量詞遊離文が創造動詞を含む場合について考察した．創造動詞が表す行為の対象はあらかじめ存在しないため，それを先行詞とする遊離数量詞は，先行詞と M 部分関係ではなく，T 部分関係を結ぶと主張した．

3.3.3. まとめ

本節では，数量詞遊離文の解釈の決定要因について考察した．数量詞遊離文の解釈は，遊離数量詞の種類，遊離数量詞の先行詞の指示対象，動詞の意味特性の相関によって決まる．まず，数量詞遊離文が部分解釈をもつかどうかは，遊離数量詞の先行詞の定性に依存することを示した．さらに，同じ基数的数量詞でも，内容数量詞（'200 ページ'など）のほうが，個体数量詞（'2 冊'など）よりも部分解釈が得られやすいと主張した．遊離数量詞が個体数量詞の場合は，文脈や聞き手の百科辞書的知識に依存しなければ遊離数量詞の部分解釈は得られない．遊離数量詞が比率的数量詞の場合は，比率的数量詞の前提性によって母集合が決まるので部分解釈が得られるが，I 部分

---

[35] 次のように (41) に含まれる'穴'を定名詞に変え，かつ副詞句'地面に'を削除すると容認性が回復する．

(i) a. 太郎はその穴をすべて掘った．
　　b. 太郎はその穴を半分掘った．

どちらの文でも目的語の'その穴'の存在が前提となり，遊離数量詞は母集合に対する太郎の掘った穴の割合を表す．具体的には，(ia) では M 部分解釈，(ib) では M 部分解釈と I 部分解釈が得られる．解釈上は，(i) の各文は次の文と同義になる．

(ii) a. 太郎は（すでに地面に掘ってある）それらの穴について すべて掘った．
　　b. 太郎は（すでに地面に掘ってある）その／それらの穴について 半分掘った．

これらの例では'その／それらの穴'が〈+既存的〉であることに注意しなければならない．主節動詞'掘った'は通常の創造動詞と異なり，〈+既存的〉な対象をとっていることになる．このことと，(i) において副詞句'地面に'を削除しなければならないことは密接に関係する．すなわち，定名詞'その／それらの穴'はかっこに示したように存在場所がすでに指定されているため，主節動詞'掘った'について新たに存在場所の指定をすることはできないのである．創造動詞が (i) のように「再述的」に用いられた場合，通常の創造動詞と異なる特性を示すことに注意しなければならない．

関係が無標の解釈となる．最後に，創造動詞を取り上げ，動詞の語彙特性が数量詞遊離文の解釈に影響することを示した．創造動詞は目的語の指示対象の存在を前提にしないため，遊離数量詞が個体数量詞の場合は M 部分関係ではなく，T 部分関係になると主張した．

3.4. 数量詞遊離文と連体数量詞文[36]

本節は，(42a, b) にそれぞれ例示される数量詞遊離文と連体数量詞文を解釈の観点で比較する．

(42) a. 昔ある所に [子豚] が [3 匹] 住んでいました．
    b. 昔ある所に [3 匹の子豚] が住んでいました．

(奥津 (1996a, 1996b, 2007))

生成文法理論に基づく初期の日本語研究では，Postal (1974) に代表される，英語数量詞遊離文の数量詞移動分析を踏襲して，(42) の 2 つの文を数量詞の移動によって関連づける分析が見られた．[37]

(42a) のように遊離数量詞の先行詞が不定名詞のときは，'子豚' と '3 匹' は部分関係を結ばず，(42b) に含まれる '3 匹の子豚' とほぼ同じ意味になる．しかし，複数の実証的研究によって数量詞遊離文と連体数量詞文が意味的に異なる場合があることが示された．本節では数量詞遊離文と連体数量詞文の解釈の違い，数量詞遊離文と部分構造の表す部分関係の違い，NQC 型

---

[36] 本節は田中 (2010a) に大幅な加筆修正を行ったものである．

[37] 数量詞遊離文とは，一般に (42a) のように遊離数量詞 (Q) が先行詞 (N) と格助詞 (C) よりも後ろに生じる NCQ 型の文を指すが，次のように Q が N と C の間に生じる文 (NQC 型) や Q が N と C よりも前に生じる文 (QNC 型) も変異形として認められる（型の名称は奥津の一連の研究で用いられているもの）．

(i) a. 昔ある所に子豚 3 匹が住んでいました．[NQC 型]
    b. 昔ある所に 3 匹子豚が住んでいました．[QNC 型]

奥津 (1996a, 1996b, 2007) は，NCQ 型が NQC 型から派生すると分析する（例えば，(ia) は (42a) の基底文になる）．しかし，言語データを詳細に検討すると，NCQ 型と NQC 型が必ずしも同一解釈にならないことがわかる（詳細については 3.4.4 節の議論を参照）．なお，表記の簡略化のため，本研究は「数量詞遊離文」を NCQ 型に用い，そのほかの型の構文に言及するときに「NQC 型の数量詞遊離文」のように型の名称を用いる．

の数量詞遊離文について論じる．

本節の構成は以下のとおりである．3.4.1 節は数量詞遊離文と連体数量詞文の機能の違いについて考察する．3.4.2 節では，数量詞が限定する名詞が定の場合に 2 つの構文が示す解釈の違いを見る．さらに，3.4.3 節は数量詞遊離文と部分構造が表す T 部分関係を比較する．3.4.4 節では，部分構造が表す T 部分関係の解釈と数量詞遊離文が表す T 部分関係の解釈の違いを見る．最後の 3.4.5 節では，'子豚が 3 匹（住んでいた）'のような数量詞遊離文と '子豚 3 匹が（住んでいた）' のような NQC 型の数量詞遊離文の違いについて考察する．

3.4.1. 数量詞遊離文と連体数量詞文の機能

数量詞遊離文と連体数量詞文は，一般に互いに異なる事態を表すと考えられている．具体的には，連体数量詞文は「集合読み」と「個別読み」を表し，数量詞遊離文は個別読みのみを表す．例えば，次の連体数量詞文と数量詞遊離文を比べてみよう．

(43) a. 昨日ここに 5 人の学生がテントを張った．
　　 b. 昨日ここに学生が 5 人テントを張った．

(43a) は 5 人の学生が 1 つのグループをなしていて，全員で 1 つのテントを張ったという解釈（集合読み）と 5 人の学生が個別にテントを張ったという解釈（個別読み）とで曖昧である．これに対して，(43b) は個別読みしか表さない．つまり，学生の数とテントの数が同じになる．[38]

'テントを張る' という述語は，結果指向性をもつ (cf. 加賀 (1995: 340) の注 4) ため，集合読みでは事態発生が同時になり，個別読みでは事態発生が非同時になる．ただし，(非) 同時性が集合読み・個別読みの区別と常に一致するわけではないことに注意しなければならない．

加賀 (1992, 1995) は，英語において常に個別解釈を要求する every を含

---

[38] 生成文法理論では集合読みと個別読みの違いを数量詞の「相対スコープ」(relative scope) の問題と関連づけてきた (May (1977, 1985) などを参照)．Kaga (1987) は，相対スコープに基づくアプローチでは数量詞 all と each がとるスコープの違いや動詞句削除に関する事実を正しく説明できないことを指摘し，代案として「事態理論」(Event Theory) を提案している．

む文と数量詞遊離文が同時発生的な事態を指せると指摘している.[39]

(44) a. Every man left the room {in a group / separately}.

(加賀 (1995: (16b)))

b. The men all left the room {in a group / separately}.

(ibid.: (16c))

副詞句 in a group / separately が，(44a) では Every man と整合し，(44b) では遊離数量詞 all と整合することから，個別読みとは問題となる個体の1つ1つについて述語の表す事態が生じることであって，それが同時に発生するかどうかとは独立していることが裏づけられる．日本語数量詞遊離文においても，英語と並行的な事実が観察される．

(45) 昨日ここに学生が5人 {一緒に／個別に} 来た．

学生が来るという事態は，その生起が同時か，個別かを問わず，1人ひとりについて成立しているので，いずれも個別読みとなる.[40]

　加藤(重)(2003)は，認知言語学的な観点から数量詞遊離文と連体数量詞文では数量に関して個体認識の違いがあると主張する．加藤によれば，遊離数量詞は「離散的認知」を表し，連体数量詞は「集合的認知」を表すとい

---

[39] 加賀は，every と同じく個別読みを要求する each が（非）同時性について対照的な振る舞いを示すことを Kroch (1974) の例を引用して述べている．

(i) Simultaneously, {every / ??each} man left the room. (Kroch (1974))

[40] 矢澤 (1985) は，次の対において，5人の学生が同時に来たという (ia) の読みを「同時量読み」と呼び，問題の学生が個別に来たという (ib) の読みを「達成量読み（分配読み）」と呼んで区別する．

(i) a. 昨日ここに5人の学生が来た．
　　b. 昨日ここに学生が5人来た．

達成量読みは事態の複数性も含意する，と矢澤が述べていることから2つの読みが(非)同時性に基づいた区別であることが伺える．また，北原 (1996) は，問題の事態に関わる個体がグループをなしている状況（例えば，3人組の学生，2人組の学生，1人の学生がそれぞれ別な時点で訪れた状況）を指す読みを「中間読み」と呼んでいる．加賀 (1992, 1995) の分析に基づくと，これらの読みはすべて個別読みに分類される．

う．離散的認知とは「有機的連関性を持たない複数の（あるいは一定量の）存在と見る捉え方」を指し，集合的認知とは「有機的連関のある集合と捉える認知の仕方」を指す．加藤はこれらの個体認識の違いに基づいて次の文法対立を説明する．

(46)　私の研究室にはパソコンが2台ある．
　　　a. 今朝，その2台のパソコンが突然故障した．
　　　　　　　　　　　　　　　　（加藤 (重) (2003: 第7章 (175))）
　　　b. *今朝，そのパソコンが2台突然故障した．
　　　　　　　　　　　　　　　　　　　　（ibid.: 第7章 (176)）

第1文でパソコンが2台あることが述べられ，そのパソコンを集合的に認知する根拠が与えられている．よって，第2文では (46a) の連体数量詞は許容されるが，(46b) の遊離数量詞は容認されない．[41]

反対に，次の例が示すように，集合的認知の根拠なしに連体数量詞を用いると容認性が低下する（「　」は発話を表す）．

(47) a. *「5個のりんごが欲しいんですが．」　　（ibid.: 第7章 (169)）
　　 b. 「りんごが5個欲しいんですが．」　　　（ibid.: 第7章 (170)）

青果店でりんごを購入する場面では，先行文脈なしに (47a) のように連体数量詞を用いた場合，集合的認知の根拠が共有知識に存在しないため不自然となる．逆に (47b) のように遊離数量詞を用いた発話は容認される．

---

[41] 加藤 (重) (2003) は'そのパソコンが2台とも突然故障した'のように遊離数量詞に副助詞'とも'を付加すると容認性が回復すると指摘している．加藤は，副助詞を伴った数量詞を「数量詞句」と呼び，一般的な遊離数量詞から区別すべきであると主張している．その根拠として，一般に遊離数量詞の先行詞になれないカラ句に副助詞の'以上'を加えると容認されることを挙げている．

(i) a. ???目標金額を達成するには，教官が全員寄付し，その上，学生から20名集めなければならない．　　　　　　　　　　　（加藤 (重) (2003: 第7章 (48))）
　　b. 目標金額を達成するには，教官が全員寄付し，その上，学生から20名以上集めなければならない．　　　　　　　　　　（ibid.: 第7章 (47)）

副助詞によって焦点構造が変化するのは明白で，数量詞遊離文そのものの機能とは区別して論じられるべきだろう．

集合的認知と離散的認知の区別を踏まえ，定名詞句と遊離数量詞の意味関係を考えてみよう．

(48) a. その3本の鉛筆を買う． (ibid.: 第7章 (202))
　　　b. その鉛筆を3本買う． (ibid.: 第7章 (203))

加藤（重）によれば，(48a) では指示詞の'その'は名詞句'3本の鉛筆'全体を定名詞化しており，(48b) では遊離数量詞の先行詞である'鉛筆'のみを定名詞化している．加藤は (48a) の定名詞句の'その3本の鉛筆'は，不定名詞句の'3本の鉛筆'と同様，集合的認知の根拠が必要であるとし，(48b) の定名詞句の'その鉛筆'は種類のみが指定されると述べている．次の例ではこれらが満たされないため容認性が低下する．

(49) その文房具店には10本しか鉛筆がなかった．*私はその3本の鉛筆を買った． (ibid.: 第7章 (206))

この例では，第1文で'10本の鉛筆'が集合的認知の根拠を与えられるが，第2文の連体数量詞の'3本'は問題にする数量が異なるため，容認されない．

3.4.2. 定名詞句を先行詞とする遊離数量詞

3.3節で遊離数量詞の種類と数量詞遊離文の解釈の対応関係について論じた．遊離数量詞が内容数量詞の場合，(29b)（(50a) として再掲）が示すように先行詞との意味関係がI部分関係になるのに対して，遊離数量詞が個体数量詞の場合，(33)（(50b) として再掲）が示すように，先行詞との意味関係はT部分関係になる．

(50) a. 太郎は夏休み中にその本を100ページ読んだ．（= (29b)）
　　　b. 太郎は夏休み中にその本を2冊買った．（= (33)）

ただし，(31b)（(51a) として再掲）については，遊離数量詞の先行詞が指示詞の'その'を伴っている点で (50b) と同様であるが，T部分関係の解釈だけでなく，M部分関係の解釈も可能である．

(51) a. 僕は，そのりんごを3つ食べた．（= (31b)）

b.　僕は，そのりんごを3つ買った．

M 部分関係の場合，'そのりんご'が特定のりんごの集合を指し，その部分集合を遊離数量詞の'3つ'が指すことになる．また，(50b) と動詞をそろえた (51b) を考えても，やはり T 部分関係と M 部分関係の解釈が得られる．[42]

　(50b) と (51a, b) が M 部分関係の解釈の有無について対照的なのは，本とりんごがともにモノ名詞であっても，その認識のされ方が異なるためであると考えられる．我々は本をタイトルによって区別しており，タイトルが異なる本を別なタイプとして認識するが，品種の異なるりんごは別のタイプとしても，同じタイプとしても見ることができる．この抽象化の違いが'その本'と'そのりんご'の指示特性に影響する．例えば，机の上にタイトルの異なる本が 3 冊ある状況において，その 3 冊の本を'その本'で指すことはできない．'その本'では 1 つのタイトルに特定されてしまう．一方，テーブルの上に品種の異なるりんごが 3 個ある状況でその 3 個のりんごを'そのりんご'で指すことは可能である．この場合，品種の違いが捨象されたりんごを表す（もちろん，3 個のりんごのうちの 1 つを'そのりんご'で指すことも可能である）．要するに，'そのりんご'は 2 つのタイプ解釈（品種の違いが捨象された解釈と品種を区別する解釈）を許すが，'その本'は 1 つのタイプ解釈（タイトル）しか許さない．したがって，(50b) は T 部分関係の解釈のみになり，(51a, b) は T 部分関係と M 部分関係の解釈をもつ．[43]

---

[42] 筆者の言語直感では，(51b) よりも (51a) のほうが M 部分関係の解釈をしやすい．これは語用論的な要因によると思われる．物を買うときは，限定品や骨董品などを除き，一般に在庫数が問題にされない．よって，動詞が'買う'の (51b) では，母集合が想定されにくく，結果として T 部分関係の解釈が優勢になっていると考えられる．一方，(51a) の'そのりんご'は，例えば食卓にあったものとらえるのが自然なので，母集合を想定しやすく，結果として M 部分関係の解釈になると考えられる．なお，次の文は動詞が'食べる'になっているが，T 部分関係の解釈が優勢になる．

　(i)　僕は，レストランでそのステーキを 2 枚食べた．

レストランで料理を注文するような状況では（限定メニューの場合を除き）料理の母集合が想定されることはないから T 部分関係の解釈になる．

[43] あとで見るように，M 部分関係の解釈は，実は T 部分関係の解釈から推論されたものである．品種の異なる 3 個のりんごを抽象化するとき，時間・空間とのつながりが完全

加藤(重)(2003)は，'3個のりんごを買う'のような連体数量詞文はあらかじめ3個のりんごを1つの集合として見なせるような前提が必要で，その前提がない場合は'りんごを3個買う'のような数量詞遊離文が用いられると主張する．要するに，数量詞遊離文のほうが無標で，一定の前提が与えられると連体数量詞文が用いられるということである．

大木(1987)は，集合と見なす前提が与えられているにもかかわらず，数量詞遊離文を用いると容認性が低下すると指摘している．

(52) 昨日，母がケーキを2個買って来た．　　　(大木(1987:(19)))
　　a. *今日，私はそのケーキを2個食べてしまった．
　　b. 今日，私はそのケーキを1個食べてしまった．

第1文で2個のケーキを1つの集合と見なす集合的認知の根拠が与えられている．(52a)のように数量詞遊離文を用いると，母集合を1つのまとまりととらえるのではなく，再度個別の個体ととらえることになる．これに対して，(52b)では遊離数量詞が母集合の部分集合を表している．この文法対立は，数量詞遊離文がM部分関係を表す場合，遊離数量詞（基数詞の場合）は真部分集合（母集合よりも小さい元をもつ集合）を表さなければならないことを示している．

(52a)のすわりの悪さは，次の文のそれに等しい．

(53) 昨日，母がケーキを2個買って来た．
　　?*今日，私はその2個のケーキを2個食べてしまった．

(52a)の'そのケーキ'は(53)の'その2個のケーキ'に対応する．つまり，遊離数量詞'2個'の先行詞は個体解釈となる．結果として，遊離数量詞が表すトークンと重複してしまう．[44]

には断ち切られないため，母集合の存在が想定される．

[44] (52a) (53)は，遊離数量詞に副助詞の'とも'を添えると容認性が回復する．

　(i) 今日，私はその(2個の)ケーキを2個とも食べてしまった．

副助詞の'とも'は'すべて'と同義なので'2個とも'は普遍数量詞的になり，結果として遊離数量詞が真部分集合を表さなくてもよくなるものと考えられる．副助詞を伴った数量詞の特性については，注41も参照のこと．

加藤分析によると，数量詞遊離文と連体数量詞文とでは，前者が個体の数量を初めて導入する構文で，後者が導入された数量的まとまりを受ける構文ということになるが，数量詞の種類も考慮されなければならない．大木 (1987) や加藤 (重)(2003) は基数的数量詞の場合を取り上げているが，比率的数量詞はその語彙特性上，限定する名詞の存在を前提とする．例えば，(52a) (53a) の遊離数量詞 '2 個' を 'すべて・半分' などで置き換えると，'その (2 個の) ケーキをすべて食べてしまった' のように容認性が回復する．数量詞遊離文に比率的数量詞が生じた場合は，数量が初めて導入されるのではなく，あらかじめ導入された先行詞の集合に対する割合を表すことになる．この場合，'2 個のケーキ' は個のレベルを表し，'すべて・半分' は量のレベルを表す（このように単一の文に 2 つの数量表現が含まれる場合については，第 6 章 6.3 節で考察する）．なお，個体の存在を導入する提示文と母集合を前提とする比率的数量詞は意味的に整合しない（'*昔ある所に子豚がみんな住んでいました'）．これは英語において，There 存在文の意味上の主語が比率的数量詞を含んではならないことと並行的である（第 2 章 2.1 節を参照のこと）．

　本節の冒頭で，部分構造が表す部分関係と数量詞遊離文のそれが，意味的に並行的であると述べたが，両形式の機能が同じかと問われれば，類似しているが，同じではないと答えなくてはならない．このことを確認するために，次の例を考えてみよう．

(54) a. 缶に入っていたドロップのうちの 2 個を食べた．[部分構造]
　　 b. 缶に入っていたドロップを 2 個食べた．[数量詞遊離文]
　　 c. 缶に入っていた 2 個のドロップを食べた．[連体数量詞文]

(54a) は部分構造を含み，第 1 名詞句 '缶に入っていたドロップ' は 3 つ以上でなければならない．(54c) の '2 個のドロップ' は関係節によって限定されており，定の解釈になる（缶の中にドロップは 2 個しかない）．(54b) の数量詞遊離文は，遊離数量詞の先行詞の '缶に入っていたドロップ' が定の解釈を受けるため，3.3 節の考察に基づくと，遊離数量詞と先行詞は T 部分関係ではなく，M 部分関係を結ぶと予測する．実際，筆者の言語直感では，缶の中にまだドロップが残っているように感じられる．

　興味深いことに，(54) の各例文に '缶は空になった' という文を続けると

次のような文法対立が観察される（# は前節と後節が論理的に矛盾することを表す）.

(55) a. #缶に入っていたドロップのうちの 2 個を食べると，缶は空になった.
b. 缶に入っていたドロップを 2 個食べると，缶は空になった.
c. 缶に入っていた 2 個のドロップを食べると，缶は空になった.

(55a) では部分構造が表す意味と後節の内容が意味的に矛盾するが，(55c) では連体数量詞を含む '2 個のドロップ' は後節の内容と意味的に矛盾しない．この事実は，部分構造が 2 つの集合の部分関係を表すのに対して，連体数量詞によって限定される名詞は単一の集合を表すことを踏まえると自然に導かれる．注目すべきは，(55b) で数量詞遊離文の解釈と後節の内容が意味的に矛盾しないということである．このことから数量詞遊離文の M 部分関係の解釈はキャンセルできることがわかる．

(55) の文法対立は，部分構造と数量詞遊離文の意味特性の違いを示唆している．部分構造は構文的に部分関係を表すため，第 1 名詞句が表す個体数は（'児童のうちの 30 人' のように数量表現を含んでいなかったとしても）第 2 名詞のそれよりも大きいと解釈される．これと対照的に，数量詞遊離文が表す M 部分関係はキャンセルが可能である．この事実は，数量詞遊離文の M 部分関係が構文的に導かれるものでないと仮定すれば説明がつく．具体的には，数量詞遊離文が表しうる部分関係は T 部分関係であり，M 部分関係の解釈は語用論的推論によって得られるものである（よって，キャンセルすることができる）という見立てである．この根拠として小早川 (1997) の事実観察に注目する．

小早川は，日本語数量詞遊離文において，遊離数量詞の先行詞が指示詞 'その／それらの' を伴うとき，その単複の区別がタイプの数に対応することを指摘している．

(56) a. そのペンを 3 本ください.
b. *それらのペンを 3 本ください.
cf. それらのペンを 3 本ずつください.

(56a) では遊離数量詞の先行詞 'そのペン' が特定のタイプを表し，'3 本'

がそのトークンの数を表している．指示詞によって限定されるのは個体ではなく，タイプであることに注意すべきである．(56b) のように先行詞が複数形の指示詞'それらの'を伴うと，タイプの数が複数になるため，遊離数量詞'3本'ではタイプごとのトークンの数を指定できず，容認性が低下すると考えられる．[45] 小早川は，遊離数量詞'3本'に副助詞の'ずつ'を添えると容認性が逆転することを指摘し，タイプの数に応じた本数が指定されるためであると主張する．この事実が意味するのは，遊離数量詞の先行詞が定名詞の場合でも，依然としてタイプ解釈を受け，遊離数量詞はそのトークン数を表すということである．

これまでの分析では，タイプを時間的・空間的に規定されないものと定義してきたが，新たに時間・空間から完全には切り離されないようなタイプを認める必要がある．先に述べたりんごの例で言えば，'そのりんご'という表現には，①品種が特定されるタイプ解釈に加えて，②品種の違いが捨象された，時間・空間と一定のつながりをもつタイプ解釈，を仮定することになる．そして，M 部分関係の解釈は②のタイプ解釈から語用論的に推論されていると考える．

この仮定のもとで (54b) を再考すると，数量詞遊離文が本来，表す部分関係は T 部分関係であるということになる．すなわち，'缶に入っていたドロップ'はタイプ解釈を受け，そのトークンを遊離数量詞'2個'が表す．遊離数量詞と先行詞との間に M 部分関係が読み取れるのは，タイプ解釈を受ける名詞（＝先行詞）が特定の空間に存在する個体であるため，遊離数量詞との関わりによって母集合が想起できることによると考えられる．なお，語用論的推論によって導かれた M 部分関係の解釈はキャンセルできるので，(55b) のように後続節として M 部分関係を打ち消す記述が続いても問題は生じない．

3.3 節では (23a)（(57a) として再掲）の解釈は T 部分関係の解釈が無標で，文脈の調整や聞き手の百科辞書的知識によって M 部分関係の解釈が得られると主張した．

---

[45] (56b) を M 部分関係の解釈（例えば，4本以上あるペンのうちの3本を買った状況）で用いることもできない．

(57) a. チョムスキーの本を 2 冊読んだ．（= (23a)）
　　　b. *それらのチョムスキーの本を 2 冊読んだ．
　　　　cf. それらのチョムスキーの本のうちの 2 冊を読んだ．

(57b) は，遊離数量詞の先行詞が指示詞 'それら' を伴うが，容認されない．つまり，3 つ以上のタイトルのうちの 2 つを読んだという M 部分関係（タイトル数の部分関係）の解釈を表すことができないということである．したがって，(57a) で M 部分関係の解釈が得られるのは，(57a) の 'チョムスキーの本' を定表現に読み換えているのではなく，'2 冊（読んだ）' で表されるタイトルの数と文脈や百科辞書的知識の情報を対比して M 部分関係を推論しているためであると考えられる．

また，井上 (1977, 1978) が M 部分関係の解釈をもつと指摘した (25)（(58) として再掲）を再考すると，その解釈が実は語用論的に推論されたものであるということになる．

(58) 前を走っていた乗用車が 2 台つかまった．（= (25)）

この文の無標の解釈は T 部分関係の解釈で，'前を走っていた乗用車' がタイプ解釈を受け，遊離数量詞 '2 台' がそのトークンを表す．(58) が用いられる状況として次の 2 つが考えられる．

　状況①　つかまった 2 台の乗用車は，つかまる以前に前を走っていた．
　状況②　つかまった 2 台の乗用車は，前を走っていた乗用車と同じ車種だった．

状況①は井上が指摘した解釈で，'前を走っていた乗用車' は車種の違いが捨象され，その空間にあったどの乗用車も指しうる．状況②は '前を走っていた乗用車' は車種（タイプ）が特定される表現と見なされる（この解釈については次節で詳しく論じる）．3.3 節では状況①の '乗用車' の解釈を個体解釈と見なした．しかし，遊離数量詞の先行詞がタイプ解釈を受けるという本節の仮定に基づくと，状況①における '乗用車' もまたタイプ名詞と見なさなければならない．そのように分析すれば，(58) の M 部分関係の解釈

が義務的でないことも自然に説明できる.[46] なお，(58) に M 部分関係が認められるのは，状況①に限られることに注意すべきである．状況②では，'乗用車'はつかまった 2 台の車種を表すため，M 部分関係が成立しない．一方，状況①では，つかまった 2 台の乗用車に対する母集合として前を走っていた乗用車の集合を想定できるため，M 部分関係が推論できる.[47]

以上の考察をまとめると，数量詞遊離文が表しうる部分関係は T 部分関係であって，タイプ解釈を受ける先行詞はタイプ数の限定表現を含んではならない（ただし，遊離数量詞が'ずつ'などの分配表現を伴う場合を除く）ということになる．また，数量詞遊離文の解釈で M 部分関係を推論できるのは，遊離数量詞が表すトークンとの関わりによってタイプ名詞(句)が空間的に限定された個体の集合ととらえ直される場合であるということになる．

3.4.3. 節と句が表す T 部分関係の比較

本節では，節と句が表す T 部分関係について対照言語学的な観点から考察する．第 2 章で英語の T 部分構造を単数型と複数型に分類した．単数型は，this/that kind of apple のように第 1 名詞句が kind などの類別詞を含み，第 2 名詞が無冠詞単数形になる．これに対して，複数型は five of these/those apples のように第 1 名詞句が類別詞を含まず，第 2 名詞句が these/those + 〈複数名詞〉になる．

複数型 T 部分構造の形式は，M 部分構造のそれと共通する．両者を区別

---

[46] 部分構造を含む次の文では，M 部分関係が論理的に含意されるため，キャンセルはできない．

(i) a. 前を走っていた車のうちの 2 台がつかまったが，1 台は逃げた．
b. #前を走っていた車のうちの 2 台がつかまったので前を走る車がなくなった．

(ib) では部分解釈が主節によって打ち消されるため論理的な矛盾が生じる．

[47] 状況①と状況②は互いに排他的な状況を表し，2 つが合わさったような状況を (58) で表すことは不可能である．例えば，つかまった 2 台の乗用車のうち，1 台が実際に前を走っていた乗用車で，もう 1 台が別の場所でつかまった乗用車であるという状況は起こりうるが，(58) でその状況を表せない．この要因として，遊離数量詞の先行詞'前を走っていた乗用車'が状況①と状況②で異なるレベルのタイプ解釈を受けていることが考えられる．つまり，車種の違いが捨象されたタイプ（状況①）と特定の車種を表すタイプ（状況②）である．この解釈に関する事実は，種類の異なるタイプ化を裏づけていると見なすことができる．

するのは第 2 名詞句の指示性である．第 2 名詞句が照応的に解釈されると M 部分構造と見なされ，第 2 名詞句と第 1 名詞はそれぞれ母集合とその（真）部分集合を表す．一方，第 2 名詞句が非指示的に解釈されると T 部分構造と見なされ，第 2 名詞句と第 1 名詞はそれぞれ，タイプとそのトークンを表す．

　日本語は，英語と異なり，T 部分関係を表す句形式をもたない．その代わりに節形式の数量詞遊離文が用いられる．英語の T 部分構造と日本語の数量詞遊離文の対応関係を指摘した最初の論考は，筆者の知る限り Muraki (1974) である．

　Muraki は，まず数量詞遊離文とそれに対応する連体数量詞文の解釈上の違いについて述べている．Muraki によれば，(59a) のように数量詞遊離文の先行詞が指示詞を含む場合，(59b) のような対応する連体数量詞文とは異なる解釈を受ける．

(59) a.　あの鉛筆を 3 本買っています．　　　(Muraki (1974: 113 (18)))
     b.　あの 3 本の鉛筆を買っています．　　　　　　(ibid.: 113 (17))

(59a) では'あの鉛筆'はタイプ解釈を受け，遊離数量詞の'3 本'はそのトークンを表す．一方，(59b) では'3 本の鉛筆'は指示詞の'あの'によって限定され，定の解釈（個体指示）になる．

　Muraki は (59) の各文と次の英文を対応させている．

(60) a.　He is buying three of those pencils.
     b.　He is buying those three pencils.

(60a) に含まれる three of those pencils は複数型 T 部分構造で，第 2 名詞句が特定の個体ではなくタイプを表している．一方，(60b) に含まれる those three pencils は個体指示で，特定の個体を指している．

　(59) と (60) の対応関係は，日英語の指示詞の機能的な違いを浮き彫りにする．英語では指示詞 these/those が名詞を限定する場合，指示的解釈とタイプ解釈がある．英語の these/those は日本語数量詞遊離文では単数形の'この・その・あの'に対応する（複数形の'これら・それら・あれら'を用いると，(56) で見たように複数のタイプを表す）．要するに，日本語では 1 つのタイプを表すのに単数形の指示詞を用いるが，英語で 1 つのタイプを

表すには複数形の指示詞を用いるか，単数形の指示詞を用いるのであれば this kind of pencil のように類別詞を限定する形式にしなければならない (cf. *three of this pencil).

第2章の英語部分構造の考察と本章の考察を踏まえ，日英語におけるT部分関係の表示形式をまとめると次のようになる．

形式＼言語	英　語	日本語
類別詞限定型	two kinds of pencils	2種類の鉛筆
個体限定型	three pencils of that kind three of those pencils	その鉛筆を3本（買う）

表 3.4　日英語の T 部分関係の対応関係

英語の T 部分関係は A of B の句形式で表され，数量詞が類別詞を限定する型（類別詞限定型）と数量詞が個体を指示するか，限定する型（個体限定型）がある．一方，日本語の T 部分関係は句形式だけでなく，節形式でも表される．類別詞限定型は句形式の表現であり，個体限定型は節形式の表現である．

次に日英語の T 部分関係の意味的な相違点に目を向けてみよう．英語の T 部分構造と日本語数量詞遊離文では，ヒト名詞との整合性に差が認められる．英語では第2章で指摘したように，two of them のような T 部分構造をモノ名詞だけでなく，ヒト名詞にも適用できる．一方，日本語数量詞遊離文では，加賀（1991）や加藤(重)（2003）が主張するように，ヒト名詞が定の場合，容認されない．

(61) *その人を3人呼んだ．　　　　（加藤(重)（2003: 第7章 (207)))

この文では'その人'は個体指示になり，遊離数量詞'3人'と意味的に矛盾する．この事実を踏まえ，加藤は数量詞遊離文の先行詞に次のような制約が課されると述べている．

　　　指定されるのは種類であるから，この世に一つしかないような唯一存
　　　在物と解釈されてはいけない．(p. 461)

モノ名詞は定名詞でも，特定の個体だけでなく，タイプを指せるため，'そ

の本を 2 冊買った'のような数量詞遊離文が容認される．これに対して，ヒト名詞の定名詞は特定の個体しか指せないため，(61) が示すように数量詞遊離文の先行詞になることはできない．

ヒト名詞と非ヒト名詞のタイプ解釈の違いは Kaga (1991) が指摘し，その理論的説明を試みている．Kaga は (27) ((62) として再掲) のような数量詞遊離文は T 部分関係を表せるが，(63) のように遊離数量詞の先行詞がヒト名詞の場合に容認性が低下すると指摘している．[48]

(62) a. 丸善がその本を 10 冊仕入れた．　(= (27a))
　　　b. 花子がその鳥を 3 羽飼っている．　(= (27b))
(63) a. *花子がその医者を 3 人知っている．　　(Kaga (1991: (3b)))
　　　b. *太郎がその女を 10 人雇った．　　　　　(ibid.: (5a))

Kaga によれば，この文法対立はヒト名詞と非ヒト名詞で基本レベルカテゴリーのレベルが異なることに起因する（ヒト名詞は非ヒト名詞よりも個別性が重視される）．定のヒト名詞は定の非ヒト名詞よりもタイプ解釈を受けにくいため，結果として遊離数量詞の先行詞として容認されないのである．

最後に，個体指示とタイプ指示の交替について論じる．(58) ((64) として再掲) で'前を走っていた乗用車'が車種を指す解釈（状況②に対応する解釈）についてふれた．

(64) 前を走っていた乗用車が 2 台つかまった．　(= (58))

この解釈では，遊離数量詞'2 台'が実際につかまった乗用車の台数（トークン）を表す．この解釈を可能にしているのは，前を走っていた特定の乗用車の車種を抽出するプロセス（タイプ解釈）である．

定名詞の個体解釈とタイプ解釈は，組み合わされる述語の特性との相関によって自由に交替できる．例えば，次の例は述語だけが異なる最小対立であ

---

[48] Kaga (1991) は，(63) に含まれる'その +〈ヒト名詞〉'を'その手の +〈ヒト名詞〉'で置き換えると，タイプ解釈が可能になり，容認されると指摘している．

(i) a. 花子がその手の医者を 3 人知っている．　　(Kaga (1991: (10)))
　　b. 太郎がその手の女を 10 人雇った．　　　　　(ibid.: (11))

るが，主語名詞句が異なる解釈を受ける．

(65) a. 前を走っていた乗用車がパンクした．
b. 前を走っていた乗用車が生産中止になった．

(65a) では主語の'前を走っていた乗用車'は個体指示である．したがって，'パンクした'という「場面レベル述語」(stage-level predicate) と意味的に整合する．一方，(65b) では主語の'前を走っていた乗用車'はタイプ指示で車種を表す．結果として，「個体レベル述語」(individual-level predicate) と意味的に整合する (cf. Kaga (1991))．関係節の述語の'走っていた'が過去の一時的な動作の継続を表すため，個体解釈が優勢になるが，主節事態の時点と区別するように文脈を整えればタイプ解釈も十分可能である．[49]

特定の個体をタイプ化することは容易であるが，タイプ名詞(句)を個体指示に読み換えることは許容されない．

(66) a. *国道で2台すれ違った乗用車がパンクした．
cf. 国道ですれ違った2台の乗用車がパンクした．
b. 国道で2台すれ違った乗用車が生産中止になった．

'2台すれ違った乗用車'のように数量表現（下線部）を含む関係節によって修飾される名詞はタイプ解釈を受ける (Kaga (1991) を参照)．[50] 主語名詞句'国道で2台すれ違った乗用車'は，(66b) が示すように個体レベル述語と意味的に整合するが，(66a) が示すように場面レベル述語とは意味的に整合しない．

---

[49] 例えば，主節と関係節の出来事時を切り離すような時の副詞句（下線部）を挿入すれば主語名詞句のタイプ解釈が容易になる．

(i) 前を走っていた乗用車がその後まもなく生産中止になった．

なお，対象がタイプ解釈される動詞と個体解釈される動詞があることについては第5章 5.1.6 節で論じる．

[50] 数量表現を含む制限的関係節については，第5章で主に英語を対象にして考察し，5.1.6 節で日本語の対応表現を取り上げる．

3.4.4. 数量詞遊離文と部分構造が表す部分関係の比較

これまでの考察から日本語数量詞遊離文が表しうる部分関係は，次のようにまとめられる．まず，遊離数量詞が基数的数量詞の場合は，T 部分関係または I 部分関係になる．M 部分関係は，文脈で与えられる情報や聞き手の百科辞書的知識によって T 部分関係から語用論的に推論される（よって，M 部分関係の解釈はキャンセルすることができる）．各部分関係を示す数量詞遊離文を以下に再掲する．

(67) a. チョムスキーの本を 2 冊読んだ．　　　(= (57a))
b. *それらのチョムスキーの本を 2 冊読んだ．(= (57b))
c. チョムスキーの本を 100 ページ読んだ．(= (28b))

(67a) の無標の解釈は T 部分関係の解釈である．'チョムスキーの本' がタイプを表し，そのトークンを遊離数量詞 '2 冊' が表す．(67b) が非文であることから，遊離数量詞の先行詞が個体指示の場合，M 部分関係を表せないことがわかる (cf. (56b))．ただし，チョムスキーの著書の数に関する情報が文脈や百科辞書的知識で与えられると，(67a) から語用論的に M 部分関係の解釈を推論できる．(67c) は I 部分関係の解釈になる．'チョムスキーの本' が特定の本を表し，その中身の数量を遊離数量詞 '100 ページ' が指す解釈である（有標の解釈として，複数のチョムスキーの本を読んだページ数の合計が 100 ページという累積量解釈がある）．

遊離数量詞が比率的数量詞の場合については，その前提性によって先行詞は形式を問わず定の解釈を受け，I 部分関係または M 部分関係の解釈が得られる．(38) ((68) として再掲) に即して言えば，'チョムスキーの本' は，特定のチョムスキーの本またはチョムスキーの本の集合として解釈される．

(68) チョムスキーの本を半分読んだ．(= (38))

'チョムスキーの本' が特定の本を指す場合，比率的数量詞はその中身の一部分（I 部分関係）を表し，'チョムスキーの本' が本の集合を指す場合，比率的数量詞は母集合に対する部分集合の関係（M 部分関係）を表す．なお，比率的数量詞が母集合の存在を前提にすることから，タイプ名詞(句)とは意味的に整合しない．よって，比率的数量詞の遊離文は T 部分関係を表さない．次の例で確認してみよう．

(69) a. チョムスキーの本を2冊買った．
b. チョムスキーの本をほとんど買った．
c. それらのチョムスキーの本をほとんど買った．

(69a) の無標の解釈はT部分関係の解釈である．先行詞が表すタイプのレベルの違いによって，購入したチョムスキーの本2冊が同一タイトルもしくは異なるタイトルの状況を指す．これに対して，(69b) の解釈はM部分関係の解釈になる．すなわち，チョムスキーの本の集合（＝タイトルの集合）のほとんどについて購入した状況に対応し，(69c) とほぼ同じ解釈になる（特定のチョムスキーの本（タイプ）について比率を問題にすることは通常意味をなさない）．

数量詞遊離文と部分構造を比較してみよう．3.2節で見たように，日本語部分構造はM部分関係とI部分関係については英語部分構造と並行的であるが，T部分関係についてはそうでない．

(70) a. M部分構造
それらの本のうちの2冊，それらの本のほとんど
b. I部分構造
その本の2ページ，その本のほとんど（のページ）
c. T部分構造
*その本の2冊，*その本のほとんど

日本語部分構造は，(70a, b) が示すようにM部分関係とI部分関係を表せるが，(70c) が示すようにT部分関係を表せない．数量詞の種類による容認性の差異はなく，基数的数量詞と比率的数量詞が完全に並行的に振る舞う．M部分構造では，基数的数量詞の場合に範囲を表す'ウチ（ノ）'が必要となるが，比率的数量詞の場合はそれが不要である．I部分構造は，基数的数量詞と比率的数量詞を交換するだけで得られる．

日本語数量詞遊離文と日本語部分構造が表しうる部分関係をまとめると次の表になる．

部分関係の種類＼形式・数量詞(Q)の種類	数量詞遊離文 基数的 Q	数量詞遊離文 比率的 Q	部分構造 基数的 Q	部分構造 比率的 Q
M 部分関係	*	OK	OK	OK
I 部分関係	OK	OK	OK	OK
T 部分関係	OK	*	*	*

表 3.5　日本語の数量詞遊離文と部分構造の対比

この表は，日本語における 3 種類の部分関係の表し方の特性を示している．数量詞遊離文と部分構造は，I 部分関係の解釈については並行的に振る舞い，T 部分関係と M 部分関係の解釈については相補的に振る舞う．数量詞遊離文と部分構造の対照的な特徴についてまとめると，次のようになる．

(71)　数量詞遊離文と部分構造が表す部分関係の違い
　　① 部分構造は T 部分関係の解釈をもたないが，その解釈を数量詞遊離文が表す．
　　② 数量詞遊離文は M 部分関係の解釈をもたないが，その解釈を部分構造が表す．

比率的数量詞は遊離数量詞になる場合，独自の特性を示す．比率的数量詞は前提性をもつため M 部分関係（比率関係）を表すことができるが，母集合の想定ができない T 部分関係は表すことができない．結果として，比率的数量詞によって T 部分関係を表す形式が存在しないことになるが，これは概念的にそのようなことを問題にすることがないためであると考えられる．

3.4.5. NQC 型の数量詞遊離文

本節は，NQC 型の数量詞遊離文，すなわち遊離数量詞 (Q) が先行詞 (N) と格助詞 (C) の間に生じる文，について考察する．神尾 (1977) は，遊離数量詞の先行詞が不定名詞の場合を取り上げている．

(72)　a.　私は年賀葉書 200 枚を頼んだ．　　　　　　（神尾 (1977: (16))）
　　　b.　学生 3 人がつかまった．　　　　　　　　　　（ibid.: (17)）

これらの例では，遊離数量詞と先行詞が部分関係を結ばず，'私は年賀葉書

を 200 枚頼んだ'や'学生が 3 人つかまった'に含まれる遊離数量詞（NCQ 型）とほぼ同じ意味を表す．

Kim (1995) によれば，NQC 型（Kim の用語では Type NQ）は出現頻度がかなり低いという．Kim は 1066 例の数量表現を含む例文（内訳は Modern Japanese が 858 例，Old Japanese が 208 例）のうち，NQC 型は Modern Japanese で 6.4%，Old Japanese で 6.7% にとどまると指摘している (p. 215)．NQC 型の出現環境としては，医者の処方箋（例えば，'アスピリン 2 錠'）や料理講師のレシピ（例えば，'お砂糖 1 さじ'）を挙げている．同様の指摘は，Downing (1996) や安部 (1997) にも見られる．Downing は NQC 型（Downing の用語では「同格」(appositive)）が目録 (inventory) やリストで用いられるとし，安部は「新聞の報道記事や科学系の内容の文章など，対象とその数量を「何をいくつ」というように明確に示す必要のある文に多く見受けられる」(p. 105) としている．

加藤（美）(2003) は，基数詞を含む文の主要パタンとして 8 つを挙げ，NQC 型をその 1 つと見なしている（加藤の用語では「〔名詞（ハダカ格）― 数詞〕型」）．加藤は，NQC 型が NCQ 型と異なり，固有名詞・代名詞と組み合わされると指摘している（この点は Downing (1996) も指摘している）．

(73) a.　しかし私は K1 人をここに残して行く気にはなれないのです．
　　　　　　　　　　　　　　　　　　　　　　（加藤(美) (2003: (64))）
　　 b.　母は保険の外交員をし，私たち 2 人を学校へやってくれていた．
　　　　　　　　　　　　　　　　　　　　　　　　　　　(ibid.: (66))

加藤（美）はこの型の特徴として，「名詞の表すもの＝数詞の示すかず」になると指摘している．この点で，次のように NQC 型で名詞が指示詞を伴う場合も同様であるとしている．

(74)　「その若い男たち 2 人，サラリーマンに見えたけど」　(ibid.: (68))

この文は発話文で，'その若い男たち 2 人'は格助詞（'ハ'）が省略された NQC 型と見なしてよいと思われる．加藤は (74) で'その若い男たち'と基数詞の表す数が等しいと見なすことから，部分解釈は認めていないことが読み取れる．

これに対して，奥津 (1996b, 2007) は NQC 型が部分解釈をもつと主張

している．例えば，次の第2文に含まれる'その子豚｜2匹（が）'は部分解釈になる（'｜'の記号はポーズを表す）．

(75) 昔ある所に子豚が3匹住んでいました．ところがある日その子豚｜2匹が狼に食われてしまいました． (奥津 (1996b: (8a)))

奥津によれば，'その子豚｜2匹'は (76a) に示す構造をもち，'子豚'のみが定名詞化し，'2匹'は不定数量詞で定名詞の部分数量を表すという．

(76) a.　[その子豚 [2匹]] (ibid.: (9b))
　　　b.　[その [子豚 2匹]] (ibid.: (9a))

さらに，奥津は (76a) の構造をもつ NQC 型が'その子豚の（うちの）2匹'のような部分構造の一種であると主張する．[51] 奥津によれば，(75) の'その子豚 2匹'をポーズなしで読むと，'子豚 2匹'全体が定名詞化し，その構造は (76b) になるという（子豚の総数は2匹）．ただし，この読みは，(75) の第1文の内容と整合しないので排除される．

奥津は，数量詞遊離文を数量詞移動によって派生させる分析を提案しており，(75) の第2文が次の数量詞遊離文の基底文であると主張する．

(77) ところがある日その子豚が2匹狼に食われてしまいました．

奥津は，NQC 型が (76) のいずれかの構造をもつと主張する．我々の分析では，(77) は部分解釈をもつ（つまり，遊離数量詞の'2匹'とその先行詞'その子豚'が M 部分関係を結ぶ）．派生は意味変化を伴わないという前提のもとでは，奥津分析は (75) の第2文の NQC 型に部分解釈を認めなければ，NCQ 型（通常の数量詞遊離文）の部分解釈を説明できなくなる．しかし，筆者の言語直感では，(76b) と同様，(76a) にも部分解釈を認めがたい．インフォーマント調査では，NQC 型に部分解釈を認めない話者が多い一方，一部の話者が部分解釈を認めることがわかった．[52] この要因について

---

[51] 奥津 (1996b, 2007) は，不定名詞句'子豚 2匹'と定名詞句'その子豚 2匹'が線形順序ではともに NQC 型になるものの，意味的には両者に明確な違いがあるとして後者を「N/QC 型」と呼んで区別する．以下では表記の簡略化のため，N/QC 型も NQC 型と呼ぶことにする．

[52] NQC 型の数量詞遊離文の部分解釈について，日本語母語話者 30 名（大学1年生）を

は今後の課題としなければならない．

　以下では，NQC 型と NCQ 型の意味特性が異なることを示す．まず，3.4.2 節で見た (53)（(78a) として再掲）に NQC 型を代入すると NCQ 型 (78b) に示すように文法性が逆転する．

(78)　昨日，母がケーキを 2 個買って来た．
　　　a. *今日，私はそのケーキを 2 個食べてしまった．（=(53)）
　　　b.　今日，私はそのケーキ 2 個を食べてしまった．

(78a) の非文法性は，遊離数量詞（NCQ 型）が先行詞の'そのケーキ'の一部分を指すため，第 1 文の内容と意味的に矛盾することによるのであった．対照的に，(78b) の NQC 型は第 1 文と意味的に整合する．このことから，NQC 型が少なくとも部分解釈をもたなくてもよいことが裏づけられる．

　また，NQC 型が集合的認知と分散的認知のどちらを反映しているか確かめるため，(46a, b)（(79a, b) として再掲）に NQC 型を代入すると次のようになる．

(79)　私の研究室にはパソコンが 2 台ある．
　　　a.　今朝，その 2 台のパソコンが突然故障した．（=(46a)）
　　　b. *今朝，そのパソコンが 2 台突然故障した．　（=(46b)）
　　　c.　今朝，そのパソコン 2 台が突然故障した．

(79b) の非文法性は，第 1 文で問題のパソコンを集合的に認知する根拠が与えられているにもかかわらず，第 2 文で分散的認知の形式が用いられていることに由来するのであった．(79c) の NQC 型は第 1 文と意味的に整合することから，分散的認知ではなく，(79a) の連体数量詞文と同様に，集合的認知を反映していることが裏づけられる．

　この事実に関連して，安部 (1997) の指摘を見ておきたい．安部は次の文法対立に基づき，NQC 型が個体の存在を導入する「アル・イル述語文」に生起できないと主張している．[53]

対象にインフォーマント調査を行ったところ，'その子豚 2 匹が'の部分解釈が不可能とした話者が 7 割 (21 名)，可能とした話者が 3 割 (9 名) だった．

[53] ただし，安部 (1997) は存在が前提となるアル・イル述語文では次のように，NQC 型

(80) a. あの人には子供が5人ある． 　　　　　　（安部（1997:（26d）））
　　　b. ?あの人には子供5人がある． 　　　　　　　　　　（ibid.:（26b）））

この対は NCQ 型と NQC 型の最小対立である．筆者の言語直感では（80b）は安部の容認性判断よりもさらに低い．（80b）が許容されるとすれば，'子供5人' が定解釈を受ける場合（'あの人' に子供がいることが先行文脈で述べられ，それを '養わなければならない子供5人' のように受ける場合）である．

(79) の第1文は対象の存在を前提とせず，新たに導入するアル述語文であるが，次のように NCQ 型を NQC 型に変えると容認性が低下する．

(81) *私の研究室にはパソコン2台がある．

このように，(79) の第1文で NQC 型は許されないが，NCQ 型が許され，(79) の第2文では NCQ 型は許されないが，NQC 型が許される．この対照性は，NCQ 型と NQC 型が情報構造について対照的な特性をもつことを裏づける．

NQC 型と NCQ 型の情報構造の違いについては，Downing (1996) が指摘している．Downing によれば，彼女が分析した言語データのうち，NQC 型は先行詞が先行文脈で導入され，聞き手にすでに知れている数量を繰り返す場合が圧倒的に多いという．この点で，NQC 型は数量が新情報でなければならない NCQ 型と対照的だとしている．[54]

が許容されことを観察している．

　(i) 今日午前，覆面をした2人組の強盗が銀行に押し入り，行員と客を人質に立てこもりました．現在建物の中には人質5人がいる模様です．　（安部（1997:（27）））

安部はこの場合の NCQ 型が定解釈を受けると主張している．

[54] Kim (1995) は否定環境（categorical negation）において，NQC 型と NCQ 型が異なる振る舞いを示すことを指摘している（筆者の言語直感では，葉書に用いる類別詞は '本' よりも '枚' のほうが自然である）．

　(i) 花子が太郎から葉書を1本ももらわなかった． 　　　　（Kim (1995: (45a))）
　(ii) 花子が太郎から葉書1本ももらわなかった． 　　　　　　（ibid.: (45b)）

Kim によれば，NCQ 型の (i) は太郎が葉書を1枚も書かなかったという事実を単純に伝

NQC 型は，(72) のように NCQ 型と文意をほぼ保ったまま交替できる場合もあるが，一方でアル・イル述語文や否定環境で NCQ 型とは対照的な振る舞いを示す．したがって，NQC 型は独自の意味機能を有すると結論づけてよいだろう．ただし，NQC 型の意味機能の全容については今後の研究課題としなくてはならない．

3.5. 本章のまとめ

　本章は，部分関係を表す句形式の日本語表現として 'A ノ (ウチノ) B' 形式を，節形式の日本語表現として数量詞遊離文を取り上げた．各節の要旨は以下のとおりである．

　3.1 節では日本語数量詞の種類と特性について論じた．日本語数量詞は英語数量詞と並行的に，前提性があるかどうかで比率的数量詞 ('多く' など) と基数的数量詞 ('たくさん' など) に区別される．日本語において '多く' が比率的用法を，'たくさん' が基数的用法を担うとする加賀 (1997) の主張を検討し，'多く' が 'たくさん' と交替可能であることを示す言語データに基づき，'多く' は比率的用法だけでなく，基数的用法ももつと結論づけた．

　3.2 節では部分構造に対応する句形式について論じた．まず，'A ノ B' 形式と 'A ノウチノ B' 形式の選択について，比率的数量詞が第 2 名詞になる場合，'A ノ B' 形式が選択されると指摘した．比率的数量詞の語彙的部分解釈と 'ウチ (ノ)' が重複することによって，'A ノウチノ B' 形式が回避されると主張した．

　次に，'A ノ B' 形式における A 位置の要素と B 位置の要素の交替について論じた．西田 (2004) の分析を検討し，数量詞の種類と生起位置によって 'A ノ B' 形式が部分構造に対応するかどうかが決まると主張した．部分構造は 'N ノ Q' 形式によって表され，'Q ノ N' は英語疑似部分構造に対応する意味を表す (ただし，Q が比率的数量詞の場合は語彙的部分解釈が得ら

えるが，NQC 型の (ii) はそれに加えて「太郎には花子に一筆したためる十分な理由があったのに (10 ページの手紙はおろか) 葉書 1 枚すら書かなかった」という含意があるという．遊離数量詞が焦点副詞の 'も' を伴うため，本研究の考察対象から外れるが，2 つの形式の意味機能の違いを探る糸口の 1 つであろう．

れる) と結論づけた.

　さらに，'Q ノ N' 形式が I 部分構造の解釈（単一の個体とその部分の関係）を表せないことを踏まえ，語彙的部分構造では個体レベルの限定しかできないと主張した．個体の中身を量化するには，部分構造（もしくは数量詞遊離文）を用いなければならない．

　最後に，数量詞が類別詞の '種類' を伴う場合，'N の Q 種類'（'樹木のいくつかの種類'）と 'Q 種類ノ N'（'いくつかの種類の樹木'）は同義にならないと主張した．前者はタイプが問題になるため，述語は場面レベル述語ではなく，個体レベル述語が意味的に整合する．'N の Q 種類' の形式に概数詞が整合し，基数詞が整合しない事実については，明確な数を表す数量表現は限定詞の機能を帯びるが，その一方で限定されることはないと仮定した．そのうえで，概数は限定詞として漠然とした数を表すだけでなく，限定される余地も残っているために名詞との交替が許されると主張した．

　3.3 節は数量詞遊離文が表す部分関係について考察した．'100 ページ' のような内容数量詞は I 部分関係を表すため，数量詞遊離文に生じると部分解釈を得やすい．一方，'2 冊' のような個体数量詞が数量詞遊離文に生じた場合，先行詞が表す集合があらかじめ導入されている場合は，部分解釈が得られるが，そのような前提がない場合は，T 部分関係を表す．また，創造動詞が数量詞遊離文に生じた場合に注目し，可能な部分解釈が述語の特性によって変化することを示した．例えば，'穴を掘る' が数量詞遊離文に生じると，先行詞の指示対象の存在が前提にならないため，遊離数量詞が個体数量詞の場合は T 部分関係が得られ，遊離数量詞が '30 センチ' などの内容数量詞の場合は掘った穴の長さを表すと主張した．

　3.4 節は数量詞遊離文と連体数量詞文の解釈上の違いについて論じた．数量詞遊離文は，先行詞が定の解釈を受けると部分解釈を表すが，先行詞が不定の場合は個体の数を初めて談話に導入するときに用いられる（'ケーキを 2 個買う'）．加藤（重）(2003) はこのような認知様式を「離散的認知」と呼んでいる．加藤によれば，一度導入された個体は，「集合的認知」によってまとまりとして認知される（'その 2 個のケーキを食べた' vs. 'そのケーキを 1 個食べた'）．比率的数量詞はその前提性により離散的認知と見なされないことを指摘した．

　さらに，'缶に入っていたドロップを 2 個食べた' のように先行詞が定の

解釈を受ける数量詞遊離文を取り上げ，この文が表す部分関係が T 部分関係であって，M 部分関係の解釈は語用論的に推論されていると分析した．数量詞遊離文が表しうる部分関係が T 部分関係であるという分析は，'そのペンを 3 本ください'において①遊離数量詞の先行詞がタイプ指示になること，②先行詞を'それらのペン'に置き換えても依然としてタイプ指示であるという事実を根拠にした．

　3.5 節では，数量詞遊離文が表す T 部分関係について論じた．日本語では，T 部分関係が数量詞遊離文によって表される（'その鉛筆を 3 本買った'）．日本語数量詞遊離文の特徴として，特定解釈のヒト名詞を遊離数量詞の先行詞にできないということがある（'*その人を 3 人呼んだ'）．この要因として，Kaga (1991) が主張するように，ヒト名詞と非ヒト名詞で基本レベルカテゴリーが異なることが考えられる．すなわち，ヒト名詞は非ヒト名詞よりも個別性が重視されることにより，'その + 〈ヒト名詞〉'が個体解釈しかもたないためであると考えられる．さらに，遊離数量詞の先行詞が'前を走っていた乗用車'のような定名詞が個体指示とタイプ指示の交替を許すこと，述語の語彙特性が個体解釈・タイプ解釈の選択に影響することを指摘した．これと対照的に，'2 台すれ違った乗用車'のようなタイプ解釈を受ける名詞句については個体指示に読み換えることは不可能であると主張した（'*2 台すれ違った乗用車がパンクした'）．

　3.6 節では，'そのケーキ 2 個を食べた'に例示される NQC 型の数量詞遊離文と一般的な数量詞遊離文（NCQ 型）を比較した．NCQ 型が離散的認知の反映であるのに対して，NQC 型は連体数量詞文と同様に集合的認知を反映していると主張した．

第 4 章

英語関係節の分類と M 部分構造

　本章は，まず英語関係節を分類し，それから関係節と M 部分構造の相関関係について論じる．関係節は伝統的に，(1a) に例示される「制限的関係節」(restrictive relative clause) と (1b) に例示される「非制限的関係節」(nonrestrictive relative clause) に大別される．

(1) a.　He had two daughters who became nurses.
　　　　（彼には看護師になった 2 人の娘がいた．）
　　b.　He had two daughters, who became nurses.
　　　　（彼には 2 人の娘がいて，2 人とも看護師になった．）

(1a) では，関係節が先行詞（two daughters）の指示決定に密接に関わる．すなわち，2 人の娘は看護師になったという特性をもつことでその指示が決定される．ほかに看護師でない娘がいてもかまわない．対照的に，(1b) では関係節が先行詞の指示決定に関与せず，説明を加えるだけである．彼には娘が 2 人しかおらず，関係節はその 2 人が看護師をしているという情報を追加する．
　制限的用法・非制限的用法の区別は，関係節とそれが修飾する名詞句（以下，「先行詞」と呼ぶ）の意味関係に基づく分類法で，先行詞の指示決定に関わるのが制限的関係節（以下，「制限節」と呼ぶ），先行詞の指示決定に関わらないのが非制限的関係節（以下，「非制限節」と呼ぶ）である．この分類

111

基準は明確なようであるが，関係節の中には制限節と非制限節の中間的な性質をもつものがあるという指摘やより精緻な分類のために新たな基準を導入する試みも見られる（例えば，Carlson (1977c), Quirk et al. (1985), Huddleston and Pullum (2002), 河野 (2012) など）.[1] 特に，制限節については，次に示すように先行詞が定名詞句の場合と不定名詞句の場合があり，両者が意味的に区別されるべき特性をもつことが70年代から指摘されている．

(2) a. This is the book which I bought yesterday. (廣瀬 (1995: (4)))
    b. This is a book which I bought yesterday.   (ibid.: (5))

---

[1] 関係節の分類法について Quirk et al. (1985) と Huddleston and Pullum (2002) は異なる立場をとる．前者は制限的用法・非制限的用法の区別を採用しているが，後者はその代わりに「統合型」(integrated) と「補足型」(supplementary) の区別を導入している．統合型と補足型の区別は，概略，関係節の主節に対する（音調的・統語的・意味的）結びつきの強さによる区別である．

本研究は，制限的用法・非制限的用法の区別を採用するが，この2分法に当てはまらないとされる関係節について簡潔にまとめておく．

Carlson (1977c) は，一見すると制限節のようであるが，意味的にはそれと明確に異なる関係節として，(i) に例示される「数量関係節」(Amount Relative) の存在を主張している．

(i) Marv put everything he (possibly) could in his pocket.
                                          (Carlson (1977c: (22)))
(ii) Huey put everything which was red in his crib.   (ibid.: (20))

(ii) の関係節は一般的な制限節で，'赤いものすべて' がベビーベッドに入れられた状況を表すが，(i) の関係節は数量関係節で 'ポケットに入るだけのものをすべて' であって，ポケットに入りきらなければ残ってもかまわない．

また，Quirk et al. (1985) は，次の例によって例示される，制限節と非制限節の中間的な性質をもつ，「入れ子型」(telescoped) の関係節の存在を指摘している．

(iii) All this I gave up for the mother who needed me. (Quirk et al. (1985: 1257))

この例の mother は次の例のように一般的な名詞（general noun）に関係節を添えた表現で言い換えられるという．

(iv) All this I gave up for a person who needed me, ie my mother.   (ibid.)

Quirk et al. は，(iii) のような関係節をとらえるには，関係節を2分法としてとらえるよりも「勾配」(gradient) としてとらえる必要があると主張している．

(2a) と (2b) は，私が昨日買った本の冊数について異なる論理的含意をもつ．すなわち，(2a) は買った本が 1 冊だけであるという状況を表すのに対して，(2b) はそれが 2 冊以上ある状況を表す．この解釈の違いを導くために先行詞に含まれる(不)定冠詞の意味機能に注目する分析や先行詞の指示レベルに注目する分析がある．

本章は，まず制限節と非制限節の意味的特徴をまとめ，(2) に例示される制限節に関する統語的・意味的分析を批判的に検討する．さらに，制限節が部分構造を含む場合に注目し，先行詞の指示と部分構造の関わりについて論じる．

本章の構成は以下のとおりである．4.1 節では関係節の種類とそれぞれの統語的・意味的特徴を概説する．特に，制限節が定の先行詞をとる場合と不定の先行詞をとる場合を比較し，先行詞の定性と関係節の限定機能の関連について考察する．また，先行詞の定性によって制限節の統語構造を区別する分析を批判的に検討する．4.2 節では関係節と部分構造の相関関係について論じる．（一部の）制限節と部分構造が整合しないという従来の主張を検証し，その背後にある制限節の意味特性を明らかにする．4.3 節では各節の要旨をまとめる．

4.1. 関係節の分類[2]

本節は，まず制限節と非制限節の意味機能を比較し，次に制限節について，先行詞が定名詞句の場合と不定名詞句の場合の意味的特徴の違いを整理する．さらに，安井 (2000) と河野 (2012) による，2 種類の制限節の意味的・統語的分析を批判的に検討する．

4.1.1. 制限節と非制限節

制限節と非制限節の意味機能の違いを詳しく見よう．まず，制限節の意味機能は次のように表される (cf. 廣瀬 (1995))．

---

[2] 4.1.1 節から 4.1.4 節は田中 (2006) に大幅な加筆修正を行ったものである．

(3) 制限節の意味機能
制限節は先行詞の表しうる対象に制限を与えて，その対象を関係節の表す特性をもつものだけに限定する．

Japanese people who are diligent work hard を例に，制限節の意味機能を考えてみよう．この文の関係節を含む主語の意味は，ヴェン図（Venn diagram）を用いると次のように表される．

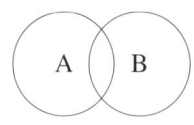

A: 日本人の集合
B: 勤勉な人の集合
A∩B: 日本人でかつ勤勉な人の集合

図 4.1　制限節と先行詞の意味関係

A は先行詞に対応する集合で Japanese people の集合を表し，B は関係節に対応する集合で diligent である人の集合を表す．ここで主語の指示対象は集合 A と集合 B の交わりに相当し，Japanese people の中で diligent の特性をもつ人の集合を表す．結果として，先行詞に対応する集合 A が集合 B による「制限」を受けることになる．

非制限節の意味機能は次のとおりである (cf. 廣瀬 (1995))．

(4) 非制限節の意味機能
非制限節は先行詞の指示対象の決定には関与せず，すでに確定している指示対象に対してそれが関係節の表す特性をもつことを表す．

Japanese people, who are diligent, work hard を例にして考えると，関係節を含む主語の意味は次のヴェン図で表すことができる．

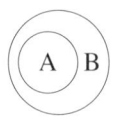

A: 日本人の集合
B: 勤勉な人の集合
A(⊆B): 勤勉な日本人の集合

図 4.2　非制限節と先行詞の意味関係

先行詞に対応する集合 A は Japanese people の集合を表し，関係節に対応する集合 B は，diligent である人の集合を表す．ここで注目すべき点は，

制限節の場合とは異なり,主語の指示対象は集合 A と集合 B の包含関係で表されることである.そのため Japanese people ならば誰でも diligent の特性をもつことが含意される.よって,集合 A が集合 B による「制限」を受けることはない.

まとめると,制限節と非制限節の意味機能の決定的な違いは,制限節では先行詞の指示対象が関係節による限定によって決定されるのに対して,非制限節では先行詞の指示対象が関係節とは独立して決定される,という点にある.

4.1.2. 定・不定制限節の意味機能

本章の冒頭で (2a) に例示される,先行詞が定名詞句の制限節 (以下,「定制限節」と呼ぶ) と (2b) に例示される,先行詞が不定名詞句の制限節 (以下,「不定制限節」と呼ぶ) の解釈上の違いについて述べた.[3] 定制限節と不

---

[3] 定制限節・不定制限節の各名称は,安井 (1978) の「定関係詞節」・「不定関係詞節」の区別に基づいている.安井は制限節について定・不定の区別をしているが,同様の区別は非制限節にも適用できると思われる.例えば,中右 (1977) は非制限節が定名詞句だけでなく,不定名詞句も先行詞にできることを総称名詞と叙述名詞で例証している.

(i) A tiger, which lives in the cave, is dangerous.　　　(中右 (1977: 1.1 節 (14)))
    cf. The potato, which was the principal foodstuff in Peru, was unknown in Mexico.　　　(Smith (1964))
(ii) He is an anthropologist, which his brother used to be.
　　　(中右 (1977: 1.1 節 (19)))
    cf. *He is an anthropologist, whom I met at a party last week.
　　　(ibid.: 1.1 節 (18))

(i) が示すように,総称的名詞句は定・不定を問わず非制限節の先行詞になれる.(ii) では叙述名詞が非制限節を伴っている.ただし,関係代名詞は who(m) ではなく,which が選択される.

中右 (1977) は,不定名詞句が特定的解釈を受ける場合に非制限節の先行詞になれると主張する.そのような環境を,中右は「確定的コンテクスト」と呼び,それを構築する要素として (iii) に含まれる manage のような「含意動詞」(implicative verb) (cf. Karttunen (1976)) や (iv) に含まれる know のような「叙実動詞」(factive verb) (cf. Kiparsky and Kiparsky (1970)) を挙げている.

(iii) John managed to find an apartment, which has a balcony.　　　(Karttunen (1976))
(iv) John knew that Mary had a car, which, however, he had never seen.　　　(ibid.)

定制限節が意味的に異なる特性をもつことについては複数の文献で論じられいる．例えば，Hooper and Thompson (1973) や安井 (1978) は情報構造の観点から，河野 (2012) は統語構造の観点から定・不定制限節の違いを論じている．また，廣瀬 (1995) は日本語と英語の定・不定制限節の対応関係について述べている．本節は，定・不定制限節の意味特性の違いを概説する．

(2a) と (2b)（それぞれ (5a, b) として再掲）は，関係節が定制限節か不定制限節かの最小対立である．

(5) a.　This is the book which I bought yesterday.　(= (2a))
　　b.　This is a book which I bought yesterday.　　(= (2b))

廣瀬によれば，定制限節と不定制限節の違いは，関係節が表す命題内容（I bought a book yesterday）の情報伝達上の位置づけに還元される．定制限節の節の命題内容は前提とされ，不定制限節のそれは断定される（cf. Hooper and Thompson (1973)）.[4] 前提（presupposition）とは「談話において話し手が聞き手と共有していると思っている背景的知識」のことで聞き手にとって既知情報となる．これに対して，断定（assertion）とは「発話で話し手が聞き手に伝えようと意図している部分」で少なくとも聞き手にとっては既知でない情報である．

(5) を次のように書き換えると，前提と断定の違いが明確になる．

本節は制限節を考察の対象にするため，定制限節・不定制限節という用語を制限節の下位類を指すのに用いることにする．

[4] 非制限節について言えば，それが表す命題内容は断定される．ただし，水口 (1980) は，非制限節が文中に生起する場合と文末に生起する場合で断定に質的な違いがあると主張している．例えば，文中の非制限節は (i) に示すように付加疑問の対象になれないが，文末の非制限節は (ii) に示すように付加疑問の対象になれる．

(i)　The TV, which has been misbehaving for weeks, finally gave out, {a. didn't it? / b. *hadn't it?}　　　　　　　　　　　　　　　　　　　（水口 (1980: (9))）
(ii)　Sheila likes Roy's idea, which originally came from his brother, {a. didn't it? / b. *doesn't she?}　　　　　　　　　　　　　　　　　　　(ibid.: (10))

水口は，付加疑問が1次的な断定文から作られることを踏まえて，非制限節が文中に生じる場合に2次的な断定を表し，文末に生じる場合に1次的な断定を表すと主張している．

(6) a. I bought a book yesterday, and this is it.　　(廣瀬 (1995: (7)))
　　 b. This is a book, and I bought it yesterday.　　　(ibid.: (8))

定制限節では節の命題内容が前提となるため，(6a) のように this is it (= the book) よりも先に聞き手に伝えられていなければならない．これに対して，不定制限節では関係節の内容が断定されるため (6b) のように this is a book のあとで発話される．

　廣瀬は，英語の定・不定関係節が日本語では格助詞の違い（下線で表示）に反映されると主張している．

(7) a. これが僕が昨日買った本だ．
　　 b. これは僕が昨日買った本だ．

(7a) は，談話においてあらかじめ本を買った話をしていて，その本がどれなのかを説明する場面で用いられる．これに対して，(7b) は手元にある本がどういう本なのかを説明する場面で用いられる．[5]

　定・不定制限節は，上述の情報構造上の違いから否定の環境で異なる振る舞いを示す．一般に，肯定文で断定される部分は否定文では否定の対象となる．[6,7]

---

　[5] 関係節の先行詞が次のように後方照応的 (cataphoric) な定冠詞を含む場合については，別な扱いが必要である．

　　(i) This is {the/*a} house that I was born in.

生家が複数あるという状況は現実世界ではあり得ないので，この場合の関係節は定制限節でなければならない (cf. ミントン (1999))．
　また，(i) に対応する日本語は，次のようにハ格・ガ格ともに容認される．

　　(ii) これ {は／が} 僕が生まれた家です．

この事実は関係節の内容が前提にも，断定にもなりうることを示している．したがって，(i) のような後方照応的な定制限節は，通常の前方照応的な定制限節の場合と異なり，前提・断定の区別が定・不定関係節に 1 対 1 で対応しないことがわかる．
　[6] ここでは廣瀬 (1995) の言語データを用いるが，安井 (1978, 2000) にも同様の記述が見られる．
　[7] 非制限節と否定辞 not の整合性について簡潔に述べると，指示対象が確定しないコンテクストでは (i) が示すように容認されないが，指示対象が確定しているコンテクストでは (ii) が示すように容認される（中右 (1977) も参照）．

(8) This is not a book that I bought yesterday, but (a book which I bought) today. (ibid.: (10))

関係節の内容が断定される不定制限節では，否定文にすると関係節が否定のスコープに入る．(8) では yesterday が否定の焦点となっており，but 節の today と対照をなす．これに対して，関係節の内容が前提となる定制限節では，否定文にしても関係節が否定のスコープに入らない．

(9) This is not the book which I bought yesterday. (ibid.: (11))

この文は関係節の内容（昨日，本を買ったこと）を否定しない．むしろ，'昨日買った本' は this の指し示す本ではないと述べているのである．

以上のように，定制限節と不定制限節は情報構造の違いにより機能および用法が異なる．同じ制限節であっても，両者は意味的に明確に区別されなければならない．

4.1.3. 安井 (2000) の「吹き出し・はみ出し」分析

安井 (2000) は関係節全般をとらえ直すべく，「吹き出し・はみ出し」という概念を導入する．[8] 安井は，制限節の特徴とされる限定機能について，不定制限節がそれをもつが，定制限節はそれをもたないと主張する．[9] 次の定・不定制限節の対に基づいて，安井の分析を要約する．

(10) a. the tulip that is yellow
b. a tulip that is yellow

(i) ??John didn't buy a car, which was convertible.
(ii) John didn't see a lorry, which was coming round the corner.
(Kempson (1975))

[8] 吹き出しの概念に基づく関係節の分析は，安井 (1978) にまでさかのぼる．
[9] 一般的には，制限節の限定機能は先行詞の定・不定によらず，制限節全般に認められている．例えば，Declerck (1991: 533) は制限節の限定機能を定制限節の例を用いて説明している．

(i) The essay I read yesterday was interesting. (picks out one essay from the class of essays)

かっこ内の説明から Declerck が定制限節に限定機能を認めていることが読み取れる．

定制限節と不定制限節を特徴づけるのは，先行詞の限定詞が定冠詞か不定冠詞かという点である．安井は，不定冠詞の「排他性」(exclusiveness) と定冠詞の「包括性（唯一性）」(inclusiveness) に基づいて分析する (cf. Hawkins (1978, 1980))．まずは，(10) の各例に基づいてこれらの概念を説明する．

　(10b) の不定制限節の場合，先行詞は不定名詞句（a tulip）である．不定冠詞の排他性とは，問題のチューリップ以外にも少なくとも1つのチューリップが存在することが論理的に含意される，ということである．これに対して，(10a) の定制限節では，先行詞は定名詞句（the tulip）なので定冠詞の唯一性が働く．すなわち，関係節の内容を満たす個体が先行詞の指示対象以外に存在してはならない．[10]

　安井 (2000) は，定・不定冠詞の特性に基づいて，定・不定制限節の意味機能を導いている．不定制限節の機能は，先行詞の指示対象が関係節の内容を満たすものに限定することである．[11] (10b) に即して言えば，制限節によって黄色の属性をもつチューリップの集合が決定され，不定冠詞の排他性によってその集合のメンバーから任意の1つが選び出される．

　次に，定制限節の場合は，先行詞が定冠詞を伴うため，その唯一性によって唯一的に指示が決まる．安井によれば，定制限節の先行詞の指示対象は，関係節によらず決定されるため，関係節が先行詞の適用範囲を限定することはないという．安井は，定制限節に限定機能を認めない根拠として，次の照応に関する事実に注目する．

(11) a.　I bought a book yesterday.
　　　　　It
　　 b.　The book　　　　　　　　　　　　　　　 is about semantics.
　　　　　The book I bought yesterday

(安井 (2000: (2b) (4a, b)))

---

　[10] この定制限節に課される条件を，Baker (1968) は「網羅性の条件」(condition of exhaustiveness) として提案した (cf. 河野 (2012))．
　[11] 安井は，不定冠詞の排他性が（関係節を除く）先行詞の名詞句部分にだけ適用されると主張する．しかし，インフォーマント調査をしてみると，排他性は関係節を含む全体に適用されると考える必要がある．詳しくは 4.1.4 節で見る．

(11b) の主語（中かっこで表示）は，いずれも (11a) に含まれる不定名詞句 a book を受けることができる．安井 (2000: 579) は定名詞句 The book と定制限節 The book I bought yesterday が同一指示になることから次のように主張する．

> 関係節が先行詞の適用範囲を限定するものなどでないことは明らかであろう．the book の指示対象と the book I bought yesterday の指示対象とはぴったり重なるからである．

要するに，the book と the book I bought yesterday が同一指示になることから，安井は「関係節が付加されても先行詞の中身は増えも減りもしない」ととらえ，定制限節は先行詞の指示決定には関わらない，と主張する．

定制限節に限定機能を認めないとなると，非制限節との区別が問題になる．というのも，非制限節は先行詞の指示決定の観点からは省略可能な要素だからである．安井はこの点について次の例で説明している．

(12) a. The woman who needs constant attention is cared for by relatives.　　　　　　　　　　　　　　　　　　（安井 (2000: (5a))）
b. The woman, who needs constant attention, is cared for by relatives.　　　　　　　　　　　　　　　　　　　　　　(ibid.: (5b))

安井は，(12a) の制限節と (12b) の非制限節の機能的な相違点を「吹き出し」の違いで区別する．

(13) a. 制限節は定冠詞 the の中身を指定し，先行詞についている定冠詞の「吹き出し」である．
b. 非制限節は先行詞 the woman 全体の「吹き出し」であり，先行詞の定性を支える働きはない．

定制限節は，(13a) に示すように，先行詞の定冠詞に納まりうるものが吹き出したもので先行詞の定性を支える役割を担う．これに対して，非制限節は，(13b) に示すように，先行詞である名詞句そのものと同等である．

定性の支えの有無は，関係節の内容によって定冠詞が選択される場合（後方照応的 (cataphoric) な定冠詞）を考えるとわかりやすい．ミントン (2004) による，定制限節と非制限節の違いに関する観察を見よう．

(14) a. The speaker who gave the third presentation was by far the most persuasive.
　　 b. *The speaker, who gave the third presentation, was by far the most persuasive.

関係節の内容は「3番目にプレゼンを行った」であるが，(14a, b) の文法対立が示すように定制限節は容認されるが，非制限節は容認されない．この事実は，問題の関係節の内容が先行詞の指示決定に重要な役割を担っていることを示唆する．例えば，次のような不定関係節は許されない．

(15) *A speaker who gave the third presentation was by far the most persuasive.

先行詞が不定名詞句の場合，不定冠詞の排他性によって3番目にプレゼンをした発表者が2人以上いたという，現実にはあり得ない意味を指す．要するに，問題の関係節は先行詞の指示決定に密接に関わる内容を表しているということである．これが安井の言う，定性の支持であると見なすことができる．(14b) では非制限節が先行詞の指示決定に関わらないため，関係節の内容と非制限節の機能が整合しない．したがって，許容されないと考えられる．[12]

不定制限節については，安井は「はみ出し」という概念を用いて説明する．

(16) a. A baker is a person who bakes bread.
　　 b. a person ≠ a person who bakes bread 　　(安井 (2000: (6)))

(16a) には不定制限節 a person who bakes bread が含まれるが，(16b) が示すように，先行詞 a person と a person who bakes bread は同一指示にならないことから関係節は不定名詞句 a person には納まりきらない要素（は

---

[12] 筆者のインフォーマントによれば，次のように非関係節の内容を 'ひどい風邪をひいた' に変えると容認される．

　(i) The speaker, who had a bad cold, was by far the most persuasive.

誰でも風邪をひきうるから，この場合の関係節はそれだけで先行詞の指示決定に密接に関わるとは限らない．さらに，主節の内容との意味的関連性が薄いことで追加情報という非制限節の機能に見合った内容であると言える．

み出し）と見なされる．この点で関係節が定冠詞に納まりうる定制限節とは決定的に異なる．

以上からわかるように，先行詞の定性の支えは，定制限節を非制限節から区別し，さらに先行詞が不定である不定制限節からも区別する．

安井分析における制限節の分類をまとめると次のようになる．

機能＼関係節の種類	不定制限節	定制限節	非制限節
限定機能	○	×	×
定性の支え	×	○	×
吹き出し・はみ出しの区別（出所）	はみ出し（先行詞の名詞）	吹き出し（先行詞の定冠詞）	吹き出し（先行詞全体）

表 4.1　定・不定制限節と非制限節の機能の比較

安井は，一般に制限節の特徴とされる限定機能を不定制限節だけに認め，定制限節を除外する．その一方で，関係節が先行詞の指示決定に関わらない点で，定制限節と非制限節に類似性を認める．両者の違いは，定制限節では先行詞の定性の根拠となるのが関係節であるが，非制限節では先行詞の定性が関係節から導かれることはない，という点である．

4.1.4. 安井分析の問題点

本節では安井（2000）の次の主張を批判的に検討する．

① 定制限節は限定機能をもたない．
② 不定制限節において，先行詞に含まれる不定冠詞の排他性は（関係節を除く）先行詞の名詞句だけに適用される．

①の主張は，関係節と（冠詞を含む）先行詞を分離して関係節の限定機能を査定することによって導かれる．安井は，定制限節では先行詞の定名詞句（単数）は定冠詞の唯一性により，ただ1つの個体を指示するため，関係節の限定機能が働く余地がないと主張する．しかし，先行詞が定名詞句であっても制限節による限定が必要な場合がある．次の例を考えてみよう．

(17)　There are two tulips in a vase.　{The/*A} tulip that is yellow is dying and the other one that is red is still vigorous.

花瓶に黄色と赤のチューリップが 1 本ずつ生けてある状況において，黄色のチューリップを指すには定制限節の the tulip that is yellow を用いなくてはならない（あるいは関係節を用いずに the yellow tulip とすることも可能）．先行詞の定名詞句（the tulip）は，定冠詞の唯一性の働きにより黄色のチューリップも赤のチューリップも指すことができる．どちらのチューリップを指すかは，関係節の内容によって決定される．これは，関係節の限定機能にほかならない．したがって，定制限節にも限定機能を認めなければならない．

次の例文も定制限節が限定機能をもつことを裏づける．

(18)　This is the house that Jack built.

ミントン（1999）によれば，この文に含まれる定制限節の解釈は次に示すように 2 通りに曖昧である．

(19)　(18) の定制限節の解釈
　　a.　Jack が生涯で建てた家は 1 軒だけで the house がその家を指す．
　　b.　いろいろな人が建てた一群の家の中でジャックが建てた家は 1 軒だけで the house がその家を指す．

(19a) の制限節の先行詞は後方照応的な定冠詞を含む．つまり，制限節によって定の支えが成立している．一方，(19b) の解釈では，制限節は家の集合のメンバーをジャックが手がけたものに限定する働きをする．[13] つまり，他の人でなくジャックが建てた家を指すためには関係節による限定が不可欠となる．したがって，定制限節でも制限機能を認めなければならない．

②の主張は，不定制限節の内容が先行詞の名詞句からはみ出している（すなわち，納まりきらない）ため，不定冠詞の排他性がはみ出している要素には適用されない，というものである．安井によれば，This is a knife with which he cuts meat の解釈は，'何本かある肉切り包丁のうち 1 本' ではな

---

[13] 筆者のインフォーマントによれば，(19a) が無標の解釈であるという．これは，(19b) の解釈では，ジャック以外の人が建てた家があらかじめ導入されていなければならないという文脈の支えが必要なためであると考えられる．

く，'(ほかにも包丁はあるかもしれないが，その中で) 彼が肉を切るために用いる1本の包丁' となる．ところが，筆者が行ったインフォーマント調査では，複数のインフォーマントから '彼が使う肉切り包丁 (が複数本あって，そのうち) の1本' という解釈 (例えば，肉の種類に応じて包丁を使い分ける状況で意味をなす) になると指摘を受けた．肉以外の用途に用いるナイフがほかにあるという解釈は不可能ではないが，肉切り包丁が複数ある解釈のほうが強いという．これは，先行詞に含まれる不定冠詞の排他性が先行詞だけでなく，関係節を含めた名詞句 (knife with which he cuts meat) の全体に及ぶことを示唆している．

また，(17) の第2文で不定制限節 (a tulip that is yellow) が許容されないという事実も不定冠詞の排他性についての重要な手がかりになる．もし，排他性が先行詞の名詞 tulip だけに適用されるのなら，黄色と赤のチューリップの一方を a tulip that is yellow/red で指せる (関係節の限定機能によって2本のチューリップの一方が排除される) はずである．しかし，実際にはそれが許されないのであるから，排他性は先行詞の名詞句だけでなく，関係節を含んだ名詞句 (tulip that is yellow) 全体に及んでいると見なければならない．

一般に，不定制限節は M 部分関係 (グループ・メンバーの関係) の解釈をもつことが知られている．例えば，熊山 (1985) やミントン (1999) は次の文が部分解釈をもつと指摘している．

(20) a. This is a book which I bought yesterday. 　(熊山 (1985: 238))
    b. This is a house that Jack built. 　　　　(ミントン (1999: 39))

すなわち，(20a) は '昨日買った本 (2冊以上) のうちの1冊' という解釈になり，(20b) は 'ジョンが建てた家 (2軒以上) のうちの1軒' という解釈になるという．[14] これらの解釈は，(17) で不定制限節が容認されないことと整合する．つまり，不定冠詞の排他性は，先行詞の名詞句だけでなく，関係節

---

[14] 熊山は，次のように定制限節を用いると唯一性の解釈になると述べている．

　(i) 　This is the book which I bought yesterday.

つまり，(i) は私が昨日買った本が1冊だけであることを意味的に含意する．ミントン (1999) にも同様の指摘が見られる ((18) (19) を参照)．

を含めた全体に及ぶのである．

　安井分析の問題点は，関係節の先行詞の扱いに起因する．安井は（冠詞を含めた）先行詞と関係節を区別し，先行詞が単独で用いられた場合と関係節を伴う場合を対比することで限定機能と不定冠詞の排他性の適用範囲を査定する．非制限節であれば，先行詞と関係節を切り離しても問題ない．例えば，Did you read my letter, which I put on the desk に含まれる非制限節は，構造的にも音調的にも先行詞 my letter から切り離すことができる．しかしながら，定・不定制限節の場合，先行詞（の名詞句）と関係節のつながりは非制限節の場合よりも密接であると考えなければならない．

4.1.5. 関係節の統語構造と決定詞の選択

　統語論では，制限節と非制限節の統語的な特徴の違い（関係代名詞の that が制限節のみを導くことや非制限節の which が節全体を受けられることなど）を踏まえ，制限節・非制限節を区別する分析が伝統的に提案されてきた（Ross (1967), Jackendoff (1977), McCawley (1981, 1988a, 1988b, 1998) などを参照）．定制限節と不定制限節が異なる意味機能を担うことを認めると，それを統語構造にどのように反映させるかが問題になる．定・不定制限節に個別の統語構造を与える河野（2012）の分析は，その試みと見なすことができる．

　河野は (21a) に例示される典型的な制限節に対して，(21b) に例示される，制限節でありながら，同時に非制限節的な性質を示すものがあると主張する（下線は筆者）．

(21) a. The soldiers that were brave ran forward.
　　　 （勇敢な兵士たちは突進した）

　　　　　　　　　　　　　　（河野（2012: 第3章3.1節 (1a)））

b. ...: that is, on the basis of descriptive generalizations, we formulate theoretical principles which <u>in turn</u> lead us to call into question the empirical adequacy of earlier descriptive generalizations. （つまり，記述的一般化に基づいて理論原理を述べて，そしてその理論的原理によって今度はもとの記述的一般化の経験的妥当性を問うことになる）　　　(ibid.: 第3章3.3節 (3a)))

河野によれば，(21b) の in turn は，制限節が先行文脈の命題内容とは独立した命題内容を表す合図であるという．したがって，in turn はしばしば非制限節で用いられるが，一方で上の例のように制限節が内包する場合も見られ，その関係節は「全体から見ると制限的，部分だけ見ると非制限的という二面性を同時に持ち併せている」という．河野 (2012) はこの種の制限節を「非制限的な制限節」と呼ぶ．[15]

河野は，典型的な制限節（河野の用語では「制限的な制限節」）と非制限的な制限節に異なる統語構造を与える．すなわち，制限的な制限節では先行詞の N (N′) が関係節と NP を構成するのに対して，非制限的な制限節では先行詞の NP に関係節が付加される．河野は，(21a, b) の関係節と先行詞の統語関係をそれぞれ次に示すように分析する（河野は樹形図によって表示している）．

(22) a. [NP The [N′ soldiers$_i$ [S′ that$_i$ [S t$_i$ were brave]]]] ran forward.
(河野 (2012: 第 4 章 4.2.1 節 (4a)) に基づく)
b. [W]e formulate [NP [NP theoretical principles$_i$ [S′ which$_i$ [S t$_i$ in turn lead us to …]]]]. (ibid.: 第 4 章 4.2.1 節 (4b) に基づく)

---

[15] 河野 (2012: 30) は，非制限的な制限節の制限節的性質と非制限節的性質の割合が均一でないと述べている．例えば，(21b) に含まれる制限節は「非制限的な性質のほうが比較的色濃く出ている例」であるという．その根拠として，問題の関係節を非制限節に読み換えても原文の意味と大きく変わらない点を指摘する．なお，非制限的な制限節で制限的な性質が強いものとして，河野は次の例を挙げている．

(i) Thus, a structure in which a Past is embedded under a Future which is in turn embedded under two more Pasts is perfectly well formed.
（したがって，Past が Future の下に埋め込まれ，そしてその Future がさらにもう二つの Past の下に埋め込まれている構造は，完全に適格である）
(河野 (2012: 第 3 章 3.3 節 (3b)))

この例文で制限節を非制限節として解釈すると原文の意図する意味が伝わらなくなる，と河野は主張する．このように，制限的機能と非制限的機能の程度がさまざまに異なる制限節が「連続的につながることによって「非制限的な制限節」という 1 つの下位類を形成している」という．

河野は節を S′, 名詞句を NP とし, NP に 3 つの階層を認める. つまり, 名詞句には NP, N′, N の 3 層がある. 関係詞については, 河野は痕跡理論に基づき, 指標によって束縛関係を表す. 具体的には, 関係詞 that と t_i の関係は「X 束縛」, 関係詞と先行詞の関係および先行詞と t_i の関係は, それぞれ「R 束縛」である (束縛関係の名称は Safir (1986) によるもの).

制限的な制限節と非制限的な制限節の決定的な違いは, 先行詞の統語範疇である. 前者の先行詞の統語範疇は N′ であるのに対し, 後者の先行詞のそれは NP である. 河野は, 2 種類の関係節をそれぞれ「N′ 先行詞制限節」,「NP 先行詞制限節」と呼ぶ. 基本的には, (22a) のように先行詞が定名詞句である制限節は N′ 先行詞制限節となり, (22b) のように先行詞が不定名詞句である制限節は NP 先行詞制限節となる. よって, 本研究が定制限節と呼ぶ関係節は N′ 先行詞制限節に対応し, 不定制限節と呼ぶ関係節は NP 先行詞制限節に対応することになる.

河野は, N′ 先行詞と NP 先行詞の違いが意味的には類 (class) と個体 (individual) の違いに対応すると主張する. 類 (N′) は限定詞を付加され, NP になって初めて個体を表す表現となる. 以上の指示の特性を踏まえ, 河野は N′ 先行詞と NP 先行詞をそれぞれ「類先行詞」,「個体先行詞」と呼ぶ. 類先行詞をとる制限節 (河野は「類先行詞制限節」と呼ぶ) は制限節の表す属性を満たす類を抽出し, 満たさない類から区別する機能をもつ. この機能を河野は「下位類形成」ととらえている. 一方, 個体先行詞をとる制限節 (河野は「個体先行詞制限節」と呼ぶ) は制限節の属性を満たす個体を限定する機能 (個体は類ではないので, 下位類は形成されない) をもち, 制限節によって限定される個体がどのような属性をもつものか叙述している. 属性叙述は限定修飾機能の 1 つなので, それによって個体が限定修飾されるためには, その属性叙述の当てはまらない個体の存在が語用論的に含意されると河野は主張する.

河野分析に基づいて定制限節の the man who killed Mary と不定制限節の a man who killed Mary の解釈を導いてみよう. 定制限節では先行詞が N′ の man で類を表す. 制限節は 'メアリーを殺した' という属性を表し, 先行詞の表す類のうちそれを満たすすべての個体を含む下位類が形成される. 先行詞が単数形の man であることから, 問題の類は単一元の集合となる. 先行詞に含まれる定冠詞は, 問題の個体が同定可能であることを示して

いる．一方，不定関係節では先行詞が NP の a man で個体を表す．制限節は問題の個体が'メアリーを殺した'という属性をもつことを叙述する．個体は類とは異なるので，先行詞はメアリーを殺したという属性をもつ個体のすべてを表す必要はない．

　以上，河野（2012）の関係節の分析を概説した．河野は制限節に制限的なものと非制限的なものを認め，それぞれに異なる統語構造を与える．制限的用法・非制限的用法の区別は，先行詞と制限節の意味関係によって決定する．4.1.2 節，4.1.3 節で見たように，関係節の先行詞が定名詞句であれば，定冠詞の唯一性により関係節の内容を満たす個体のすべてが抽出されなければならないし，関係節の先行詞が不定名詞句であれば，不定冠詞の排他性により関係節の内容を満たす個体が別に存在することが論理的に含意される．この指示的特性を，河野は先行詞として類と個体の 2 種類を認めることでとらえようとした．さらに，類と個体の統語レベルをそれぞれ N′ と NP に対応させることによって 2 種類の制限節に対応する統語構造を導いた．

　河野分析で問題になりうるのは，類・個体の区別が統語範疇の N′/NP の区別に 1 対 1 で対応するとは限らない点である．河野は「基本的には」とただし書きを付けることで 2 種類の関係節と統語構造が厳密に対応しないことを断っている．意味と形式が河野分析の予測とずれるものを具体例で確認する．(23a) は定名詞句の先行詞で個体と見るべきもの，(23b) は不定名詞句の先行詞で類と見るべきものである．

(23) a.　We are blessed with the sun that ripens the rice.

（河野（2012: 第 4 章 4.4 節 (1)））

　　 b.　A woman who marries young is unlikely to be happy.

(ibid.: 第 4 章 4.4 節 (3))

(23a) に含まれる定制限節は，河野分析では先行詞が類を表し，制限節によってその下位類が抽出されると予測する．しかし，河野（2012）は問題の先行詞を類としてではなく，個体としてとらえる．その根拠として，「太陽の類にいくつかのメンバー（が）あってその中から制限節の内容を満たすものを選び出しているとは考えられない」(p. 66)（かっこは田中）と述べている．河野は Carlson (1977a, 1977b) の「ステージ」という概念を援用し，(26a) の制限節の先行詞 the sun は「個体を構成するステージ」であるとと

らえる．よって，(23a) の制限節は N′ 先行詞制限節でありながら，その解釈は NP 先行詞制限節のそれになる．

(23b) の不定制限節は，河野分析では先行詞が個体を表し，制限節がその属性を叙述すると予測する．しかし，河野は，この制限節が総称的名詞句を先行詞とする類先行詞制限節であると分析する．先行詞の解釈について，河野は「制限節の先行詞は N′(woman) ではなく NP(A woman) であると考えられる」(p. 66, ll. 22-23) と述べているが，これは河野分析の予測であって，実際には「制限節の先行詞は NP(A woman) ではなく N′(woman) であると考えられる」とするべきかと思われる．要するに，NP の a woman が個体ではなく類を表すことが，(23b) の不定関係節を個体先行詞制限節と見なす河野分析の予測に反するというのが本質である．

(23) の各例が河野分析にもたらす問題は，統語範疇による制限節の区別（N′ 先行詞制限節・NP 先行詞制限節）と先行詞の指示特性による制限節の区別（類先行詞制限節・個体先行詞制限節）を結びつけることに起因する．例えば，総称的な名詞(句)は次の例が示すように，〈はだか名詞の複数形〉，〈定冠詞＋単数名詞〉，〈不定冠詞＋単数名詞〉の 3 種類の形式で表される．[16]

(24) a. Beavers build a dam.
　　 b. {The beaver / A beaver} builds a dam.

このような総称的名詞(句)の特徴を踏まえると，類先行詞と N′ 先行詞を結びつけることにそもそも無理があるのではないか．さらに，問題は総称的名詞句でなくてもタイプ解釈を受ける普通名詞句の場合にも波及する．例えば，次のように数量表現を含む関係節の場合である．

(25) a. the book [I bought two copies of yesterday]
　　 b. a book [I bought two copies of yesterday]

---

[16] 名詞の総称解釈には，述語タイプ，時制・相などが影響することが知られている．例えば，次の各例文の主語は総称解釈を受けない（かっこは総称解釈を阻んでいる要因）．

(i) a. A beaver is hungry.　　　（状況述語）(cf. Carlson (1977))
　　b. The beaver built a dam.　（過去時制）
　　c. Beavers are building dams.（進行相）

この種の関係節は，先行詞の類（＝タイプ）の解釈を要求する（cf. Kaga (1991)）．[17] したがって，(25)の各句では，制限節が類を限定していると考えなければならない．河野分析では，(25a)の制限節を N′ 先行詞制限節，(25b)の制限節を NP 先行詞制限節と見なすことになる．しかし，両句の解釈はいずれも N′ 先行詞制限節（＝類先行詞制限節）にならなくてはいけない．各例の解釈の違いは，類であるか否かではなく，制限節によって限定されたタイプが聞き手にとって既知かどうかの違いに還元されるべきである．

また，河野は制限的な制限節と非制限的な制限節を区別するが，一方で両者は制限的機能と非制限的機能の割合の違いでその割合はさまざまであると主張する（注15を参照のこと）．したがって，河野が制限的な制限節の典型例であるとする(22a)と非制限的な制限節の典型例であるとする(22b)に個別の統語構造を与えても，なお2種類の制限節を両極とするさまざまな制限節にどちらの構造を付与するのかという問題が残る．[18] この問題は，河野が制限節にただ1つの統語構造を与える「単一構造仮説」を棄却し，制限節に2つの構造を認めたために生じた代償とも言うべきものであるが，制限節に単一構造を与え，先行詞の解釈については意味論で処理するという統語分析に対する優位性を損ねるものになるように思われる．

本研究は，制限節に類（＝タイプ）を限定するものと個体（＝トークン）を限定するものがあると主張する．この点については，河野分析と調和する．しかし，それぞれの制限節が異なる統語構造を有するという積極的な議論は展開せず，むしろ意味と構造が1対1に対応する必然性はないという立場から，同じ構造をもつ制限節から先行詞の指示特性の違いによって異なる解釈が導かれると考えることにする．

---

[17] この種の関係節については第5章5.1節で詳しく論じる．
[18] 河野(2012)は，関係節の下位類同士の関係について次のように述べている．

> 英語の関係節では「制限的な関係節」と非制限節が「非制限的な関係節」を間に挟んで連続的に繋がっている． (p. 73)

要するに，河野は関係節を（制限的な）制限節と非制限節の2極スケールでとらえ，その中間を非制限的な制限節が占めていると考える．これは，制限節の非制限的機能の割合が増すにつれ，非制限節の極に近づいていくことを意味する．

4.1.6. まとめ

4.1 節は関係節の種類とその統語的・意味的特徴について論じた．はじめに制限節と非制限節の意味機能の違いを概説した．制限節には先行詞の指示決定に関わる限定機能があるが，非制限節にはそれがない．制限節には定制限節（先行詞が定名詞句のもの）と不定制限節（先行詞が不定のもの）があり，情報構造における機能が異なる．定制限節では関係節の内容が前提となり，不定制限節ではそれが断定となる．否定環境でも定・不定制限節は異なる振る舞いをする．すなわち，定制限節は否定のスコープに入らないが，不定制限節は否定のスコープに入る．

定・不定制限節の分析として，安井 (2000) と河野 (2012) を取り上げた．安井は定制限節を先行詞の定冠詞から吹き出したものととらえ，不定制限節を先行詞の不定冠詞に納まらず，はみ出したものととらえる．本節では，この分析を支える2つの主張について検証した．すなわち，定制限節には限定機能がないという主張と，不定制限節の先行詞に含まれる不定名詞句の排他性は先行詞の名詞句のみに適用され，関係節はその外にあるという主張である．言語データに基づく検証によってどちらの主張にも問題があるという結論に至った．

河野は制限節に制限的なもの（定制限節に相当）と非制限的なもの（不定制限節に相当）があると主張する．河野は，生成文法理論で一般的な単一構造仮説を棄却し，2種類の制限節に個別の統語構造を与えることによってその意味機能の違いをとらえようとする．具体的には，制限的な制限節が先行詞の統語範疇が N′ であるのに対して，非制限的な制限節は先行詞の統語範疇が NP である．意味論的には，N′ は類を表し，NP は個体を表すので，それぞれの制限節は基本的に，類先行詞制限節と個体先行詞制限節に読み換えられるというのが河野の主張である．しかし，総称的名詞句の場合や普通名詞句で定・不定を問わずタイプ解釈が可能となる例など，形式と意味を1対1に結びつけることによって派生する問題がある．河野は，(非)制限的な制限節の統語的区別を「英語関係節の研究史上極めて重要な提案」とするが，非制限的な制限節にどのような統語構造を与えるのか，さらに制限節が制限的機能と非制限的機能の割合によって連続体をなすとすれば統語的にどのように区別されるのか，など解決すべき課題が残っていることを指摘した．

4.2. 定・不定制限節と部分構造[19]

　Fetta (1974) は関係節が部分構造を含む場合に注目している．次の例では関係代名詞の which が，each of X または all of X の X (=第2名詞句) の位置に生じている．

(26) a. *The trucks each of which blocked the highway belonged to the independent truckers.　　　(Fetta (1974: Ch. I (18b)))
　　 b. The trucks, each of which blocked the highway, belonged to the independent truckers.　　　(ibid.: Ch. I (18a))
(27) a. *The proofs all of which are complex demonstrate the theorem.　　　(ibid.: Ch. II (18b))
　　 b. The proofs, all of which are complex, demonstrate the theorem.　　　(ibid.: Ch. II (18a))

　各対の文法対立は，関係節が部分構造を含む場合に，非制限節は許容されるが，制限節は許容されないことを示している．Fetta はこの事実に基づいて部分構造が制限節と整合しないと結論づけた．

　同様の文法対立は，Huddleston (1971), Andrews (1975), Quirk et al. (1985) などでも指摘されている．例えば，Quirk et al. (1985) は，数量詞 all が制限節の先行詞の名詞句内に生じている (28a) と制限節内に生じている (28b) を対比して，制限節の先行詞を修飾する数量詞は当該制限節内に生じることができないとする（なお，非制限節内に数量詞 all が生じた場合は，(28c) に示すように容認される）．

(28) a. All the students who had failed the test wanted to try again.
　　 b. *The students who had all (of them) failed the test wanted to try again.
　　 c. The students, who had all (of them) returned from their vacation, failed the test.
　　　　　　　　　　　　　　　　　　(Quirk et al. (1985: 1241))

---

[19] 本節は田中 (2005) に大幅な加筆修正を行ったものである．

(28b, c) の数量詞 all と (27) の部分構造 all of which は対応関係にあることに注意すべきである．すなわち，all などの数量詞は (29a) のように，修飾する名詞句の指定辞 (specifier) の位置に生じる場合と (29b) のように指定辞の位置から離れた位置に生じる場合がある．後者の場合の数量詞は遊離数量詞である．[20]

(29) a. [$_{NP}$ All of the students] have passed the test.
b. The students [$_{VP}$ have all passed the test].

(29a) の部分構造と (29b) の遊離数量詞の対応関係を踏まえると，(28b, c) は次のように書き換えられる．

(30) a. *The students all of whom had failed the test wanted to try again.
b. The students, all of whom had returned from their vacation, failed the test.

遊離数量詞を部分構造に置き換えても制限節と非制限節の文法対立が保持される．つまり，Quirk et al. (1985) の指摘は，本質的に Fetta (1974) が提示した (26) (27) と同じである．要するに，部分構造および部分構造からの遊離数量詞は制限節と整合しないということである．[21]

---

[20] (i) に例示される，数量詞が遊離していない文と (ii) に例示される数量詞遊離文には可能な解釈に違いがあることが知られている (cf. 加賀 (1995))．

(i) All the men built a garage. (加賀 (1995: (12)))
(ii) The men all built a garage. (ibid.: (14))

(i) は男たちがみんなで協力して車庫を建てたという解釈（集合読み）と男たちが個別に車庫を建てた（人数分の車庫ができた）という解釈（個別読み）の2通りに曖昧である．これに対して，(ii) は個別読みしかない．なお，日本語の数量詞遊離文については第3章3.3節以降を参照のこと．

[21] Fabb (1990) は，(30a) のように制限節が部分構造を含むことができない事実が，関係代名詞を含む名詞句 (all of whom) と関係代名詞 (whom) が同一の指示的指標 (referential index) を付与されことによる意味的な矛盾に由来すると分析する．しかし，次の文では，(30a) と同様，関係代名詞とそれを含む句に同一指示的指標が与えられるにもかかわらず許容される．

河野 (2004, 2012) は，次のような，部分構造を含む制限節の実例に基づき Fetta の結論は誤りだと主張する．

(31) a. A set of words each of which differs from all the others by only one sound is called a minimal set.[22] (P. Ladefoged, *A Course in Phonetics*, 24)　　　　　　（河野 (2004: (6b))）

b. Nevertheless Huddleston's treatment of the cleft construction in terms of categories not all of which have been established on independent grounds, would seem to draw support from peculiar syntactic features of the construction. (P. Collins, *Cleft and Pseudo-cleft Constructions in English*, 53)　　（ibid.: (7a)）

河野は，(26a) と (27a) に含まれる制限節が定制限節 (先行詞が定名詞句の the trucks, the proofs) であるのに対して，(31) に含まれる制限節は不定制限節 (先行詞が不定名詞句の a set of words, categories) であることに注目し，次のような記述的一般化を行っている．

(i) a. The man whose mother I met yesterday is a French speaker.
　　　　　　　　　　　　　　　　　　　　　　　(Fabb (1990: (42)))
　b. the house in which I stayed　　　　　　　　　　　(ibid.: (45))

Fabb は (i) の各例と (30a) のような部分構造の場合を区別すべく関係代名詞の空移動 (vacuous movement) の仮定や指標付与規則の修正を試みているが，アドホックな印象はぬぐえない．

[22] 筆者が出典を確認したところ，版によってコンマの有無が異なることが判明した．第 3 版と第 4 版では次のように関係節の前後にコンマが挿入されている．

(i) A set of words, each of which differs from all the others by only one sound, is called a minimal set.

初版，第 2 版，第 5 版（最新版）では (31a) と同様に関係節がコンマを伴っていない．河野の出典情報が 24 ページとなっていることから，河野が参照した版は初版か第 2 版であると推測される．
　コンマの是非について筆者のインフォーマントに尋ねたところ，文法的には関係節にコンマを添えるべきではない（つまり，制限節として解釈すべきである）ことは明白だが，一方で読みやすさの観点から編集者によってコンマが挿入されることが十分にあり得るということであった．なお，コンマが挿入されることによって関係節が非制限節と見なされ，解釈が影響されることはないという．

(32) 制限節における部分表現の生起は，先行詞の定性と密接な関係にあり，先行詞が定よりも不定の方が生起しやすい．(p. 361)[23]

本研究は部分構造と定・不定制限節との整合性を実証的に検証し，部分構造が定制限節と整合する場合もあると主張する．さらに，(26a) (27a) (30a) で定制限節が許容されない理由を解明する．

本節の構成は次のとおりである．4.2.1 節は河野 (2004, 2012) の分析を要約し，批判的に検討する．4.2.2 節では部分構造を含む制限節の意味的特徴を概観する．さらに，4.2.3 節で当該関係節の使用の問題について考察する．最後の 4.2.4 節で結論を述べる．

4.2.1. 河野 (2004, 2012) の分析

河野は，自ら収集した実例に基づいて Fetta (1974) の結論を修正し，部分構造は定制限節とは整合しないが，不定制限節とは整合すると結論づける．さらに，その結論が部分構造制約の要求と逆行すると述べている．部分構造制約とは概略，部分構造の第 2 名詞句が定表現でなければならない，という制約である（第 2 章 2.2.2 節を参照のこと）．次の例は，部分構造の第 2 名詞(句)が不定表現の場合に容認されないことを示している．

(33) a. all of *books / the books
    b. many of {*all men / all the men}   (河野 (2004: (8)))

河野は，容認されない (26a) (27a) では部分構造に含まれる関係代名詞に先行詞を代入すると部分構造制約が満たされる (each of the trucks, all of the proofs) のに対して，容認される (31) の各文では部分構造に含まれる関係代名詞に先行詞を代入すると部分構造制約が満たされない (*each of a set of words, *all of categories) ことを指摘し，次のように述べている．

(34) 制限節を伴う複合名詞句では，先行詞が定であれば許されず，不定であれば許されるのであるから，通常の名詞句とは全く異なる事態が生じていることになり，これはかなり奇妙な，制限節に特有の現象であると言わざるを得ない．   (河野 (2004: 631))

---

[23] 河野は「部分構造」の代わりに「部分表現」という用語を用いている．

制限節の先行詞の定性によって部分構造との整合性が決まる，という河野の主張は，本人も認めるように言語事実の記述にすぎない．河野の主張内容で注目すべき点は，(32) では「先行詞が定よりも不定のほうが［部分構造が］生起しやすい」と傾向を述べているのに対して，(34) では「先行詞が定であれば［部分構造は］許されず，不定であれば許される」という断定的な主張になっていることである．

　言語コーパスに基づく研究でしばしば指摘されることであるが，ある形式の実例が見つからないことからその形式の使用頻度が少ないという結論を導けたとしても，その形式が容認されないという結論は導けない．河野は，定制限節と部分構造の整合性について Fetta (1974) の非文法的な例に依拠し，独立した言語データを示していない．河野の一般化の真偽を確かめるためには，実例の観察に加え，部分構造を含む定制限節については，インフォーマント調査に基づく考察が欠かせない．筆者のインフォーマント調査では，部分構造を含む定関係節が容認される場合があることが確認できた．したがって，河野 (2004, 2012) の主張のうち (32) が妥当で，(34) は強すぎるということになる（部分構造を含む定制限節の出現頻度が低いという事実については，別に説明されなければならないのは言うまでもない）．

4.2.2. 部分構造を含む制限節

　本節は部分構造を内包する制限節に焦点を当て，不定制限節だけでなく，定制限節も許容されると主張する．[24]

　部分構造を含む制限節が容認されないのは，河野 (2004) が指摘するように，定制限節の場合である（(26a) (27a) (30a) を参照）．しかし，筆者の行ったインフォーマント調査では，次のように先行詞の定性が部分構造を含

---

[24] 「部分構造を内包する関係節」とは先行詞が部分関係の全体を担うものを意図している．よって，河野 (2004, 2012) が取り上げている次のような例は考察対象としない．

　(i) 　He married a woman none of whose children have learned the value of silence.
　　　　　　　　　　　　　　　　　　　　　　　　　　　　　　(Martin (1972))

この例では，関係節の先行詞は部分構造の第 2 名詞の一部 (children の所有指定辞) である．部分関係は，none と (a woman's) children の間に成立しているのであって，none と a woman との間に成立しているのではないことに注意しなければならない．

む関係節の容認性に影響を与えない場合があることが判明した．

(35) a. This is a group of students all of whom failed the test.
  b. This is the group of students all of whom failed the test.

この対は制限節が定制限節か不定制限節かで異なる最小対立であるが，どちらも容認される．各文の解釈が整合する具体的な状況を考えてみよう．例えば，5 人の学生で構成される 3 つのグループ A, B, C が同じ試験を受け，結果として A グループはメンバー全員が試験に落ちた状況を想定すると，次のように表現することが可能である．

(36) a. Group A is a group of students all of whom failed the test.
  b. Group A is the group of students all of whom failed the test.

これらの関係節が確かに制限的用法になっているのかを検証するのに否定スコープのテストが有効である．4.1.2 節で見たように，非制限節は否定のスコープに入らない．(36) の各文に否定辞 not を挿入した場合，次に示すように文法性が変わらないことから，部分構造を含む関係節がいずれも制限的用法になっていることがわかる．

(37) a. Group B is not a group of students all of whom failed the test.
  b. Group B is not the group of students all of whom failed the test.

(36) の各文がともに容認されるからと言ってこれらの文意が同じということにはならない．4.1 節で見た定冠詞の唯一性と不定冠詞の排他性を踏まえると，不定制限節の (36a) は，5 人のメンバー全員が試験に落ちたグループがグループ A 以外にも存在することを論理的に含意し，定制限節の (36b) はそのようなグループがグループ A 以外に存在しないことを論理的に含意する．

　また，(36) の対は形式的には冠詞だけの違いのように見えるが，実際は述部解釈の異なる別な構文と見なければならない．すなわち，(36a) は「叙述文」(predicational sentence) で，(36b) は「指定文」(specificational sentence) である．前者の述部は叙述的で，主語の状態・性質を表す関係にあり，(38a) に示すように連結詞 (be 動詞) に続く述語を前置できない．こ

れに対して，後者の述部は指定的で，変項である主語の値を指定する関係にあり，この場合には（38b）に示すように連結詞の前後を入れ替えることが可能である（cf. 関 (2001))．

(38) a. *A group of students all of whom failed the test is Group A.
b. The group of students all of whom failed the test is Group A.

以上，部分構造が不定制限節だけでなく，定制限節とも整合することを示した．次に，不定制限節の先行詞が部分構造制約に反するという河野 (2004, 2012) の指摘について検討する．

4.2.3. 部分構造制約と関係節の先行詞の定性

部分構造を含む定制限節と不定制限節において，部分構造制約がどのように満たされるか考えてみよう．

(39) Alice and Bertha belong to {a/the} group of students all of whom have blonde hair.

この例は，関係節の内容が'ブロンドの髪をした'という状態を表すが，これだけで先行詞が唯一的に決定されることはない，すなわちブロンドの髪をした学生は不特定に存在するため，先行詞の定・不定には影響を与えない．結果として，a group of students か the group of students かは文脈によって決定されることになる．

筆者のインフォーマントに a group of students の場合と the group of students の場合の解釈の違いについて尋ねたところ，定冠詞のほうは'ブロンドの髪'がグループを区別する要因（distinguishing factor）になっているのに対して，不定冠詞のほうは'ブロンドの髪'はグループのメンバーに共通する偶然の（coincidental）特徴であるという．この言語直感は，定冠詞の包含性と不定冠詞の排他性を裏づける．すなわち，定制限節では定冠詞の包含性によってブロンドの髪をしたグループは，the group で指されるグループだけに唯一的に限定されるため，それがグループの特徴，すなわちグループを区別する要因として解釈される．これに対して，不定制限節では不定冠詞の排他性によってほかにも同じようなグループが存在することが含意され，結果として a group で指されるグループを編成する根拠が別にある

と解釈されるものと思われる．

　ここで問題になるのは部分構造制約である．部分構造 all of whom の第 2 名詞句は，部分構造制約によって定名詞句でなければならないはずであるが，関係代名詞の照応先である先行詞が不定名詞句 a group of students でも部分構造制約に反しないのか，という問題である．結論から言うと，次に示すように部分構造の第 2 名詞句がグループ名詞句の場合，不定名詞句であっても容認されるので問題は生じない．

(40) a. *all of students　　cf. all of the students
　　 b. all of a group of students

この事実からわかるのは，グループ名詞句であることが明示されている場合，第 2 名詞句が形式的に不定であっても部分構造として容認されるということである．[25] したがって，部分構造制約は，第 2 名詞 (句) として定表現を要求する統語的制約と言うよりも，第 1 名詞 (句) と第 2 名詞句の間に適切な部分関係の成立を要求する意味的制約であることがわかる．突き詰めると，部分が部分として理解されるためには，全体が明確に規定されていなければならないということになる．第 2 名詞句が不定名詞句の (40a) は，全体が明確ではない．一方，第 2 名詞句がグループ名詞句の (40b) は，グループ自体は不定であるが，全体が明確に規定されている．この文法対立を踏まえて，次の文法的な例を考えてみよう．

(41) A group of students all of whom failed the test went home disappointed.

この例では，関係節の先行詞が a group を含んでおり，全体であることが明示されている．この先行詞と関係節内の部分構造 all of whom を比較すると，前者はグループを表しており，後者はそのグループの構成員（メンバー）を指していることがわかる．つまり，(41) の解釈は，複数あるグループのうちで構成員の全員が試験に落ちてしまった，そういう学生のグループが落胆して家に帰った，ということになる．このように，部分構造を内包す

---

[25] ただし，第 2 名詞句が不定の部分構造が許容されることについては，第 2 章の注 8 を参照のこと．

る関係節では，先行詞の指示レベルと部分構造のそれが異なることに注意しなければならない．もっと言えば，先行詞の指示レベルがグループならば，部分構造の指示レベルはメンバーになるといったように，先行詞の指示レベルが部分構造のそれよりも上位レベルになる．この点を踏まえると，部分構造を内包する関係節の構文的特徴は次のようにまとめられる．

(42)　部分構造を内包する関係節は，部分（メンバー）に関する内容によって全体（グループ）の指示対象を限定する．[26]

次に容認されない場合を考えてみよう．

(43) a. All of the students failed the test.
　　 b. *the students all of whom failed the test.

(43a) はある学生の集合（全体）について，すべてのメンバー（部分）が試験に落第したことを表す（最大の部分は全体と等しくなることに注意）．(43b) は学生の集合が決まっていないにもかかわらず，メンバーについての記述（関係節）を含んでいる．全体が決まっていないのにメンバーに言及することは不可能である．(43b) を救うためには，あらかじめ全体を決める必要がある．つまり，先行文脈で全体に相当する学生の集合を導入するのである．ただし，制限節の限定機能が成立するように，複数の学生の集合を導入しなければならない．そうすると，the students が複数ある学生の集合のうちの1つとして解釈できるようになり，結果として部分についての記述によって全体を抽出できる．ここで重要なのは，先行詞の名詞句が複数ある学生の集合（グループ）のうちの1つと解釈されることである．定名詞句は定冠詞の唯一性によって集合が1つに限られるが，ほかにも集合があること

---

[26] 田中 (2003) は，当該関係詞節が M 部分関係に加えて，次のような T 部分関係を表せることを観察している．

(i)　This is the book two copies of which I bought yesterday.

この例に含まれる関係節の先行詞は，本のタイトル（＝タイプ）を表し，部分構造は同一タイトルの具体的な本（トークン）を表している．なお，第5章5.1節で (i) のような制限節を取り上げ，M 部分関係におけるグループ・メンバーの概念的な上下関係と T 部分関係におけるタイプ・トークンのそれが並行的であると主張する．

を文脈で保障すれば部分構造制約が満たされ，かつ制限節の限定機能も成立するのである．

なお，Quirk et al. (1985) が指摘した，(28b) の非文法性は (43b) と同じような文脈の調整によって回復させることができる．定制限節が部分構造と整合するための条件を踏まえると，不定制限節と部分構造が整合する理由が見えてくる．不定制限節は先行詞が不定名詞で排他性を示すため，先行詞の示す個体の集合（グループ）はほかにも存在することになる．すなわち，定制限節の場合のような文脈の支えがなくても，複数のグループの存在が前提になるのでメンバーに関する記述が適切に解釈されることになる．これが，言語コーパスにおいて，制限節と部分構造が整合する例がすべて不定制限節である要因であると考えられる．また，不定制限節が導入されると，それ以降は関係節を含まない定名詞(句)や代用形などの照応表現が用いられるであろうから，言語コーパスに定制限節の例が含まれない事実は予想に反することではないように思われる．

(42) に示した，部分構造を内包する関係節の構文的特徴を踏まえて，河野 (2004) の実例を洗い直してみると，多くの例で先行詞が a set of のような集合類別詞を伴っていることがわかる．

(44) a. A set of words each of which differs from all the others by only one sound is called a minimal set. (= (31a))
  b. In terms of their communicative *raison d'être*, clefts and pseudo-clefts belong to a set of constructions each of which represents a marked variant of a communicatively 'simpler' sentence. (P. Collins, *Cleft and Pseudo-cleft Constructions in English*, 53)（河野 (2004: (6a))）
  c. It [= The family of sets in A] is a family of sets each of which contains a certain "core" set as subset. (W. Ladusaw, *WCCFL* 1, 232) (ibid.: (6d))

河野 (2004) は部分構造を含む制限節の実例を 8 つ挙げているが，そのうちの 3 つがこのような明示的な表現を含んでいる（下線は筆者）．残りの例の大部分については，グループを合図する表現が生じていないものの，文脈か

らグループ指示であることが推論できる.[27]

(45) a. Nevertheless Huddleston's treatment of the cleft construction in terms of <u>categories</u> not all of which have been established on independent grounds, would seem to draw support from peculiar syntactic features of the construction. (= (31b))

b. The present system has produced <u>judges</u> nearly all of whom were competent, and has largely avoided inflicting upon the public eccentrics and the unpleasant. (*The Times* (93/01/ 12)) (河野 (2004: (7b)))

c. "The idea for me was to show another side of the band that perhaps hadn't been heard for a while and to make a record of <u>songs</u> not all of which were well known—a few unusual ones, done in a very direct, unembellished style," says Jagger, 52, by phone from New York. (*Los Angeles Times* (95/11/14)) (河野 (2004: (7c)))

(45a) は Huddleston が焦点化構文 (the cleft construction) の分析で用いる統語範疇 (categories) について述べている. この範疇とは, 言語学で用いられるすべての範疇を指すのではなく, Huddleston が分析で導入したもの (つまり真部分集合) であることが言語学の背景知識をもつ読者なら容易に推論できる. その部分集合とは, 一部が独立した根拠をもたないような範疇であり, 独立した根拠をもった範疇の集合と対比されている.

(45b) は現行の司法制度 (the present system) によって輩出された裁判官 (judges) についての記述である. 当該裁判官は, 従来の制度によって輩

---

[27] 河野 (2004) は次の例も部分構造を含む制限節の実例と見なしているが, これはコンマが用いられていないが, 非制限節と解釈するのが適切な例だと思われる.

(i) Don't worry about upkeep, modernization, earthquake preparedness all of which cost money. (*Los Angeles Times* (95/04/20)) (河野 (2004: (7d)))

この例の関係節は先行詞を限定しているのではない. つまり, 道路の管理・近代化・地震への備えのうちで費用のかかるものとかからないものを峻別しているのではない. どれも費用がかかると情報を追加していると解釈すべきである.

出された裁判官の集合（おそらく現行制度による裁判官とは違って不適任者が散見されるのであろう）とは区別されている．この意味において，現行の制度による裁判官はまとまりをなしていると見なせる．

(45c) はレコードの収録曲に関するものである．収録曲には，装飾せずに，ごく素直に演奏された意外な曲 (a few unusual ones [songs], done in a very direct, unembellished style) が含まれる．この場合，通常のレコードに見られるような，なじみのある曲ばかりで構成された，一般的な曲 (usual songs) の集合と対比的に用いられている．

これまで見たように，河野 (2004) が提示している，部分構造を内包する関係節の実例のほとんどは先行詞がグループ指示と解釈できるものである．では，先行詞がグループ指示で，部分構造がそのメンバーを問題にするという特性は，部分構造制約に関してどのような意味をもつのであろうか．結論から言えば，グループが不特定であっても，そのメンバーは特定になっているため，メンバーを指示する部分構造は実質的に部分構造制約を満たすことになる．

4.1 節で見たように，制限節には限定機能がある．先行詞が表しうる指示対象に制限を与え，制限節が表す特性を満たすものに限定する機能である．制限節が部分構造を含む場合，(42) に示したように制限節の限定機能はメンバーに関する情報によって，上位レベルであるグループに適用される．例えば，a group of students all of whom failed the test の場合，関係節の内容（メンバーに関する記述）に基づいて該当するグループを抽出する．ここで重要なのは，グループを特定するのにメンバーの特性を参照する点である．このときメンバーに関する記述が適切に解釈されるためには，そのメンバーが属するグループの情報が不可欠である．グループが導入されていなければ，個体の集まりは意味をもたないからである．メンバーがそれとして理解されるためにグループが明確であること，これが部分構造制約の要求であると考えられる．このことは，グループとメンバーの関係が成立していれば，第 2 名詞句が不定の部分構造でも容認されることから裏づけられる ((40b) を参照)．要するに，制限節内の部分構造がメンバーに関する記述を表し，制限節の先行詞がグループを表す場合，部分構造制約は実質的に満たされることになる．

定制限節の場合も基本的には同様である．4.1.4 節で定制限節にも限定機

能があることを示した．よって，定制限節も不定制限節と並行的に，関係節の内容（メンバーに関する記述）によって適切なグループを抽出する．不定制限節と異なるのは，抽出されたグループがただ1つに限定される点である．

　本節では部分構造を含む関係節において，先行詞と部分構造の指示レベルの関係が，概念的にはグループとメンバーという上下関係を結んでいることを指摘した．さらに，この特性によって先行詞の定・不定にかかわらず部分構造制約が満たされると主張した．

4.2.4. 部分構造を含む制限節の容認性

　本節はまず Fetta (1974) の (26a) (27a)（(46a, b) として再掲）を再考し，次にどのような場合に部分構造を内包する関係節が容認されるのか解明する．

(46) a. *The trucks each of which blocked the highway belonged to the independent truckers. 　　　　　　　　　　　　(= (26a))
　　 b. *The proofs all of which are complex demonstrate the theorem.
　　　　　　　　　　　　　　　　　　　　　　　　　　　　(= (27a))

ここでの問題は，河野が主張するような定・不定関係節の区別ではないと考えられる．むしろ，先行詞がグループを合図する表現を伴わず，またそのようなグループを推論できるような文脈の支えがないことが原因だと思われる．

　具体的に考えてみよう．(46a) では the trucks が特定のトラックを指し，その述部（belong to the independent truckers）はグループについてではなく，個別のトラックについての記述になっている．以上の点を解決すると，次のように容認性が上がる．

(47) ?A group of trucks each of which blocked the highway belong to a famous transporting company.

ここで前提とされる文脈は，トラックのグループが複数あって，ある運送会社のトラックのグループのメンバーが次々と高速道路をふさいだ状況である．このような文脈の支えがあれば (47) は解釈可能となる．

(46b) についても，同様の変更を施してみたが，こちらは文法性を上げることがほとんどできなかった．

(48) ?*A {set/group} of proofs all of which are complex demonstrate the theorem.
   cf. A complex {set/group} of proofs demonstrate the theorem.

この事実の説明は今後の課題としたいが，現時点での見通しを示すと次のようになる．(48) で意図される解釈は，ある定理が成り立つことを示す証明の集合が複数あって，証明の集合のうちの1つはどの証明も複合的 (complex) である，となる．[28] '証明' (proof) と '定理' (theorem) には対応関係がある．ある定理が成り立つことを裏づける証明は，無数にある証明のうちの一部分（部分集合）である．[29] このことは，問題の定理に関する証明の集合自体がすでに部分集合であることを意味する．したがって，上記の意図された解釈では，問題の定理を裏づける証明の集合（つまり，部分集合の部分集合）を複数想定しなければならず，このプロセスが煩雑すぎるのではないかと推測される．

最後に，部分構造を内包する関係節の使用に関する問題について述べておきたい．この種の関係節は，通常の関係節よりも複雑な文脈を要求する．例えば，単一もしくは複数のグループの存在を前提とし，そのメンバーに関する記述からグループを決定する，「ボトムアップ的な構文」だと言える．(47) を次の例と比較してみると，その違いがわかる．

(49) a. All the trucks which blocked the highway belong to a famous transporting company.
   b. The trucks, all of which blocked the highway, belong to a famous transporting company.

厳密にはこれらの文は解釈が異なる．(47) では複数のトラックのグループ

---

[28] 大屋泰夫氏（首都大学東京大学院生）との個人談話による．
[29] (46) ではトラックと高速道路の間には定理と証明のような組み合わせがないことに注意すべきである．つまり，ある高速道路をふさぐトラックがあらかじめ決まっているということはない．

の存在が前提とされ，そのメンバーに焦点を当て，すべてのメンバーが高速道路をふさいだようなグループを抽出している．一方，(49a) ではグループを考えずに，高速道路をふさいだ個別のトラックを問題にしている．解釈するうえで，グループ・メンバーの関係を扱う関係節のほうが，単に個別のトラックを問題にする関係節よりも複雑になることは明らかである．また，(49b) のように非制限節を用いた表現も可能である．この場合には，あらかじめ指示が決定されたトラックについて，追加情報を加えるだけなので，そもそも指示決定の手続きが不要である．

　使用頻度については，部分構造を含む制限節がかなり限定的であることは疑いない．しかし，状況によっては，部分構造を含む制限節の機能に頼らなければ表せないものも存在する．例えば，次の例はその典型である．

(50)　A team of runners all of whom set their best time won the relay race.

先行詞は A team of runners でグループを表し，制限節の内容（メンバーの全員がベストタイムを出した）によって対象となるグループを抽出する．主節の述語は'駅伝競走で総合優勝する'で，グループ指向（個別の runner には適用できない述語）である．この場合には，(49a) のように数量詞 all を先行詞に組み込むことによって部分構造の使用を回避することもできないし，(49b) のように非制限節を添えることも難しい．つまり，(50) は，グループについての命題（あるチームが優勝したこと）とそのメンバーについての命題（各走者の区間タイムがベストタイムだったこと）を同時に表そうとする場合，M 部分関係を関係節で処理しなければならないことを示している．

4.2.5.　まとめ

　本節では，定・不定制限節と部分構造の整合性について論じた．Fetta (1974) をはじめとする複数の文献では，部分構造が非制限節に生じる場合は問題ないが，制限節に生じる場合は容認されないと記述している．河野 (2004, 2012) は制限節に部分構造が生じる実例を収集し，それに基づいて上記の一般化を修正した．すなわち，部分構造を含む定制限節は容認されないが，部分構造を含む不定制限節は容認されると結論づけた．

本研究は，インフォーマント調査によって，定制限節が部分構造を含む場合でも文脈を整えれば容認されると主張した．さらに，制限節が部分構造を含む場合の構文的特徴として，先行詞がグループレベルを指示し，関係節がそのメンバーについての記述を表す，と主張した．これは部分構造が表すM部分関係に由来するものである．先行詞と制限節の間にグループとメンバーという概念的な上下関係が成立するため，定・不定制限節のいずれにおいてもメンバーに関する記述によってグループが限定される．すなわち，部分構造を含む制限節が用いられると，あらかじめ複数のグループが導入されていなければならない．グループが導入されるということは，そのメンバーが確定することに等しいため，結果として部分構造制約がおのずと満たされると分析した．河野が収集した実例では，a set of X によって先行詞のグループ解釈が合図されている，もしくは文脈によって先行詞のグループ解釈が支えられていると主張した．

4.3. 本章のまとめ

　本章は，英語関係節の3分類（定制限節・不定制限節・非制限節）について，それぞれの意味機能を論じた．また，制限節と部分構造の相関関係に注目し，両者が整合しないという従来の主張を批判的に検討した．以下に節ごとの要旨をまとめる．
　4.1節は関係節の種類と意味機能を概説した．伝統的な制限節と非制限節の2分法から始め，制限節が先行詞の定性に応じてさらに定制限節と不定制限節に分類されることを見た．制限節の下位分類について，安井（2000）の意味的分析と河野（2004, 2012）の統語的分析を取り上げ，それぞれ批判的に検討した．制限節の意味的特性として，定制限節が不定制限節と同様，限定機能をもつこと，不定制限節の排他性が先行詞だけでなく，関係節を含めた複合名詞句全体に適用されることを主張した．制限節の統語的特性として，定制限節の先行詞を N′，不定制限節の先行詞を NP とし，前者に類，後者に個体を対応させる分析は，形式と意味が対応しない場合（例えば，総称的名詞句など）を適切にとらえられないと指摘した．
　4.2節は定・不定制限節と部分構造の整合性について論じた．Fetta (1974) などに見られる，部分構造を内包する制限節が容認されないという記述に対

し，河野（2004, 2012）はそれを一部修正し，部分構造を含む定制限節は容認されないが，部分構造を含む不定制限節については容認されると主張した．本研究は，文脈の支えがあれば部分構造を含む定制限節も容認されることを指摘した．さらに，部分構造を含む制限節では先行詞と部分構造の間にグループとメンバーという指示レベルの上下関係が成立しており，定・不定制限節のいずれにおいてもメンバーに関する記述によってグループを限定する，ボトムアップ的な解釈処理が行われることで部分構造制約が実質的に満たされると主張した．具体的には，先行詞が a group/set of X のような集合類別詞を含むこと，あるいは語用論的にそれに相当するようなグループ解釈になり，関係節がそのメンバーについての記述を表すこと，が必要となる．

第 5 章

英語における数量表現と関係節の相関

　本章は，英語における数量表現と関係節の相関について論じる．言語学では，数量表現と関係節は個別に扱われるのが一般的である．関係節が数量表現を含む場合や関係節によって修飾される名詞句が数量表現を含む場合に注目する研究は限定的であった．本章は，そのような関係節の統語的・意味的特徴を考察し，従来の個別研究では見逃されてきた，関係節と数量表現の特性の解明を目指す．

　本章の構成は以下のとおりである．5.1 節では制限節と数量表現の相関について論じる．第 4 章 4.2 節で取り上げた，部分構造を内包する制限節をさらに考察し，その統語的・意味的特徴を解明する．例えば，次のように制限節に T 部分構造（タイプ・トークンの関係を表す部分構造）が含まれる場合に焦点を当てる．

(1) the book that Mary bought two (copies) of

興味深いことに，この関係節では T 部分構造の類別詞 copies が省略できる．この事実は，T 部分構造が関係節以外の環境に生じた場合，第 1 名詞句内の類別詞が省略できないことと逆行する (cf. two copies of the book vs. *two of the book)．本研究は，関係節内で T 部分構造の類別詞が省略できる理由を解明し，ほかの種類の部分構造と制限節との整合性についても考察する．

5.2節では非制限節と数量表現の相関関係について論じる．次の文法対立が示すように，all, any などの数量詞を含む名詞句は制限節の先行詞になれるが，非制限節の先行詞にはなれないとされる（Smith (1964), Jackendoff (1977), Quirk et al. (1985) などを参照）．

(2) a. All the students who had failed the test wanted to try again.
b. *All the students, who had failed the test, wanted to try again.
(Quirk et al. (1985: 1241))

しかし，数量詞を含む名詞句が非制限節の先行詞になれる場合があることが，Rydén (1970) や Quirk et al. (1985) によって指摘されている．

(3) All the students, who had returned from their vacation, wanted to take the exam. (Quirk et al. (1985: 1241))

田中（2000c）は主節と関係節の論理関係に注目し，(2b) のそれが因果関係であるのに対して，(3) のそれは因果関係ではないと主張する．この立場では，主節と関係節間の因果関係が数量詞 all の生起を阻んでいることになる．一方で，三木（2001）は非制限節が理由を表せないために，(2b) が容認されないと主張する．つまり，両者の分析は，非制限節の理由解釈の有無について対立する．そこで，本研究は非制限節が主節に対してどのような論理関係を表しうるのか，制限節の場合との対照も含めて検証する．5.3節は各節の要旨をまとめる．

5.1. 制限節と部分構造[1]

第4章4.2節では関係節が all of which/whom のような部分構造を含む場合に焦点を当てた．この部分構造は，第1名詞が比率的数量詞の M 部分構造（グループ・メンバーの関係を表す部分構造）である．本節は I 部分構造（単一の個体とその中身の関係を表す部分構造）と T 部分構造（タイプ・トークンの関係を表す部分構造）も考察対象に加え，第1名詞(句)が基数詞

---

[1] 本節は田中（1998, 2000a, 2003）および Tanaka (1997, 1998) の分析を統合し，それに大幅な加筆修正を施したものである．

の場合に注目する．

5.1.1. 部分構造を含む関係節

第 2 章で提案した部分構造の MIT 分類に基づくと，部分構造は次のように区別される．

(4) a.　M 部分構造　e.g. two of the books　　（＝第 2 章 (32a)）
　　b.　I 部分構造　e.g. two pages of the book　（＝第 2 章 (32b)）
　　c.　T 部分構造　e.g. two copies of the book　（＝第 2 章 (32c)）

(4a) の M 部分構造はグループ・メンバーの関係を表す．第 2 名詞句は複数の個体からなる集合を表し，第 1 名詞がその部分集合を表す．(4b) の I 部分構造は，第 2 名詞句が単一の個体を表し，第 1 名詞句がその中身を表す．(4c) の T 部分構造は，タイプ・トークンの関係を表す．第 2 名詞句がタイプを表し，そのトークンを第 1 名詞句が表す．

以下では，3 種類の部分構造と制限節の相関について考察する．まず，M 部分構造から始めよう．この種の部分構造を含む文として Mary bought two of the books を考えてみよう．この文の目的語を関係節化する場合，部分構造全体 (two of the books) を先行詞にするか，部分構造の第 2 名詞句 (the books) を先行詞にするかによって次の 2 通りの関係節を作ることができる．

(5) a.　two of the books that Mary bought
　　b.　the books that Mary bought two of

(5a) の解釈は 'メアリーが買った本のうちの 2 冊' で，例えばメアリーが 3 冊以上の本を買ったときそのうちの 2 冊を指して用いられる表現である．[2]

---

[2] 第 2 章 2.2.2 節で見たように，部分構造が非制限節の先行詞になる場合，第 1 名詞(句)と第 2 名詞句のいずれの可能性もある．

　(i)　She bought him a number of those daffodils, only two of which were faded.

（＝第 2 章 (14a)）

制限節についても同様で，制限節は第 1 名詞(句)と第 2 名詞句のいずれも先行詞にできる．ただし，(5a) で第 1 名詞が制限節の修飾を受けるためには，次に示すように限定詞が必要

次に (5b) の解釈は'そのうちの2冊をメアリーが買った一連の本'で，この解釈が自然に得られるのは，例えば先生が夏休みの課題として学生に読書をさせる状況である．学生はリーディングリストとして5冊の本のリストを与えられ，そのうちから好きな2冊を購入して読む．このリーディングリストの本を (5b) で指せる．

次にT部分構造の場合を見る．T部分構造が含まれる文として，Mary bought two *(copies) of the book を考えてみよう．類別詞の copies がアスタリスク付きのかっこに入っているのは，copies を省略すると容認性が低下することを意味する（なお，かっこにアスタリスクが付かない場合は，かっこ内の要素が省略できることを意味する）．この文の目的語を関係節化する場合，M部分構造の場合と並行的に2通りの関係節が可能である．すなわち，T部分構造全体 (two copies of the book) を関係節化すると (6a) になり，T部分構造の第2名詞句 (the book) を関係節化すると，(1) ((6b) として再掲) になる．

(6) a. two *(copies) of the book that Mary bought
　　b. the book that Mary bought two (copies) of　(= (1))

この対がT部分構造の類別詞 (copies) の省略について対照的であることは注目に値する．(6a) が示すようにT部分構造全体が制限節の先行詞になる場合，つまり制限節の外に生じる場合には類別詞の省略ができないが，(6b) が示すようにT部分構造が制限節内に生じると類別詞の省略が可能となる．なぜ，通常省略できないT部分構造の類別詞が制限節内で省略できるのだろうか．

T部分構造は，単数形の第2名詞句を許す点でM部分構造と異なる (two copies of the book vs. *two of the book)．一方で，T部分構造は two copies of the books のように複数形の第2名詞句も許す（第2章2.4節を参照のこと）．その場合の意味は，第2名詞句が複数のタイプを表し，各タイ

である．

　(ii)　the two of the books that Mary bought

この句の解釈は，'特定の本の集合のうちメアリーが購入した2冊'でメアリーは本を2冊しか買っていないことになる．

プのトークンを表すことになる．第2名詞句が複数形のT部分構造から次のような制限節を作ることができる．

(7) the books that Mary bought two (copies) of

制限節内のT部分構造は，第2名詞句が単数形の場合と同様，類別詞の省略が可能である．(7) の類別詞を省略した場合，M部分構造を関係節化した (5b) と同じ連鎖になることに注意しなければならない．つまり，(5b) は部分構造 two of the books を M 部分構造と見なすか，T 部分構造 two copies of the books の類別詞が省略されたものと見なすかで2通りに曖昧になる．それぞれの解釈は次のようになる．[3]

(8) (5b) の解釈
    a. M 部分構造の解釈
       the set of books such that Mary bought two members of them 基数詞 two が，あらかじめ導入された本の集合のメンバーである2つの個体を指す．
    b. T 部分構造の解釈
       the set of books such that Mary bought two copies of each of them メアリーが買った本（タイトル）が複数あり，基数詞 two が購入した冊数（トークンの数）を指す．

最後に，I 部分構造と制限節の相関を見る．I 部分構造を含む文として，Mary read two pages of the book を考えてみよう．この文に含まれる部分構造は，第2名詞句が特定の本を表し，その中身の一部を第1名詞句が表

---

[3] (5b) は先行詞がモノ名詞の複数形 (the books) で，M 部分構造読み (two of the books) と T 部分構造読み (two copies of the books) で曖昧になっている．次のように，先行詞がヒト名詞の複数形 (the boys) の場合にはこのような曖昧性が生じない．

(i) the boys that Mary met two of

この句には M 部分構造の読み（'メアリーがメンバーのうちの2人を見た少年たちのグループ'）しかない．また，この読みを得るには，先行する文脈で少年のグループが導入されている必要がある（第4章4.2節を参照）．T 部分構造の解釈の有無は，ヒト名詞とモノ名詞のタイプ解釈のしやすさの違いによって決まる (cf. Kaga (1991))．タイプ解釈についてヒト名詞とモノ名詞が対立することについては，第6章6.3.6節で議論する．

す．この文の目的語を関係節化する場合，M 部分構造や T 部分構造と同様，部分構造全体 (two pages of the book) を関係節化するか，第 2 名詞句 (the book) を関係節化するかで 2 通りの制限節を作ることができる．

(9) a.　two *(pages) of the book that Mary read.
　　b.　the book that Mary read two *(pages) of

(9a) は'メアリーが読んだ本の 2 ページ'でメアリーは問題の本を読み終えたかどうか定かではないが，(9b) は'メアリーが 2 ページ（を）読んだ本'でメアリーは問題の本を 2 ページ読んだだけなのでまだ読み終えていないことになる．I 部分構造と制限節の相関で注意すべきは，I 部分構造が制限節内に生じた場合も，先行詞として制限節の外に生じた場合も，類別詞の省略ができないことである．つまり，(6) の T 部分構造の場合とは異なり，制限節内でも I 部分構造の類別詞の省略は許されない．

　I 部分構造と T 部分構造の類別詞が制限節内で省略できるかどうかは，動詞 tear を用いた最小対立によって明確に示される．

(10) a.　the book that Mary tore two *(pages) of
　　 b.　the book that Mary tore two (copies) of

この文法対立から，T 部分構造の類別詞である copy の省略は許されて，I 部分構造の類別詞である page の省略は許されないことがわかる．類別詞を省略した場合の連鎖は two of (the book) となるが，その場合の解釈は文脈に応じて two copies of the book になることはあっても two pages of the book になることはない．

　これまで制限節と 3 種類の部分構造の相関関係について考察してきた．どの部分構造も制限節内に生じうるが，それぞれが異なる特性を示すことを指摘した．本章で注目するのは，部分構造の第 1 名詞句が制限節内に生じる (5b) (6b) (9b)（それぞれ (11a, b, c) として再掲）である．

(11) a.　the books that Mary bought two of　　　　(= (5b))
　　 b.　the book that Mary bought two (copies) of　(= (6b))
　　 c.　the book that Mary read two *(pages) of　　(= (9b))

(11a) が M 部分構造の解釈を受けるには文脈の支えが必要である（ここ

ではT部分構造の類別詞が省略された場合の解釈は考慮しないことにする）．すなわち，先行詞の the books が特定の本の集合を指せるように，先行文脈でリーディングリストのような本の集合が導入されていなければならない．第4章4.2節で論じたように，M部分構造が制限節内で適切に解釈されるためには，先行詞がグループであることを明示するか，文脈の支えによってそれに相当する解釈を保障しなければならない．例えば，(11a) を次のようにすれば文脈の支えがなくても解釈可能になる．

(12) a set of books that Mary bought two of

この例では，集合類別詞の a set of を伴うことで先行詞がグループ解釈を受けるので，制限節内の部分構造の第1名詞と適切にM部分関係を結ぶことができる．

T部分構造の (11b) とI部分構造の (11c) は文脈の支えがなくても解釈可能である．この違いは先行詞の指示対象の特性による．(11b) の先行詞の指示対象は本のタイトルでタイプに相当する．タイプとは時間・空間によって規定されない抽象的な概念で，トークンの集合と見なせるが，(11a) の先行詞が表すような個体の集合 (a set of books) とは決定的に異なる．タイプ名詞 (句) は文脈によって規定される集合ではないので (11b) は文脈の支えを必要としない．(11c) については，先行詞の指示対象は2ページ読んだ本 (個体) で，(11a) の場合のような個体の集合 (グループ) とは異なるので先行文脈で導入される必要はない．[4]

次に類別詞の省略に関する違いについて考えよう．T部分構造の (11b) では類別詞が省略できるが，I部分構造の (11c) では類別詞の省略ができない．この事実は，先行詞 (＝第2名詞句) と第1名詞句の意味関係の違いを示唆する．第2章2.4節でT部分関係とI部分関係が異なる部分関係を表すことを見た．まず，T部分関係はタイプ・トークンの関係で，本を例にとるとタイプはタイトルを指し，トークンは時間的・空間的に規定できる本で

---

[4] (11c) の先行詞は，基本的に個体指示であるが，抽象化してタイプととらえることもできる．例えば，2ページ読んだ本がどの個体であるか (個体解釈) を問題にすることも，2ページ読んだ本のタイトルが何であるか (タイプ解釈) を問題にすることも可能だということである．個体指示からタイプ指示への抽象化については，5.1.6節で論じる．

ある．タイプとトークンは抽象度が異なるが，どちらも本を指している．これに対して，I 部分関係は単一個体とその中身の関係で，本で言えば本とページの関係である．本には相当数のページが含まれるが，本はページではない．つまり，本とページはタイプ・トークンの関係にはならない．なぜタイプ・トークンの関係のときだけ問題が起こらないのか追求するには，類別詞の種類と機能について掘り下げる必要がある．

5.1.2. 類別詞の意味機能

(4) の各例（それぞれ (13a, b, c) として再掲）に基づいて，類別詞の働きを以下にまとめる（第 2 章 2.4 節の議論も参照のこと）．

(13) a. two of the books　　　(= (4a))
　　 b. two pages of the book　(= (4b))
　　 c. two copies of the book　(= (4c))

類別詞を含む (13b, c) とそれを含まない (13a) は，第 2 名詞句の数について異なる特性を示す．(13a) では，第 2 名詞句は複数でなければならない (cf. *two of the book)．このように，M 部分構造では第 2 名詞句は第 1 名詞よりも大きな数を表す必要がある．

一方，(13b, c) では，第 1 名詞句が複数形であるが，第 2 名詞句は単数形である．つまり，T 部分構造と I 部分構造では，第 1 名詞句と第 2 名詞句の数の問題は類別詞の働きによって回避される．類別詞は第 1 名詞句と第 2 名詞が表す集合のレベルを変える働きをする．すなわち，第 1 名詞句が表す集合のレベルを第 2 名詞句のそれよりも低くする．具体的には，I 部分構造の page は，第 1 名詞句と第 2 名詞句の関係を本とそれを構成するページの関係にする．T 部分構造の copy は，第 1 名詞句と第 2 名詞句の関係をタイトルとしての本と手に取って見ることのできる本の関係にする．類別詞を含まない M 部分構造では，第 1 名詞(句)と第 2 名詞句が表す集合は，どちらも個体の集合である点で等しい．(13a) では第 1 名詞と第 2 名詞句はともに本の集合を表し，異なるのは第 1 名詞が第 2 名詞句の表す集合の部分集合を表す（つまり，メンバーの数が少ない）点だけである．

制限節内で類別詞を省略した部分構造が解釈できなくなるのは，T 部分関係を表さない場合である．本とページの関係（=I 部分関係）と本のタイト

ルと手に取れる本の関係（＝T部分関係）の違いは何か．前者はページという表現がなければ理解できないが，後者は，'本を読んだ'（タイプ解釈を受ける本）とも'本を買った'（個体解釈を受ける本）とも言えることからもわかるように，抽象度の違いだけでどちらも'本'なのである．[5] この点については，M部分関係に類似する．M部分構造は，上で述べたように第1名詞と第2名詞句の表す集合の指示レベルが同一なので，(13a) であれば第1名詞・第2名詞句ともに個体解釈を受ける本を表す．以上を踏まえると，T部分構造の類別詞は，抽象度の問題を解決すれば省略できるという予測が立つ．次節では，制限節が類別詞に代わって指示レベルを調整する機能を担っていると主張する．

5.1.3. 制限節の機能

第4章4.2節で定・不定制限節とM部分構造の整合性について議論した．Fetta (1974) と Quirk et al. (1985) は，それぞれ第4章の (26a) (28b)（(14a, b) として再掲）のような非文法的な例を根拠にして，制限節と部分構造が整合しないという結論を導いた．

(14) a. *The trucks each of which blocked the highway belonged to the independent truckers. （＝第4章 (26a)）
b. *The students who had all (of them) failed the test wanted to try again. （＝第4章 (28b)）

これに対して，河野 (2004, 2012) は第4章の (44a) (45a)（(15a, b) として再掲）に基づき，制限節のうち不定制限節は部分構造と整合すると主張した．

(15) a. A set of words each of which differs from all the others by only one sound is called a minimal set. （＝第4章 (44a)）
b. Nevertheless Huddleston's treatment of the cleft construction in terms of categories not all of which have been established

---

[5] '読む'と'買う'では目的語の指示レベルが異なることに注意すべきである．'読む'は目的語のタイプ解釈を要求し，'買う'は目的語の個体解釈を要求する．このような動詞の語彙特性の違いについては5.1.6節で論じる．

> on independent grounds, would seem to draw support from peculiar syntactic features of the construction. （＝第 4 章 (45a)）

河野は制限節の先行詞の定性に注目したが，本研究はむしろ先行詞がグループ解釈を受けられるかどうかが重要であると主張した．(15a) では先行詞が a set (of) という集合類別詞を伴っており，(15b) では明示的な表現がないものの，先行詞の categories は Huddleston が分析で用いた一連の統語範疇を指している．この点を踏まえて，次の構文的特徴（第 4 章 (42) を (16) として再掲）を導いた．

(16) 部分構造を内包する関係節は，部分（メンバー）に関する内容によって全体（グループ）の指示対象を限定する．（＝第 4 章 (42)）

この記述的一般化は，M 部分構造の場合の特徴を示したものであるが，5.1.1 節で見たように T 部分構造と I 部分構造も制限節と整合するので，(16) は T 部分構造と I 部分構造の場合も組み込んだ一般化にするほうが望ましい．そこで，各部分構造を内包する制限節における先行詞の指示レベルと数量詞の量化レベルの対応関係をまとめると次の表になる．

部分構造の種類	先行詞の指示レベル	数量表現の量化レベル
M 部分構造	グループ	メンバー
I 部分構造	単一個体	単一個体の中身
T 部分構造	タイプ	トークン

表 5.1　制限節の先行詞の指示レベルと数量表現の量化レベル

この表に基づくと，各種類の部分構造を内包する制限節の構文的特徴は次のようにまとめられる．

(17) 部分構造を内包する制限節では，数量表現が先行詞の指示レベルより下位のレベルを量化する．

この構文的特徴は，類別詞を含む部分構造（I 部分構造と T 部分構造）において第 1 名詞句と第 2 名詞句が表す指示レベルがずれるのと並行的である．すなわち，制限節内に生じた数量表現は，類別詞がなくても先行詞の指示レベルよりも低いレベルを量化することになる．したがって，第 1 名詞句と

第 2 名詞句の間に部分関係が保持される．例えば two copies of the book の場合，copies があることで the book はタイプレベル，two がトークンレベルを表すが，制限節に第 1 名詞(句)が含まれ，第 2 名詞句が先行詞である場合は，類別詞がなくてもこの指示レベルの違いが保障されるため，two of the book でもレベルの問題が生じない．よって，two copies of the book は類別詞の省略が許される．なお，(6a) のように関係節の外に部分構造が生じた場合は，類別詞の機能が関係節によって肩代わりされないため，類別詞の省略が許されない．

本節では制限節内で類別詞の省略が許される理由を解明した．部分構造を内包する制限節では，先行詞と部分構造の間で指示レベルと量化レベルに一定の対応関係があり，この特性が類別詞の機能（の一部）を肩代わりしていると主張した．

今や関係節内で類別詞を省略できる理由が明らかになったが，説明すべき事実として，(11c) で見たように，I 部分構造の類別詞は省略できないということがある．そこで，次節は類別詞の省略に課される意味的条件を探る．

5.1.4. 類別詞の省略に関する意味条件

本節は，類別詞の省略に関わる 2 つの意味条件を見る．まず，1 つ目の意味条件は次の例に関連する．

(18)　the journal that Mary bought two of

先行詞を関係代名詞に代入して得られる部分構造は *two of the journal である．この部分構造が適切に解釈されるためには，第 1 名詞に何らかの類別詞を補う必要がある．(18) の基底形（類別詞が省略されるまえの形式）の候補として，次の 2 つを考えてみよう．

(19)　a.　the journal that Mary bought two copies of　　(→(18))
　　　b.　the journal that Mary bought two issues of　　(≠(18))

各例に含まれる部分構造 (two copies/issues of the journal) は，いずれも T 部分構造と見なせる．各句の解釈は，それぞれ '2 部買った雑誌' と '2 つの号を買った雑誌' となる．興味深いことに，(18) は (19a) と同義になりうるが，(19b) とは同義になり得ない．この対立を踏まえると，次のような意

味条件が働いていることがわかる.

(20) 同一性の条件
部分構造を含む制限節で類別詞が省略された場合,第1名詞句は同一と見なされる個体を指示しなければならない.

「同一と見なされる個体」とは内容・質が等しい (homogeneous) 個体を指す. 例えば, two copies of the journal は『英語青年』9月号の2冊のように特定の雑誌で内容が同一の2部を指すが, two issues of the journal は『英語青年』9月号と同10月号の1冊ずつのように特定の雑誌で内容の異なる2部を指す. (18)の部分構造の解釈として適切なのは, two copies of the journal のほうである.

もう1つの意味条件は次の句の解釈に関する事実から導かれる.

(21) the milk that Mary drank two of

先行詞を関係代名詞に代入して得られる部分構造は *two of the milk である. これが適切に解釈されるには, 何らかの類別詞を補う必要がある. (21)の基底形の候補として, 次の2つを考えてみよう.

(22) a. the milk that Mary drank two cartons of (→(21))
b. the milk that Mary drank two liters of (≠(21))

(22a)に含まれる部分構造 two cartons of the milk は T 部分構造で, 句全体の解釈は「2カートン(パック)飲んだ牛乳」となる. (22b)に含まれる部分構造 two liters of the milk は T 部分構造と I 部分構造で曖昧で, 句全体の解釈は「2リットル飲んだ牛乳」である (the milk をタイプ解釈するか個体解釈するかで指示対象が変わる).[6] 興味深いことに, (21) は (22a) と

---

[6] 部分構造 two liters of the milk を I 部分構造と見なすと, 第1名詞句は第2名詞句の指示対象の部分量を指す. すなわち, 第2名詞句は2リットル以上の牛乳である. 一方, 当該部分構造を T 部分構造と見なすと, 第2名詞が牛乳の種類を表し, そのトークンを第1名詞句が表す (I 部分構造の第2名詞句がタイプ解釈を受けた場合と個体解釈を受けた場合の違いについては, 5.1.6節で議論する). なお, 第2名詞句が可算名詞からなる対応表現として, 例えば two kilos of those apples がある. この部分構造は, 第2名詞句がタイ

同義になりうるが，(22b) とは同義になり得ない．以上を踏まえると，次の意味条件が導かれる．

(23) 単一性の条件
部分構造を含む制限節で類別詞が省略された場合，第 1 名詞はまとまりのある個体を指示しなければならない．

「まとまりのある個体」とは，自立した完全体を意味する．T 部分構造の two cartons of the milk は，第 1 名詞句が 2 つの自立した完全体を指す．一方，T 部分構造もしくは I 部分構造の two liters of the milk は，第 1 名詞句が 2 つの自立した完全体ではなく，単に量を表しているにすぎない．

この条件によって，(11c) において類別詞 pages が省略できない事実が説明できる．部分構造（の第 1 名詞句）の two pages は，先行詞の the book が表す単一個体の中身である．つまり，two pages は単独で存在する個体（完全体）ではなく，むしろ完全体の構成物と見なされる．この点で，第 1 名詞句が自立した完全体を表す，T 部分構造の two copies of the book の場合とは決定的に異なる．また，two pages of the book と類似する部分構造として two pieces of the cake がある．この場合も，第 1 名詞句は完全体ではなく，むしろ第 2 名詞句が表す完全体の構成物と見なされる．実際，次に示すように，類別詞 pieces の省略は許されない．

(24) the cake that Mary ate two *(pieces) of

類別詞を省略した the cake that Mary ate two of の解釈は，「メアリーが 2 切れ食べたケーキ」ではなく，「メアリーがホール 2 個を食べたケーキ」（'ホール'とはカットされていないケーキのこと）という解釈になる．つまり，類別詞が省略された部分構造 two of (the cake) の第 1 名詞が 2 つの自立した完全体（ホールのケーキ）を指している．

以上，部分構造を含む制限節が，類別詞が省略さた場合にどのような解釈になるのか検討することによって，同一性の条件と単一性の条件を導いた．次節はこれらの意味条件の由来を探る．

ブ解釈を受ければ T 部分構造と見なされ，個体解釈を受ければ M 部分構造と見なされる（第 2 章 2.4 節を参照）．

5.1.5. 類別詞の省略に関する意味条件の由来

T 部分構造と I 部分構造は，類別詞が省略されると〈基数詞 + of + 名詞句〉の形式になり，M 部分構造と並行的になる．例えば，T 部分構造の two copies of the book や I 部分構造の two pages of the book は，類別詞が省略されるとどちらも *two of the book になって，two of the books (M 部分構造) に類似する．第 2 名詞句が単数形になっているため，通常の環境では容認されないが，この問題はすでに述べたように，部分構造を内包する制限節の構文的特徴によって解決される (第 2 名詞句の指示レベルが第 1 名詞句のそれよりも繰り上げられるため，第 2 名詞句が単数でも意味的矛盾は起こらない)．実は，T 部分構造と I 部分構造が「疑似的な M 部分構造」になることに 2 つの意味条件の由来を見いだすことができる．

まず，単一性の条件は，類別詞 carton と計量類別詞 liter を峻別するのであった．

(25)　two cartons of the milk vs. two liters of the milk

M 部分構造は，第 1 名詞が自立した完全体を指示する．例えば，two of the students や two of the five cartons の第 1 名詞は，それぞれ '2 人の学生' と '2 個のカートン (パック)' となり，2 つの個体を指す．この特徴は two cartons of the milk にも見られ，第 1 名詞句の two cartons は 2 つの自立した完全体を指示する．一方，two liters of the milk では第 1 名詞句の two liters は牛乳の容量を表すが，2 つの完全体は指さない．部分構造の類別詞を省略することで得られる疑似的な M 部分構造が，M 部分構造と並行的に解釈されるのは類別詞が carton の場合であって，liter の場合ではない．

ただし，liter のような計量類別詞が常に排除されるわけでない．例えば，英国などで用いられる pint は liter のように液体の量を表す単位であるが，'1 パイントのビール' を指示することもできる．CADE[7] にはイギリス英語の成句として go for a pint (if you go for a pint, you go to the pub to drink a pint of beer or more) が記載されている．[7] したがって，(26a) は '特定の

---

[7] ここでの a pint は個体解釈の '1 パイントの酒' からメトニミーによって事態解釈の '酒を飲むこと' に意味が拡張されている．日本語における並行的な意味拡張の例として「一献」がある．この語は '酒を飲むこと' と解釈されるが，『明鏡国語辞典』によれば本来の意味は

第 5 章　英語における数量表現と関係節の相関　　163

種類の 1 パイントビールを 2 つ' という解釈をもち，同句が制限節内に生じると (26b) が示すように類別詞の省略が可能になる．

(26)　a.　two pints of the beer
　　　b.　the beer that Mary drank two (pints) of

次に，同一性の条件についてであるが，この条件は類別詞 copy と issue を峻別するのであった．

(27)　two copies of the journal vs. two issues of the journal

第 1 名詞句の two copies と two issues は，ともに 2 つの自立した完全体を指すので，類別詞を省略しても M 部分構造と並行的な特徴を示す．それにもかかわらず，copies は省略できて issues は省略できないという事実はどのように説明すべきであろうか．

　類別詞の copy と issue が the journal と結ぶ意味関係は次の図で表される．

```
                    the journal
                   /           \
号のレベル      issue_1         issue_2         ...
               /    \           /    \
部のレベル   copy_1 copy_2 ... copy_1 copy_2  ...
```

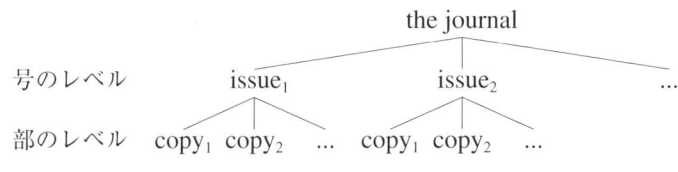

図 5.1　類別詞 issue と copy の概念レベルの上下関係

雑誌には '号' のレベルと '部' のレベルがあり，前者が後者よりも上位に位置づけられる．例えば，『英語青年』9 月号を 2 部' ならば，'9 月号' が号のレベルで，'2 部' が部のレベルになる．これを踏まえて，(27) の 2 つの句を解釈すると第 2 名詞句の指示対象が異なることがわかる．すなわち，two copies of the journal では第 2 名詞句が '『英語青年』9 月号' のように

'さかずき一杯の酒' である．
　pint の関連表現に quart がある．『G^4 英和』は quart の第 1 義として容量（2 パイント）を挙げているが，第 2 義として個体指示用法の '1 クォートのビール' を挙げている．なお，liter/litre については個体指示的用法に関する記述が見られない．

号のレベルが指定された雑誌を指すのに対して，two issues of the journal では第 2 名詞句が '『英語青年』' のような雑誌名のみを指す．したがって，two copies の場合は部数が確定するが，two issues の場合は部数が語用論的に決定されることになる（無標の解釈は，各号について 1 部ずつで a copy of each of the two issues of the journal になるが，1 つの号につき複数の部数が必要な状況では a few copies of each of the two issues of the journal になる）．この issue の意味特性と，動詞 buy の対象となるレベルが部のレベルであることを勘案すれば，疑似的な M 部分構造の two of the journal の第 1 名詞を copy ととらえるのが，最も負荷の少ない解釈ということになる．

以上，類別詞の省略に関わる 2 つの意味条件の由来について考察した．いずれの条件も T 部分構造と I 部分構造が類別詞の省略によって疑似的な M 部分構造になることに由来するものであると主張した．

5.1.6. 部分構造を含む制限節の日英語対照研究

これまで英語関係節が部分構造を内包する場合に注目してきたが，本節は日本語の対応表現にまで考察の範囲を広げる．日本語関係節は第 6 章で分析するが，そこでは日本語に固有の現象を扱うので，本節では日英語で対応関係が認められる現象に注目し，両言語の並行性を示したい．

日英語の関係節を論じるうえで用語の調整が必要になる．英語関係節では関係節によって修飾される名詞(句)が「先行詞」と呼ばれるが，日本語関係節では，関係節によって修飾される名詞句は関係節に '先行' せず，むしろ '後続' する．よって，関連文献における慣例に従い，英語関係節の先行詞に対応する日本語表現を「主名詞」と呼ぶことにする．[8]

英語と日本語では類別詞の使用に明確な違いがある．英語では被修飾名詞が可算名詞ならば two books のように基数詞が直接，名詞を修飾する．したがって two copies of the book のように類別詞を伴う表現は限定的である．一方，日本語では被修飾名詞の性質を問わず，'2 冊の本' のように基数詞が類別詞を伴うのが一般的で，類別詞の種類も英語より豊かである．[9] 英

---

[8] 主名詞以外の用語としては，「底の名詞」(寺村 (1975)) がある．
[9] 日本語の類別詞の分類については，松本 (1991)，Matsumoto (1993)，水口 (2004)

語では句形式の部分構造が部分関係を表すが，日本語では句形式の部分構造に加えて節形式の数量詞遊離文でも部分関係が表される（第 3 章 3.3 節を参照）．以下に，英語部分構造に対応する日本語表現を挙げる．

(28) M 部分関係
　　a. two of the books
　　b. それらの本のうちの 2 冊 ［部分構造］
　　b′.*花子はそれらの本を 2 冊買った．［数量詞遊離文］
(29) I 部分関係
　　a. two pages of the book
　　b. その本の 2 ページ ［部分構造］
　　b′. 花子はその本を 2 ページ読んだ．［数量詞遊離文］
(30) T 部分関係
　　a. two copies of the book
　　b.*その本の 2 冊［部分構造］
　　b′. 花子はその本を 2 冊買った．［数量詞遊離文］

(28) から (30) の (a) と (b) の対が示すように，M 部分関係と I 部分関係については，日本語は英語と並行的に部分構造（'A ノ（ウチノ）B' 形式）で表せる．一方，T 部分関係については，日本語は英語と異なり，部分構造で表せない．(30b′) に示すように，数量詞遊離文が T 部分関係を表す．また，(28b′) に示すように，数量詞遊離文は M 部分関係を表さない．[10] 要するに，日本語では I 部分関係については部分構造と数量詞遊離文のどちらでも表されるが，M 部分関係と T 部分関係については部分構造と数量詞遊離文のどちらか一方でしか表せない．

などを参照のこと．

[10] (28b′) の遊離数量詞 '2 冊' に 'ずつ' を付加すると容認性が回復する．

　(i) 花子はそれらの本を 2 冊ずつ買った．

先行詞 'それらの本' がタイプ解釈を受けていることに注意しなければならない．すなわち，'それらの本' は個体の複数性ではなく，タイプ（＝タイトル）の複数性を表していて，遊離数量詞が各タイプのトークンの数を表すということである．したがって，(i) で表される部分関係は M 部分関係ではなく，T 部分関係ということになる．第 3 章 3.4.2 節の (56) に関する議論も参照のこと．

以下では，日英語の，部分関係を表す表現の対応関係を踏まえて，数量表現を含む関係節を対照する．まず，T 部分関係を表す (11b)（類別詞の省略に関する表示を省き，(31) として再掲）とそれに対応する日本語表現を見る．

(31) the book that Mary bought two copies of (= (11b))
(32) 花子が 2 冊買った本

(31) では先行詞 the book はタイプ解釈を受け，two copies がそのトークンを表す．対応する日本語表現の (32) は，'花子がその本を 2 冊買った（こと）' という数量詞遊離文の 'その本' を関係節化することで得られる．主名詞の '本' がタイプ解釈を受け，'2 冊' がそのトークンを表していると分析できる．

(32) のような表現については，Kaga (1991) が詳細に論じている．Kaga はこのような関係節の主名詞がタイプ解釈を受けることを場面レベル述語との整合性によって裏づけている（[　] は関係節を表す）．[11]

(33) a. *[花子が 2 本飲んだ] ビールはぬるかった．
     b. [花子が飲んだ] 2 本のビールはぬるかった．

Kaga によれば，'ぬるい' は場面レベル述語で恒常的な性質を叙述しないためタイプ名詞（句）と整合しない．よって，(33a) が非文法的であることから主名詞の 'ビール' がタイプ解釈を受けていることが裏づけられる．[12] これに

---

[11] Kaga (1991) は，主名詞を限定する数量表現が関係節に含まれるとき，ヒト対モノの対照性が見られることを指摘している（'2 本飲んだビール' vs. '*2 人殴った男'）．この特性については，第 6 章 6.3.5 節で考察する．

[12] 次の例は関係節が数量詞を含み，(33a) と並行的に主名詞がタイプ解釈を受ける．

　(i) [花子が 2 本買った] ビールを太郎が 1 本飲んだ．

一方，遊離数量詞 '1 本' は 'ビール' と T 部分関係を結ぶと考えられる．ただし，関係節で購入したトークンの数が 2 つであることが明示されているので M 部分関係が推論される（もちろん，太郎が飲んだビールが，花子が買った 2 本のビールのうちの 1 本でなくてもかまわない）．つまり，次の M 部分構造を含む文とほぼ同じ意味を表すことができる．

　(ii) [花子が買った] 2 本のビールのうちの 1 本を太郎が飲んだ．

(i) と (ii) は 'ビール' がタイプ解釈を受けるかどうかで異なる．(i) では 'ビール' がタイ

対して，(33b) が文法的であることから主名詞'2本のビール'が個体解釈を受けていることがわかる．

次に，M 部分関係を表す（11a）（(34) として再掲）と対応する日本語表現を見る．

(34) the books that Mary bought two of　(＝(11a))
(35) 花子が（そのうちの）2冊を買った（一連の）本

(34) は第4章4.2節で述べたように，先行詞の the books がグループ解釈を受け，そのメンバーを制限節内の two が指す．(35) は'花子がそれらの本うちの2冊を買った（こと）'の'それらの本'を関係節化することによって得られる（'2冊を'の格助詞は，'2冊'が遊離数量詞ではなく，部分構造の第2名詞であることを示している．cf.'花子が2冊買った本'）．日本語の対応表現でも主名詞は'一連の本'のように集合類別詞を含めたほうがすわりがよい．また，関係節内の'2冊'は本の集合のメンバーを指すが，'そのうちの'という部分解釈を合図する表現を添えたほうがよい．第4章で述べたように，グループ（全体）とメンバー（部分）は，グループが決まればメンバーを問題にできるという関係にある．(34) (35) は，部分の記述によって全体の指示対象を限定している．先行する文脈でグループを導入することで (34) (35) は解釈可能になる．

最後に，I 部分関係を表す（11c）（類別詞の省略に関する表示を省き，(36) として再掲）の日本語の対応表現を見る．

(36) the book that Mary read two pages of　(＝(11c))
(37) 花子が2ページ（を）読んだ本

(36) は，先行詞 the book が単一の個体を表し，制限節内の two pages がその中身の一部分を指す．対応する日本語表現の (37) は，関係節内の'2ページ（を）'の格助詞が任意であることから，関係節化を適用した文として ①'花子が[その本の2ページ]を読んだ'という部分構造を含む文と ②

プ解釈を受けるので2本のビールは同一タイプであることが論理的に含意されるが，(ii) はビールのタイプについては問題にならない（2本は同じタイプでも異なるタイプでもよい）．

'花子がその本を [2ページ読んだ]' という数量詞遊離文（[　]は動詞句）の2つが考えられる．この曖昧性は，(29)で見たように，日本語ではⅠ部分関係が句と節の2つの形式で表されることによる．(37)で数量表現が格助詞'ヲ'を伴う場合は①に関係節化が適用された場合で，数量表現が格助詞'ヲ'を伴わない場合は②に関係節化が適用された場合である．'本'が単一の個体を，'2ページ'がその中身の一部分を指す．

興味深いことに，(36)(37)はT部分関係を表す句と文法対立を示す．

(38) *the book that Mary read two copies of
(39) *花子が2冊読んだ本

第2章2.4節では次の文法対立に基づいて，T部分構造の two copies of the book の解釈と動詞 read の語彙特性が衝突すると主張した．

(40) a. I bought two copies of the book.　　　（＝第2章(33a)）
　　 b. *I read two copies of the book.　　　（＝第2章(33b)）

T部分構造の第1名詞句は同一タイプの2つのトークンを指す．動詞 read はタイプを対象とする行為（厳密には，読解行為のために見る対象はトークンであるが，読解内容はタイプと見なされる）を表すため，タイプが同じ2つのトークンと整合しないが，動詞 buy はトークンを対象とする行為を表すため，タイプが同じ2つのトークンと整合する．

(36)はⅠ部分構造が動詞 read の語彙特性と整合することを示している．動詞 read はタイプを対象とする行為を表すので，read two pages では目的語の two pages はタイプ解釈を受けるはずである．ただし，two pages は two copies のように同一タイプの2つのトークンではなく，タイプの異なる2つのトークンを指す．したがって，動詞句 read two pages は適切に2つのタイプを表せると考えられる．なお，two pages と the book の意味関係は，T部分関係ではなく，Ⅰ部分関係であることに注意しなければならない．

英語の read/buy の対照性は，日本語の'読む・買う'でも並行的に観察される．

(41) a.　花子はその本を2冊買った．　(cf. (32))

b. *花子はその本を 2 冊読んだ． （cf. (39)）

(41a) は (32) の文法性と，(41b) は (39) の非文法性とそれぞれ対応する．
　次の対は，日英語の '買う・読む' (buy/read) が示す対照性が一定の広がりをもつことを示している．

(42) 　the video that Mary {rented / ?*watched} two of
(43) 　花子が 2 本 {借りた／?*見た} 映画

　日英語の T 部分関係と動詞の相関は，目的語としてタイプを要求する動詞とトークンを要求する動詞があること示唆する．それぞれの動詞クラスの例を示したのが次の表である．

動詞クラス	目的語の指示レベル	例
Buy タイプ	トークン	買う (buy)，借りる (rent)，貸す (lend) など
Read タイプ	タイプ	読む (read)，見る (watch) など

表 5.2　目的語の指示レベルに基づく動詞の分類

　各動詞クラスの特徴をまとめると，目的語のタイプ解釈を要求する Read タイプでは，動詞が表す行為によって行為の対象の内容が理解され，行為終了後もそれが保持されるのに対して，目的語の個体解釈を要求する Buy タイプでは，動詞が表す行為によって行為の対象物の位置や所有権などが変わる．
　以上，(36)(37) と (38)(39) の対照性を手がかりにして，日英語において関係節の内容が T 部分関係を表すか，I 部分関係を表すかで関係節内の数量表現と動詞の整合性が変わることを示した．これと関連して，T 部分関係を表す関係節と I 部分関係を表す関係節において，先行詞の解釈の幅が異なることも指摘しておきたい．
　次の対は，関係節が I 部分関係（単一の個体とその中身の関係）を表す．主名詞（'本'）の解釈は，(44a) では個体解釈になり，(44b) ではタイプ解釈になる．

(44) a. ［花子が 2 ページ（を）読んだ］本は太郎から借りたものだった．
　　 b. ［花子が 2 ページ（を）読んだ］本を太郎は電子版で読んだ．

このように，I 部分関係を表す関係節では，主名詞はタイプ解釈と個体解釈のいずれも可能である．ただし，これらの解釈は並列的な関係ではなく，個体解釈が基本で，それが抽象化してタイプ解釈が生じると考えなければならない．このことを確かめるために動詞'飲む'の場合を考えてみよう（'読む'はすでに述べたように，行為の対象がトークンからタイプへと抽象化されるため）．

(45) a. 花子が半分飲んだビール
b. 花子が2本飲んだビール

(45a) では，主名詞の'ビール'は個体解釈を受け，比率的数量詞の'半分'は主名詞の指示対象（ビアジョッキに入ったビール）の割合（I 部分関係）を表す．[13] (45b) は (33a) で見たように，場面レベル述語と整合しないことから主名詞はタイプ解釈を受けている．(45a) は次に示すように，場面レベル述語と整合する．

(46) ［花子が半分飲んだ］ビールはぬるかった．

この事実は，主名詞の'ビール'が個体解釈を受けていることを示している．一方，(45a) は次のように，タイプ解釈の文脈で用いることも可能である．

(47) ［花子が半分飲んだ］ビールが最近，販売終了になった．

この文では，主名詞の'ビール'は関係節内の比率的数量詞'半分'との関係では個体解釈になる（タイプ名詞(句)に対する割合を問題にすることはできないため）．一方，'販売終了になった'は個体レベル述語なのでその対象はタイプ解釈を受ける．したがって，花子のビールはタイプ解釈され，銘柄としてとらえられる．このようなトークンからタイプへの抽象化は，第3章 (65a, b)（(48a, b) として再掲）で指摘したのと本質的に同じであると考えられる．

(48) a. 前を走っていた乗用車がパンクした． （＝第3章(65a)）

---

[13] 1ダースのビールの半分（6本）を飲んだという，M 部分関係の解釈も不可能ではないが，主名詞の'ビール'が12本のビールの集合を指すことを先行文脈で導入するなど，文脈の支えを必要とするので無標の解釈とは言えない．

b.　前を走っていた乗用車が生産中止になった．（＝第3章 (65b)）

(48a) の制限節は過去進行相であるため，主名詞‘乗用車’は無標では個体解釈を受け，‘パンクした’という場面レベル述語と整合する．一方で，特定の個体を抽象化してタイプ（＝車種）と見なせば，(48b) のように‘生産中止になった’という個体レベル述語と整合する．

5.1.7.　まとめ

　5.1節は部分構造を内包する英語関係節とそれに対応する日本語表現に焦点を当てた．日本語では，M・I・Tの部分関係は一部，英語と異なる形式で表される．すなわち，M部分関係は部分構造（‘Aノ（ウチノ）B’形式）で表され，I部分関係は部分構造もしくは数量詞遊離文で表され，T部分構造は数量詞遊離文で表される．形式的なずれはあるが，日本語関係節も3種類の部分関係を表しうることが確かめられた．これは，関係節内の数量表現が先行詞の指示レベルよりも下位レベルを量化することを意味する．また，M部分関係を表す日本語関係節が，英語の場合と同様に文脈の支えを必要とすることと，T部分関係を表す関係節において，英語でも観察される，‘読む・買う’のような動詞タイプの対立が見られることを指摘した．また，I部分関係を表す日本語関係節を検討し，先行詞の解釈が個体解釈を基本とし，それが抽象化されることでタイプ解釈が得られると主張した．

5.2.　非制限節と部分構造[14]

　本節は関係節の先行詞が数量表現を含む場合に注目する．特に，非制限節の先行詞が数量詞を含む場合に課される意味・語用論的制約について考察する．

　Smith (1964) をはじめとする複数の研究は，(2a, b)（(49a, b) として再掲）のような例に基づき，数量詞 all, any, every などを含む先行詞が制限節とは整合するが，非制限節とは整合しないと主張している (Jackendoff

---

[14] 本節は田中 (2000c, 2009, 2010b) の内容を統合し，大幅な加筆修正を行ったものである．

(1977), Quirk et al. (1985) なども参照).

(49) a. All the students who had failed the test wanted to try again.

$(= (2a))$

b. *All the students, who had failed the test, wanted to try again.[15]

$(= (2b))$

しかし，Rydén (1970) や Quirk et al. (1985) は，(3)((50a) として再掲) や (50b) のような例に基づき，数量詞 all を含む先行詞が非制限節と整合する場合があると主張している．

(50) a. All the students, who had returned from their vacation, wanted to take the exam. $(= (3))$

b. All the teachers, who had come to the meeting for different reasons, voted for A. as chairman of the committee.

(Rydén (1970: 48))

(49b) の非文法性について，田中 (2000c) は主節の理由を表す非制限節と先行詞に含まれる数量詞 all との機能的な重複に起因すると主張するが，三木 (2001) は非制限節が主節の理由を表す機能をもたないことに起因すると主張する．つまり，両分析は非制限節の理由解釈の有無について対立する．そこで本節は，非制限節が主節に対する理由を表せるかどうかを実証的に検証し，さらに (49b) と (50) の文法対立の原因の解明を目指す．

本節の構成は以下のとおりである．5.2.1 節は，三木 (2001) による，先行詞が数量詞を含む非制限節の分析を批判的に検討する．5.2.2 節は，関係節と主節が結ぶ論理関係を扱った先行研究を整理する．それを踏まえて，5.2.3 節は制限節と非制限節を比較する．5.2.4 節は非制限節の先行詞が数量詞 all を含む場合に課される意味・語用論的制約について考察する．5.2.5 節では結論を述べる．

---

[15] 筆者のインフォーマントによれば，(49b) の All the students は試験を受けた全学生を指し，落第した学生だけを指すことはできないという．次のように数量詞が関係節内に生じた場合には，落第した学生を指すことができる．

(i) The students, all of whom had failed the test, wanted to try again.

5.2.1. 三木 (2001) の「アド・ホックではない説明」
5.2.1.1. 分析の骨子

　三木 (2001) は (49b) について，「普遍量化詞 all の機能（どの1人もあますところなく）によって非制限節の内容 (had failed the test) と主節の内容 (wanted to try again) が一義必然的な関係（因果関係）にまで強められる」と仮定し，非制限節がそれを表せないために容認されない，と主張する．以下の抜粋は，因果関係と関係節の関わりに対する三木の見解である（カタカナ付きの下線は田中）．

> <u>ア「因果関係」とは関係節の表す特性にもとづいて一義的に規定される集合（＝先行詞の指示対象）のすべてのメンバーが「例外なく」，すなわち，必然的に，主節のあらわす特性を有する場合に成立しうる関係（の1つ）</u>にほかならない．そして，このような関係を言いあらわすことのできるのは，〔中略〕先行詞が非制限節ではなく制限節をともなった表現形式である．
>
> 　これに対して，<u>ィ非制限節をともなった文は関係節と主節とが一義必然的な関係（「因果関係」）にあることをあらわす言い方ではなく</u>，情報伝達という観点からは，非制限節の内容はあくまでも付加的・偶有的である．この表現形式が関係節と主節との「因果関係」をあらわさないということは，ことばを換えれば，<u>ゥ非制限節をともなう文では，先行詞が指示する対象は関係節の内容にもとづいて一義的に規定される集合ではない</u>ということである．
>
> （三木 (2001: 162-163)）

　下線部ア・ウから，三木は「一義的関係」を表すかどうかで制限節・非制限節を区別する．一義的関係とは制限節の限定機能（先行詞が指す個体の集合を部分集合に限定する機能）を指すと思われる（第4章 4.1節を参照）．非制限節は先行詞を限定しないため，先行詞と一義的関係を結ばないことになる．

　下線部ア・イから，三木は関係節と主節が因果関係を結びうるのは両者が「一義（必然）的関係」にある場合であると主張する．一義的関係を表せるのは制限節だけなので，非制限節は因果関係を表せないということになる．

5.2.1.2. 三木分析の問題点

　三木 (2001) は，自身の分析を「アド・ホックではない説明」としているが，(49b) と (50a)（それぞれ (51a, b) として再掲）の文法対立に対して説明を与えているとは言いがたい．

(51) a. *All the students, who had failed the test, wanted to try again.
　　　　　　　　　　　　　　　　　　　　　　　　　　　　　(= (49b))

　　　b. All the students, who had returned from their vacation, wanted to take the exam.　　　　　　　　　　　　　　　(= (50a))

(51a) を排除する根拠として，三木は①数量詞 all によって非制限節と主節の論理関係が因果関係に強められること，②非制限節に主節の理由を表す機能がないこと，の2点を挙げる．しかし，三木は (51a) と並行的な統語構造をもつと考えられる (51b) が容認される理由を明確に述べていない．①の効果が (51b) で起こらない理由を述べない限り，(51a, b) の文法対立を説明したことにならない．

　以下では，非制限節の理由解釈を認めない三木分析に対して2つの経験的な問題を指摘する．第1の問題は，非制限節しか添えられない先行詞の扱いである．指示の決まった名詞句が関係節の先行詞になる場合，その関係節は非制限節になるが，三木分析はその関係節は理由解釈ではないと予測する．しかし，この予測は事実に反する．例えば，Quirk et al. (1985) は，(52) に含まれる非制限節が原因 (cause) を表し，because he had been very helpful または for being very helpful で書き換えられると述べている．

(52) 　Ann thanked her teacher, who had been very helpful.
　　　　　　　　　　　　　　　　　　　　　(Quirk et al. (1985: 1241))

　三木分析では，(52) の her teacher は関係節によって一義的に規定される個体ではないため，後続する非制限節が理由解釈を受けられないと誤った予測をする．

　次のように，固有名詞を先行詞とする非制限節が理由解釈を受ける場合もある．

(53) Rover, who was barking, frightened the children.[16]

(Quirk et al. (1985: 1245))

この文は関係節を主節の原因として解釈することが可能である．すなわち，(53) は Because he was barking, Rover frightened the children. とほぼ同義になるということである．三木分析に基づくと，(53) の先行詞（Rover）は関係節によって一義的に決定されるものではないから，非制限節が主節と因果関係を結ばないことになる．しかし，実際には (53) の非制限節は理由解釈をもつことから，例外ということになってしまう．

　第 2 の問題は，一義的関係を表さない制限節の存在である．第 4 章 4.1 節で見たように，制限節には (54a) に例示される定制限節と，(54b) に例示される不定制限節がある．

(54) a.　The students who had failed the test wanted to try again.
　　 b.　A student who had failed the test wanted to try again.

定制限節は，先行詞に含まれる定冠詞に由来する唯一性を示すのに対して，不定制限節は，先行詞に含まれる不定冠詞に由来する排他性を示すのであった（第 4 章 4.1 節を参照）．したがって，(54a) では関係節の特性を有する個体の集合は先行詞の指示対象のみとなるが，(54b) では関係節の特性を有する個体が先行詞の指示対象以外にも存在することが論理的に含意される．[17] つまり，(54b) は基本的に次の文と等しい状況を指す．

(55)　One of the students who had failed the test wanted to try again.

三木分析では，関係節の表す特性を有する個体のすべてが主節の特性を有する場合に限り因果関係と見なすため，(54b) や (55) の場合のように制限節の先行詞の一部分だけが主節の特性を有する場合は因果関係と見なされな

---

[16] この例は，ペット（pet animal）がヒト名詞のようにとらえられ，関係代名詞 who が選択されることを示すために提示されたものである．
[17] 安井 (2000) は不定制限節の排他性が先行詞の名詞句のみに適用されると主張するが，筆者のインフォーマント調査では，複数のインフォーマントが (54b) において，制限節を含めた名詞句全体（すなわち'試験に落第した学生'）の排他的解釈を認めた（詳しくは第 4 章 4.1.3 節，4.1.4 節を参照のこと）．

い.[18] しかし，(54a) における主節 – 制限節間の因果関係と (51b) や (55) における主節 – 制限節間の論理関係が異なると言ってよいだろうか．(54b) の A student の指示対象と (55) の One の指示対象は制限節の特性を有し，かつ主節の特性を有する．いずれの個体も，試験に落第したことが原因となって，再度挑戦したいという思いに至ったはずである（それ以外の個体については，試験に落ちたことが主節の表す事態の原因とはならなかったにすぎない）．よって，(54b) (55) についても因果関係を認めなければならない．因果関係において肝心なのは，原因が適用される個体が，結果としての主節の特性を有することであると思われる．

また，(51a) から数量詞 all を削除して得られる文は，次に示すように容認される．[19]

(56) The students, who had failed the test, wanted to try again.

三木分析は，この文の非制限節 – 主節間の論理関係を因果関係と見なさない．この文の非制限節に部分構造 A of B を組み込むと，容認性が低下する．

(57) *The students, one of whom had failed the test, wanted to try again.

部分構造により，非制限節の特性を有する個体は先行詞の一部分に限定される．結果として，主節の特性については先行詞 The students の指示対象のすべてが有するが，非制限節の特性については先行詞の表す指示対象の一部だけが有するというずれが生じる．これが因果関係に不可欠な緊密性を崩すと考えれば，(57) の非文法性は自然に説明できる．実際，接続詞を付加して理由解釈を得ることも不可能である（#Because one of the students had failed the test, they wanted to try again).[20]

---

[18] 元になった論文の査読員から「一義性」は因果関係という論理関係に関する概念であって，定・不定冠詞で問題になる個体数の問題とは区別されるべきではないかと指摘を受けた．しかし，三木 (2001) では一義性が関係節と主節の特性を有する個体数に基づいて規定されるため，定・不定で問題になる個体数を切り離すことはできないと思われる．

[19] 先行文脈であらかじめ先行詞の指示対象が導入されている必要がある．

[20] テストは通常，その合否が受験者本人にとって意味をもつものであって，グループにとって意味をもつことはない．しかし，例えばグループのメンバー全員が合格するまでそ

また，(55) のように部分構造が結果を表す節（＝結果節）の主語の場合に許容され，(57) のように部分構造が原因を表す節（＝原因節）の主語の場合に許容されないことを踏まえると，原因節と結果節の非対称性が浮かび上がる．すなわち，(55) のように原因節の特性をもつ個体の集合の部分集合が，結果節の表す特性をもつことは因果関係の解釈に影響しないが，(57) のように原因節の特性をもたない個体が結果節の特性をもつことは因果関係の解釈を阻止する．以上から，主節と関係節が因果関係を結ぶための必要条件は，少なくとも主節の表す特性（結果）をもつ個体のすべてが関係節の表す特性（原因）をもつことであると考えられる．

これまで見た2つの経験的な問題は，三木 (2001) の一義性に基づく因果関係のとらえ方に起因する．三木分析は定制限節だけが因果関係を表せることを予測するが，実際には不定制限節や非制限節の理由解釈も可能である．よって，三木分析は経験的に支持されない．また，5.2.1 節の冒頭で見たように，三木は数量詞 all が「一義的関係を強める」と主張するが，その機能がいつ，どのように働くかなど詳細について述べていないことから理論的にも不十分である．したがって，三木分析は「アド・ホックではない説明」に必要な，経験的・理論的基盤を欠いていると言わなければならない．

次節では関係節 − 主節間に成立する論理関係に関する先行研究を整理し，制限節と非制限節の特徴を比較する．

5.2.2. 関係節と主節の論理関係に関する先行研究

関係節は because, though などの接続詞を含まないが，主節と一定の論理関係を結ぶことがある．関係節は語彙的に理由や譲歩などの意味を表さないので，推論によって主節に対する論理関係が決定されると考えられる．[21] そ

のグループに対して再試を行うような状況を想定すると，メンバーの1人が試験に落ちたためにグループ全員が再試を受けなければならない事態が発生しうる．筆者のインフォーマントによれば，そのような状況では，主節は they wanted to try again ('再度試験を受けたかった') ではなく，they had to try again ('再度試験を受けなければならなかった') にしなければ不自然であるという回答を得た．

[21] Kehler (2002) は，因果関係を「一貫性の関係」(coherence relation) の1つに位置づけ，次の4つに分類している（かっこ内は接続詞の例）．

 (i) a. Result (*and therefore*)

して，このことは非制限節に限らず，制限節についても同様である．以下では，非制限節と制限節がそれぞれ主節に対してどのような論理関係を表しうるのか，先行研究の知見を整理する．

5.2.2.1. 非制限節

Quirk et al. (1985) と Declerck (1991) は，非制限節が主節に対して理由または譲歩を表す場合があると指摘している．次の文は Declerck の例で，非制限節は理由解釈を受ける (Quirk et al. が指摘した (52) も類例と見なされる)．

(58) Betty's children, who are still very young, did not understand most of the jokes. (Declerck (1991: 534))

Declerck はこのような例に基づき，非制限節がしかるべき文脈のもとで (通例，理由の) 副詞節として解釈されるとしている．

In suitable contexts, nonrestrictive relative clauses may be interpreted as having an adverbial connotation (usually that of reason).
(ibid.: 533))

次の例は Quirk et al. (1985) からの引用で，非制限節が譲歩解釈を受ける場合である．

(59) My brother, who has lived in America since boyhood, can still speak fluent Italian. (Quirk et al. (1985: 1240))

---

b. Explanation (*because*)
c. Violated Expectation (*but*)
d. Denial of Preventer (*even though/ despite*)

Kehler は，2つの節の命題内容に前提が想定できる場合に，上記の論理関係が成立すると主張する．
　例えば，次の例では前節と後節の命題間に result の論理関係が成立する．

(ii) George is a politician, and therefore he's dishonest. (Kehler (2002: 32)))

この論理関係は Being a politician implies being dishonest という前提が与えられて初めて導かれる．

Quirk et al. によれば，(59) は次のように等位節や従属節を用いて書き換えられるという．

(60) a. My brother can still speak fluent Italian, and he has lived in America since boyhood. (Quirk et al. (1985: 1259))
    b. My brother can still speak Italian although he has lived in America since boyhood. (ibid.: 1259)

(59) と (60) の各文の対応関係に基づき，Quirk et al. は次に示すように，非制限節が等位節もしくは副詞的従属節として解釈されると主張する．

> Nonrestrictive relationship is often semantically very similar to coordination, with or without conjunction, or adverbial subordination.
> (ibid.: 1258)

5.2.2.2. 制限節

制限節と主節の論理関係に関する研究は，通常の制限節を扱ったものと外置された制限節（以下，「外置制限節」と呼ぶ）を扱ったものに2分される．まず，制限節（以下，特に指定がなければ非外置型を指す）については，Quirk et al. (1985) や Declerck (1991) が if/when 節で書き換えられる場合があると述べている．

(61) a. Children that have no parents are orphans.
    b. Children are orphans if/when they have no parents.
(Declerck (1991: 534))

(61a) に含まれる不定制限節は両親のいない子供の集合を表す．これと対比されるのは，両親のいる子供の集合 (children that have parents) である．すなわち，先行詞 children が表す集合が制限節の限定機能によって部分集合に絞られており，これが条件節の機能と並行的にとらえられていると考えられる．[22]

---

[22] Declerck (1988, 1991) は制限節に対応する if/when 節のことを「制限的 if/when 節」 (restrictive *if/when* clause) と呼び，「時の when 節」(temporal *when* clause) から区別している．ただし，Declerck (1988) は Ziv (1973) の観察を踏まえて制限節と if 節・when

外置制限節の先行研究として Ziv (1973) を取り上げる．Ziv は，外置制限節と主節が理由・条件・譲歩などの論理関係を結びうると主張する．[23] 各論理関係はそれぞれ以下の文によって例示される（関係節の主節に対する論理関係は例文の後ろに［ ］で表示）．

(62) a. People cannot survive in our modern world, who do not earn enough money.[24] ［理由］　　　　(Ziv (1973: (2.2.b)))
 b. A person should avoid the company of chain smokers, who is seriously trying to quit smoking. ［条件］　　(ibid.: (2.10.b))
 c. People (still) think Warwick Castle is worth a visit, who dislike the idea of visiting ancient monuments. ［譲歩］
　　　　　　　　　　　　　　　　　　　　　　(ibid.: (2.17.b))

これらの例では，外置制限節がいずれも不定制限節になっているが，定制限節は外置が許容されないとされているためである (cf. Ziv and Cole (1974), Rochemont and Culicover (1990))．

(63) a. The guy that I met at Treno's yesterday just came in.
 b.??The guy just came in that I met at Treno's yesterday.
 cf. A guy just came in that I met at Treno's yesterday.

(63b) は定制限節が外置されているが，許容性が低い．これは，不定制限節の外置が問題なく許容されるのと対照的である．[25]

節が機能的に異なることを指摘している．詳しくは本文で見る．
 [23] Ziv はそのほかの論理関係として (i) の「演繹」と (ii) の「定義」を挙げている．
　(i)　People must be very intelligent, who can read Chaucer with no difficulty.
　　　　　　　　　　　　　　　　　　　　　(Ziv (1973: (2.8.b)))
　(ii) {?A/That} child is an orphan, who does not have parents. (ibid.: (2.19.b))
(ii) は Declerck (1991) の条件の例 (61a) と同義である．演繹の例 (i) は認識用法の理由と解釈すれば，理由の下位クラスに分類できると思われる．
 [24] Ziv はこの文の表す論理関係を「因果関係」(cause and effect / causality) と呼ぶが，ほかの先行研究の用語法にならって「理由」と読み替えている．
 [25] 言語データを詳しく見ると，定制限節の外置は阻止されるという主張が強すぎることがわかる．田子内・足立 (2005) は，外置に対する「定制限」(definiteness restriction) が

5.2.3. 関係節が主節と結ぶ論理関係と主節主語の指示特性

前節で概観した先行研究をまとめると，非制限節，制限節，外置制限節が主節と結ぶ論理関係は次のようになる．

関係節の種類		先行詞の定性	主節との論理関係
非制限節		定	理由・譲歩
制限節	非外置型	定	記述なし
		不定	条件
	外置型	不定	条件・理由・譲歩

表5.3　関係節の種類と主節に対する論理関係

先行研究で記述がなかったのは，定制限節と主節の論理関係である．この点についてインフォーマント調査をした結果，定制限節と主節は非制限節と並行的に，理由と譲歩の論理関係を結ぶことが確認された．(64)の制限節は理由解釈を受け，(65)の制限節は譲歩解釈を受ける．

(64)　Ann thanked the teacher who had been very helpful.

(65)　The brother who has lived in America since boyhood can still

---

名詞の定性という単一の要因に帰結されるべきではなく，前方照応性や対比性などの多様な要因が複雑に絡むものであると主張している．まず，前方照応性の要因は，Guéron (1980) が示した次の対によって裏づけられる．

(i) a. Those people whom you want may come.
　　b. Those people may come whom you want.

Guéronによれば，(ia)の定の先行詞が指示的解釈と非指示的解釈の2通りの解釈を許すのに対して，(ib)は非指示的解釈しかもたないという．田子内・足立は，定名詞句の前方照応性と外置文の「提示的焦点の談話内指示物導入」の機能の衝突が(63b)の容認性を低下させる要因であると見なせば，(ib)が許容される事実と矛盾しないと考える．彼らは，(ib)の定名詞句がDonnellan (1966) の言う，属性的な解釈と見なされると主張する．

また，対比的焦点が表される場合には次のように定制限節の外置が許容されるという観察がHuck and Na (1990) でなされている．

(ii)　The guy just came in that I met at TRENO's yesterday.　(cf. (63b))

この文ではTRENO'sで会った男と別なところで会った男が対比されている．田子内・足立 (2005) は，対比的焦点は提示的焦点と区別されるため，定名詞からの外置の容認性が変わると主張する．

speak fluent Italian.

不定制限節（非外置型）については，主節に対して条件を表すことができる（5.2.2.2 節を参照）．また，非制限節については，主節に対して理由または譲歩を表すことができる．表 5.3 は，不定制限節（非外置型・外置型）だけが条件解釈をもちうることを示している．これは関係節の条件解釈と先行詞の不定性が整合するためであると考えられる．Declerck and Reed (2001: 312)（以下 D&R と略す）は，If P, Q 条件文の分析で P 節が Q 節内の名詞の代用形（pro-from）を含む場合，当該名詞は「非有界的」(unbounded)でなければならないと主張している．

(66) a. Cats are beautiful if they have white fur.　　　(D&R: (615b))
   b. *Twelve cats are beautiful if they have white fur. (D&R: (616))

(66a) の if 節には主節主語 Cats と照応関係にある代用形 they が含まれるが，主節主語が非有界的な指示対象であるため容認される．一方，(66b) では対応する主節主語が Twelve cats で「有界的」(bounded) な指示対象であるため容認されない．[26] この制約が関係節の条件解釈にも課されると仮定すれば，先行詞が非有界的である不定制限節で条件解釈を受けられ，先行詞が有界的である非制限節で条件解釈を受けられないことが自然に導かれる．

実際，筆者のインフォーマント調査では不定制限節（非外置型）が定制限節と対照的に理由解釈を受けないことが確認された．次の例を考えてみよう．

(67) A student who is seriously in need of economical assistance will apply for the scholarship.[27]

筆者のインフォーマントによれば，この文の制限節は条件解釈であって，理

---

[26]「有界性」(boundedness) は一般に個体（可算）と連続体（不可算）の区別に用いられる (cf. Langacker (1987)) が，ここでは集合の元を問題にしている．すなわち，元の数が明示された集合（twelve cats など）を有界的と見なし，元の数が指定されていない集合（cats など）を非有界的と見なしている．なお，有界性は動詞の表す事態が終点をもつかどうかの区別にも用いられる (cf. Tenny (1987))．

[27] この例文は元になった論文の査読者から提示されたものである．

由解釈ではないという（また，主節の助動詞を can に変えたほうが自然であるとした）．要するに，(67) は意味的に (68a) に対応するのであって，(68b) に対応しない．[28]

(68) a. If a student is seriously in need of economical assistance, he or she will apply for the scholarship.
　　 b. Because a student is seriously in need of economical assistance, he or she will apply for the scholarship.

次に，定制限節と非制限節がともに主節の理由を表せることについて考える．まず，制限節には限定機能がある（第4章4.1節を参照）．この機能によって関係節と主節に if 条件文のような緊密な関係が生じ，先行詞の有界性によって理由解釈に結びつくものと考えられる．[29] ここで生じる疑問は，(62a)（(69) として再掲）では不定制限節（外置型）が（先行詞が不定名詞であるのに）なぜ理由解釈を表せるのか，である．

(69) People cannot survive in our modern world, who do not earn

---

[28] Ziv (1973: 36) は，制限節と外置制限節が機能的に異なると主張している．概略，制限節が先行詞の名詞(句)が表す類 (genus) を限定するのに対して，外置制限節は主節の表す事態が成立する状況 (circumstances) を明示する．Ziv によれば，条件文では主節と従属節が状況の依存関係 (dependencies between circumstances) を表すため，外置制限節のほうが類似しているという．具体的には，(i) の条件節と意味的に近いのは，(ii) の制限節ではなく，(iii) の外置制限節ということである．

(i) Students cannot graduate with honors if they do not attend classes regularly.
　　　　　　　　　　　　　　　　　　　　　　　　　　(Declerck (1988: (27)))
(ii) Students who do not attend classes regularly cannot graduate with honors.
　　　　　　　　　　　　　　　　　　　　　　　　　　(Ziv (1973: (2.33.a)))
(iii) Students cannot graduate with honors, who do not attend classes regularly.
　　　　　　　　　　　　　　　　　　　　　　　　　　(ibid.: (2.33.b))

[29] 条件と理由の関連性については，Dancygier and Sweetser (2000)（以下 D&S と呼ぶ）が指摘している．D&S によれば (ia) は (ib) を含意するという．

(i) a. If you use this conditioner, your hair will feel much softer. (D&S: (12))
　　 b. The conditioner will cause the hair to get softer. (D&S: 121))

制限節の条件解釈と理由解釈は，この対応関係と並行的に結びつけられると考えられる．

enough money.（=(62a)）

Ziv（1973）の事実観察が正しければ，不定制限節（非外置型）も理由解釈をもつ可能性が十分考えられる．ただし，筆者のインフォーマント調査では，複数のインフォーマントが（69）の外置制限節を理由ではなく，条件で解釈した．つまり，'十分に稼げなければ，我々の現代社会では生き残ることはできない'と解釈した．

また，(70a) のように主語が定名詞句で，述語の時制が過去の場合，制限節の解釈は条件解釈ではなく，(70b) に示すような理由解釈になる．

(70) a. The students who did not attend classes regularly could not graduate with honors.
   b. The students could not graduate with honors because they did not attend classes regularly.

これらの事実は，条件解釈には非有界性が，理由解釈には有界性がそれぞれ結びつくことを示している．先行詞の定性と理由・条件解釈の区別が厳密に対応するかどうかは，Zivの言語事実の観察の検証も含めた詳細な考察が必要であるが，これについては今後の課題としたい．

次に非制限節の理由解釈についてであるが，非制限節は先行詞の指示決定には関与せず，先行詞に対して付加情報を与える機能を担う．このことを(61)に即して確認しよう．(61)は制限節と if/when 節の対応関係を表している．Declerck (1988) はこの when 節と制限節との機能的な違いについて，先行詞と同じ「情報単位」(information unit) に属するかどうかに帰す る．この概念は，Bache and Jakobsen (1980) が制限節と非制限節を区別するための観点として提示したもので，「イントネーションと情報の観点で 1つの単位を構成する連鎖」(a sequence that forms a unit) のことである．Declerck (1988: 142-143) は情報単位による制限節・非制限節の区別を踏襲し，制限節が先行詞と同じ情報単位に属し，問題にされる集合と問題にされない集合の対比を設定する (establish) のに対して，非制限節は独立した情報単位を構成し，問題になっている集合について叙述する (predicate) と述べている．

Declerck (1988) が指摘するように，非制限節は先行詞の指示決定に関与

しないという意味で制限節よりも独立性が高く，副詞節に近い機能を帯びる．また，Ziv（1973）は外置制限節について，制限節よりも副詞節に近いと述べている．以上を総合すると，制限節＜外置制限節＜非制限節の順で副詞節に近づくと言える．副詞節としての非制限節の内容が，我々の世界知識に照らし合わせて，主節の内容に対して一定の緊密性をもつと認められるとき，理由解釈が得られるものと考えられる．

なお，理由解釈を受ける制限節の言い換えとして提示した（70b）は，次の非制限節の言い換えにもなりうることに注意すべきである．

(71)　The students, who did not attend classes regularly, could not graduate with honors.

この文では，非制限節の先行詞の表す個体が関係節の特性をもち，かつ主節の特性ももつ．先行詞の The students は，三木（2001）の言う，一義性の条件（制限節の限定機能によって決定される「包括的な全体」であること）を満たさないが，非制限節は主節事態の理由として解釈されうる．すでに見たように，一義性は理由解釈の必要条件ではないため，（71）の非制限節の理由解釈が可能になっていると考えられる．

本節では関係節が主節と結ぶ論理関係について，特に制限節と非制限節の条件解釈および理由解釈に焦点を当てて考察した．次節では，非制限節が数量詞 all を含む先行詞と共起できる場合について考察する．

5.2.4. 非制限節と先行詞に含まれる数量詞 all の関係

本節で扱う基本データとして，(51a, b)（50b）（それぞれ（72a, b, c）として再掲）を以下に示す．

(72)　a. *All the students, who had failed the test, wanted to try again.
　　　　　　　　　　　　　　　　　　　　　　　　　　　（＝(51a)）
　　　b. All the students, who had returned from their vacation, wanted to take the exam.　　　　　　　　　　　　　　　　（＝(51b)）
　　　c. All the teachers, who had come to the meeting for different reasons, voted for A. as chairman of the committee.　（＝(50b)）

各文において主節と非制限節間の論理関係が互いに異なることは，対応する

制限節の容認性によって示唆される．(72) の各文の非制限節を制限節に置き換えると，それぞれ次のようになる（(73a) は (49a) の再掲）．

(73) a. All the students who had failed the test wanted to try again.
 (＝(49a)) (<(72a))
 b. All the students who had returned from their vacation wanted to take the exam. (<(72b))
 c. *All the teachers who had come to the meeting for different reasons voted for A. as chairman of the committee. (<(72c))

興味深いことに，(72a, c) については非制限節を制限節で置き換えると容認性が逆転するが，(72b) については非制限節を制限節で置き換えても容認性が変わらない．(72) と (73) の対応関係に基づいて，本研究は次の表に示すように，関係節と先行詞の組み合わせを3つに分類する．

名　称	先行詞と関係節の組み合わせ	例文
制限型	制限節とは整合するが，非制限節とは整合しない	(73a)
両立型	制限節と非制限節のどちらとも整合する	(72b) (73b)
非制限型	非制限節とは整合するが，制限節とは整合しない	(72c)

表5.4　関係節が先行詞と結びうる修飾関係の型

各タイプの特徴を見るまえに，まず制限節と非制限節の統語的な違いについて押さえておかなければならない．(72) の各文の非制限節では数量詞 all を含む名詞句全体と関係代名詞が照応関係にある．一方，(73) の各文の制限節では数量詞 all を含まない名詞句と関係代名詞が照応関係にある．厳密に言えば，制限節とその先行詞が構成する名詞句を数量詞 all が量化する．この点は，例えば (73a) の主語名詞句が All of the students who had failed the test wanted to try again のような部分構造を含む文と同義であり，制限節が第2名詞句を先行詞にすることから裏づけられる．また，Declerck (1988: 144) も Several kinds of birds that live here are always black when they are female (ibid.: (30)) に即して同様の趣旨のことを述べている．Declerck は，この例の主語名詞句の「指示範囲」(domain of reference) が次の①から⑤の要素によって，この順番で制限されると主張する．

すなわち，①前置詞句 (of birds), ②制限節 (that live here), ③数量詞 (several), ④ when 節 (when they are female), ⑤量化副詞 (always) の 5 つである．主語名詞句内の制限の順番では，②の制限節が③の数量詞よりも先に先行詞の (kinds of) birds を限定することに注意すべきである．この限定順序は，Declerck によれば，制限節のほうが数量詞よりも「厳密に指示範囲を限定する」(restrict the domain of reference more strictly than the quantifier) ことによる．その根拠として，Declerck は Bache and Jakobsen (1980: 266) が指摘した制限節の機能に注目する．それは，「話者が言及するものとしないものの対比を設定する」(establish a contrast between what an addresser is talking about and what he is not talking about) という機能である．このような制限節による，指示対象の集合の規定は数量詞には見られないものだと，Declerck は主張する．一方，数量詞は（規定された）集合を「量化する」(quantify over) だけであるという．この，数量詞と制限節の機能的な違いは，④と⑤の制限順序にも反映される．つまり，when 節は母集合を部分集合に絞る働きがある (<u>females of</u> several kinds of birds that live here) のに対して，量化副詞は規定された集合を量化する (<u>all of</u> the females of several kinds of birds that live here) だけである．

　Declerck (1988) の分析は，(73a) で数量詞よりも制限節が先に主語名詞句の the students を限定する，という本研究の分析と符合する．要するに，制限節によって規定された学生の集合を数量詞が量化するということである．一方，非制限節についてはすでに述べたように，数量詞が量化した集合について叙述することになる．

　制限節と非制限節の機能について押さえたところで，(72) における関係代名詞と先行詞の照応関係に注目してみよう．(72) の文法対立は，非制限節の関係代名詞が数量詞 all を含む先行詞と照応関係を結べる場合と結べない場合があることを示している．以下では主節と関係節が結ぶ論理関係の 3 つの型について考察する．

　田中 (2000c) によれば，制限型の (72a) では主節の表す特性を有する個体の集合 (M) と非制限節の表す特性を有する個体の集合 (A) は包含関係 (M ⊆ A) にあるが，両立型の (72b) や非制限型の (72c) はそのような論理関係を表さない．このことは，主節主語と関係節主語の数を変えることによって確かめられる．

(74) a. *The students, some of whom had failed the test, wanted to try again.[30]
 b. The students, some of whom had returned from their vacation, wanted to take the test.
 c. The teachers, some of whom had come to the meeting for different reasons, voted for A. as chairman of the committee.

これらの例文では，非制限節の主語が部分構造を含んでいる．結果として，主節の特性を有する個体の数が非制限節の特性を有する個体の数を上回っている．具体的には，(74a) では主節事態（再度試験に挑戦したこと）に関わる学生の数よりも非制限節事態（試験に落ちたこと）に関わる学生の数のほうが少ない．(74b, c) でも主節事態に関わる主体の数と非制限節事態に関わる主体の数の大小関係は，(74a) のそれと並行的である．したがって，(74a) の非文法性から次のような意味制約を導くことができる．

(75) 包含関係制約
主節の特性を有する個体の集合（M）と非制限節の特性を有する個体の集合（A）が包含関係（M ⊆ A）にある場合，非制限節の先行詞は数量詞 all を含んではならない．

この意味制約は包含関係の特性に由来すると考えられる．すなわち，主節の特性を有する個体が必然的に非制限節の特性を有するということは，非制限節主語の数が主節主語の数によって規定されなければならないことを意味する．[31] したがって，理由解釈を受ける非制限節の先行詞は数量詞 all を含む

---

[30] この例は，学生のグループのメンバー全員が試験に合格するまで全員が再試験を課される状況を想定しても容認されない（注20を参照）．

[31] (55) の例で示したように，関係節（原因節）の特性をもつ個体の集合の一部分が主節（結果節）の特性をもたない場合は容認される．これに対して，(57) (74a) は，結果節の特性をもつ個体の集合の一部が原因節の特性をもたない場合に容認されないことを示している．この違いは包含関係の非対称性に由来する．すなわち，主節の特性を有する個体の集合（M）が関係節の特性を有する個体の集合（R）に包含され，その逆ではないためである．(57) (74a) では包含関係 M ⊆ A が成立しないが，(55) では包含関係 M ⊆ R が成立していることに注意されたい．

ことができない.[32]

制限型には，次の文法対立によって例示される下位類がある．

(76) a. ??All the men, who are over 35 years old, took a blood test.

(田中 (2000c: (31a)))

　　b. All the men who are over 35 years old took a blood test.

次の例が示すように，主節主語と非制限節主語の数を変えても容認性が低下しないことから，(76a) の主節と非制限節は包含関係にないことがわかる．

(77) The men, some of whom are over 35, took a blood test.

したがって，包含関係制約によって (76a) を排除することはできない．

(76a) の容認性を低下させているのは，非制限節の状態動詞であると思われる．複数名詞を主語にとる状態動詞は複数の個体に同時に成立する状況を表すため，35歳以上の個体の集合とそれ以外の個体の集合という対比を想定しやすく，(76b) の制限節の解釈が選択されていると考えられる．この制約は次のようにまとめられる．

---

[32] 関係節のように推論によって主節との論理関係が決定される表現として分詞構文がある（ただし，分詞構文は接続詞を伴うことがある．ex. Though not being optimistic, I have not given up all hope. (江川 (1991: §267n)))．例えば，非制限節を含む (56) ((ia) として再掲) は (ib, c) のように書き換えてもほぼ同じ意味を表すことができる．

(i) a. The students, who had failed the test, wanted to try again. (= (56))
　　b. The students, having failed the test, wanted to try again.
　　c. Having failed the test, the students wanted to try again.

分詞構文は（独立分詞構文を除き）意味上の主語について主節に依存する．この点で関係代名詞が主語を担いうる関係節とは対照的である．

興味深いことに，(72a) ((iia) として再掲) のように非制限節が容認されない環境であっても分詞構文を用いると文法的になる．

(ii) a. *All the students, who had failed the test, wanted to try again. (= (72a))
　　b. All the students, having failed the test, wanted to try again.
　　c. Having failed the test, all the students wanted to try again.

(iib, c) はどちらも容認される．主節と分詞構文の論理関係が (iia) における主節と非制限節のそれと違うと思えないので，関係詞節の先行詞との関わり方と分詞構文の主節主語との関わり方の違いから容認性の差が生じていると考えられる．

(78) 状況指示制約
数量詞 all を含む名詞句を先行詞とする非制限節は先行詞の指示対象に同時に成立する状況を表してはならない．[33]

次に，非制限型 (72c)（(79) として再掲）について考察する．

(79) All the teachers, who had come to the meeting for different reasons, voted for A. as chairman of the committee.　(＝(72c))

この文は非制限節内に for different reasons を含むため，非制限節と主節の間には論理関係が成立しない．なぜなら，会議に出席する理由が異なることと A 氏を委員長に投票したことの間に論理関係を読み込むことが難しいからである．主節と関係節の論理的な関連性の低さは，制限節の容認性を低下させる（(73c) を参照）．すなわち，制限節は関係節の特性をもつ個体のすべてが（当該特性をもたない個体と対比的に）主節の特性をもつことを保障するため，論理関係が希薄な節同士を代入することで容認性が低下するものと思われる．また，主節事態と関係節事態の論理的な関連性が低いということは，各節の主語がそれぞれ量化されても意味的に干渉しないことを意味する．よって，非制限節が数量詞 all を含む先行詞と整合する．

最後に両立型の (72b)（(80) として再掲）を見よう．

(80) All the students, who had returned from their vacation, wanted to take the exam.　(＝(72b))

この文の解釈は'すべての学生が休暇から戻り，みんな試験を受けたがった'である．休暇から戻った学生の数と試験を受けたがった学生の数が別に指定されており，両者は数量の観点から互いに独立した事態と見なされている．また，非制限節の述語 return from their vacation は個別に発生する事態を

---

[33] 元になった論文の査読者から，非制限節が状態動詞を含む次のような文は容認されるのではないかと指摘を受けた．

　　(i) All mammals, which breathe and thus have lungs, do not have gills.

筆者のインフォーマントはこの例が (72a) と同様に不自然であるとした．なお，数量詞 all を削除すれば問題なく容認される．

第 5 章　英語における数量表現と関係節の相関　　191

表すため，状況指示制約を満たす．
　制限節を含む (73b)（(81) として再掲）については，主節と関係節の間に因果関係が推論される．

(81)　All the students who had returned from their vacation wanted to take the exam.　(= (73b))

この文の解釈は，'休暇から戻った学生は，みんな試験を受けたがった' である．休暇から戻っていない学生との対比から，休暇から戻ることと試験を受けたいことの間に因果関係が推論される．[34] 両立型の主節－関係節間の論理関係は，制限節の場合と非制限節の場合で異なっている．
　両立型の例として Wordbanks*Online* で得られた実例を考察する．

(82)　All the defendants, who had denied the charge, will be sentenced later.

この文の解釈は 'すべての被告人が容疑を否認し，全員があとで判決を下される' となる．被告人が容疑を否認することと被告人があとで判決を下されることは互いに独立した事態としてとらえられている．
　次の文は (82) の主節と非制限節が包含関係にないことを示している．

(83)　The defendants, some of whom had denied the charge, will be sentenced later.

したがって，(82) は包含関係制約を満たす．さらに，非制限節の述語 deny the charge は個別に発生する事態を表すことから，状況指示制約も満たす．
　次の文は，(79) の非制限節を制限節に置き換えたものである．

(84)　All the defendant who had denied the charge will be sentenced later.

―――――――――――――
[34] 元になった論文の査読者から休暇から戻ることと試験を受けたがることの事態間に因果関係を認めがたいと指摘を受けた．因果関係の定義にもよるが，少なくとも休暇から戻った学生の全員が試験を受けたがっているということは，2 つの事態が緊密に結びつけられうる条件を満たしていると言える．例えば，学生に休暇から戻ったら試験を受けたいと思うような事情（前提）がある場合には，(81) の制限節の理由解釈は不可能ではないと思われる．

この文の解釈は，'容疑を否認した被告人は，みんなあとで判決を下される'である．制限節の限定機能により，容疑を否認した被告人の集合が容疑を認めた被告人の集合と対比される．この場合，容疑の否認が判決の下される時期に影響したという因果関係が推論される．

　本節では主節と関係節の論理関係を制限型・両立型・非制限型の3つに分類し，それぞれの特徴を記述した．非制限節と数量詞 all を含む先行詞が整合するのは，2つの意味制約，すなわち包含関係制約と状況指示制約，が満たされた場合であると主張した．

5.2.5. まとめ

　本節は，関係節の先行詞が数量詞 all を含む場合に課される意味的・語用論的制約について考察した．三木（2001）は因果関係を一義必然的関係と見なすため，制限節の中でも定制限節（先行詞が定名詞句の制限節）だけが主節内容に対する理由を表しうることを予測するが，実際には不定制限節（先行詞が不定名詞句の制限節）や非制限節も主節内容に対する理由を表すことができる．本研究は，理由解釈が制限節だけでなく，非制限節でも可能であることを指摘し，その理由の説明を試みた．

　さらに，非制限節と数量詞 all を含む先行詞が整合する条件を追求して，主節と関係節の論理関係を制限型・両立型・非制限型の3つに分類し，それぞれの特徴を記述した．非制限節が数量詞 all を含む先行詞と共起できるのは，①主節の特性をもつ個体の集合と関係節の特性をもつ個体の集合が包含関係にない場合と②非制限節が同時発生的ではない事態を表す場合である．

　本節の元になった論文の査読者から，語法文法の観点からは非制限節の先行詞に数量詞が含まれる文の実際の使用場面，状況（situation）との関わりについても考察するのが望ましいとの指摘を受けた．実際に言語コーパスで当該構文を検索してみると，その実例の数が極めて限られることがわかる．これは当該構文の出現頻繁が低いことの証しにほかならない．計量的な一般化を目指すアプローチでは，当該構文は重要視されないだろう．しかし，それを考察することで関係節の機能の新たな側面に光が当てられるとしたら，その意義は十分にあると思われる．今後の課題としては，実例の収集に努めつつ，その不足分をインフォーマント調査で補い，当該構文が用いられる環

境を解明することが挙げられる．

5.3. 本章のまとめ

本章は，部分構造を含む制限節と先行詞が数量詞 all を含む非制限節について論じた．

5.1 節では，3 種類の部分構造（M 部分構造，I 部分構造，T 部分構造）が制限節と整合することを示した．共通の特徴として，制限節内の各部分構造の指示レベルよりも，先行詞の指示レベルのほうが高くなるという点がある．具体的には，M 部分構造では，制限節はメンバー（個）についての記述を表し，グループレベルの指示対象を限定する．T 部分構造では，制限節はトークンについての記述を表し，タイプレベルの指示対象を限定する．I 部分構造では，制限節は単一の個体の中身に関する記述を表し，単一の個体を限定する．

制限節との関わりにおいて各部分構造が示す個別的な特徴は，M 部分構造が文脈の支えを要すること，T 部分構造は類別詞の省略を許すが，I 部分構造はそれを許さないことである．文脈の支えについては，グループ・メンバーの関係では，グループが決まって初めてそのメンバーが問題になることから，メンバーについての記述が意味をなすにはあらかじめグループが談話に導入されていなければならない．

類別詞の省略については，T 部分構造と I 部分構造で類別詞の省略によって得られる連鎖（＝疑似的 M 部分構造）が，母集合と部分集合の関係になるかどうかが肝心である．例えば，two copies of the book では，第 1 名詞句と第 2 名詞句はいずれも本の集合を表しているので類別詞の省略が許容される（I 部分構造の two pages of the book では，第 1 名詞句はページの集合を，第 2 名詞句は本の集合を表す）．

さらに，部分構造を含む英語関係節と日本語の対応表現についても考察した．日本語では，英語部分構造が 'A ノ（ウチノ）B' 形式に対応する場合（M 部分構造），数量詞遊離文で置き換えられる場合（T 部分構造），'A ノ（ウチノ）B' 形式と数量詞遊離文のいずれにも対応する場合（I 部分構造）がある．T 部分関係を表す関係節（例えば，the book that Mary bought two copies of と 'メアリーが 2 冊買った本'）では，日英語で並行的な選択制限

が課される．すなわち，動詞は目的語としてトークンレベルの個体をとる動詞（Buy タイプ）でなければならない（先行詞と部分構造の指示レベルが異なる必要があるため）．したがって，タイプレベルの個体を目的語としてとる動詞（Read タイプ）は当該構文に生じることができない．このような，目的語の指示レベルに関する動詞の区別は日英語で並行的に観察されると主張した．

5.2 節では，非制限節の先行詞が数量詞 all を含む場合に観察される文法対立について論じた．非制限節と主節の因果関係が数量詞 all の生起を阻むとする田中（2000c）の主張と，非制限節が因果関係を表せないため数量詞 all と整合しないとする三木（2001）の主張を実証的に検証した．両者の見解は，非制限節が主節に対する理由を表しうるかどうかについて決定的に異なることから，関係節の先行詞の定性と関係節が主節に対して表しうる論理関係の相関について考察した．その結果，先行詞が定であれば理由解釈が，先行詞が不定であれば条件解釈が得られることが明らかになった（ただし，外置制限節が理由解釈を受けられるとする Ziv の事実観察についてはさらなる検討が必要）．本研究は，先行詞が固有名詞の場合でも非制限節が主節に対する理由を表すことを示し，三木の主張は誤りであると主張した．

最後に，非制限節が数量詞 all を含む先行詞と整合する場合と整合しない場合があるのはなぜかという疑問に取り組んだ．本研究は，①数量詞 all を含む先行詞が制限節のみと整合する場合，②制限節・非制限節のいずれとも整合する場合，③非制限節のみと整合する場合に区別して，それぞれの場合の関係節と主節の意味関係を考察した．①の場合は，制限節の主語名詞句が表す個体数と主節の主語名詞句のそれがそろわなければならない．これは，主節主語の数が制限節主語の数を支配していることを意味する．このように，主節の内容が関係節の内容に影響を与える場合，非制限節の関係代名詞が数量表現を含む名詞句を先行詞にすることはできない．③の場合は，関係節の内容が主節の内容と緊密な関係を結べない場合である．例えば，関係節が for different reasons のような句を含む場合がある．この場合，主節事態と関係節事態は個別にとらえられているため，それぞれが数の指定を含んでいても問題が生じない．②の場合は，主節内容と関係節内容の緊密性が語用論的に推論できる場合で，制限節が選択されると緊密性が含意され，非制限節が選択されるとそのような緊密性がキャンセルされる．

第 6 章

日本語における数量表現と関係節の相関

　本章は，日本語における数量表現と関係節の相関関係について論じる．日本語の文法研究では，英語のそれと同様，数量表現と関係節が個別に扱われるのが一般的である．本研究は，関係節が数量表現を含む場合や主名詞(句)(関係節が修飾する名詞(句))が数量表現を含む場合の統語的・意味的特徴を観察することによって，これまで見逃されてきた，関係節と数量表現の個別の特性を明らかにする．

　本章の構成は以下のとおりである．6.1 節では数量表現が関係節化された場合について考察する．例えば，'学生が数人試験に落ちた'は次の類似する 2 つの関係節に対応する（[ ]は関係節を表す）．

(1) a. ［試験に落ちた］学生の人数
　　b. ［学生が試験に落ちた］数

(1a) は関係節が '学生' を修飾し，その属格形が '人数' に接続するのに対して，(1b) は関係節が直接，'数' を修飾する．本研究は，特に (1b) のような関係節に注目し，(1a) のような関係節と統語的・意味的に比較する．

　6.2 節は，関係節と主節の論理関係と数量詞遊離文の容認性の相関について論じる．廣瀬 (1998) は，関係節の内容が主節の内容の原因を表す場合に，数量詞遊離文の容認性が低下することを観察している．

(2) a. 山田はそこで［その後の人生を一変させる］1 冊の本を買った．
    b.?*山田はそこで［その後の人生を一変させる］本を 1 冊買った．

(廣瀬 (1998))

(2a) は関係節の主名詞が連体数量詞を含んでいるが，(2b) は遊離数量詞になっている．両文では，関係節事態（本を買うこと）と主節事態（山田の人生が変わること）が原因・結果の関係にある．本研究は，節同士の論理関係が遊離数量詞の容認性に影響を与えると主張し，その理由の解明を試みる．

6.3 節では，概数詞（'2, 3 個' など）の数量詞遊離文の統語的・意味的特性について論じる．Kawashima (1998) は，遊離数量詞が概数詞であるか，基数詞（'3 個' など）であるかによって容認性が逆転する現象について考察している．

(3) a.??花子が積んであったたくさんのみかん箱を 3 個投げ捨てた（こと）　　　　　　　　　　　　　　　　(Kawashima (1998: (31b)))
    b.　花子が積んであったたくさんのみかん箱を 2, 3 個投げ捨てた（こと）　　　　　　　　　　　　　　　　　　　(ibid.: (33b))

この文法対立は，基数詞と概数詞の意味特性が異なることを示唆する．本研究は，遊離数量詞の先行詞に含まれる基数的数量詞 'たくさん' との相関によって概数詞だけが整合すると主張する．

6.4 節は各節の要旨をまとめる．

6.1. 遊離数量詞の関係節化[1]

6.1.1. 副詞と遊離数量詞

「名詞修飾要素は副詞を修飾できない」という一般化は，副詞が名詞とは対照的な性質をもつことから当然のこととして受け入れられている．これを明示的に示した研究として奥津 (1974) がある．奥津 (1974: 119) は (4a) から (4b) のような関係節（奥津の用語では「連体修飾構造」）が作れないことを観察している．

---

[1] 本節は田中 (2004) に大幅な加筆修止を行ったものである．

(4) a. 川が静かに流れる．
    b. *[川が流れる] 静か　　　　　　　　（奥津 (1974: (4.4) 1)）

奥津は，この文法対立を次のように説明する．(4a) では副詞の'静かに'は動詞の'流れる'を叙述しているが，(4b) ではこの主述関係が逆転して'流れる'によって'静か'が叙述されているため，副詞が適切に機能しない．さらに，この副詞の意味特性を踏まえたうえで，奥津は遊離数量詞の文法的な扱いについても述べている．(5a) (6a) は数量詞遊離文で，遊離数量詞（下線部）がそれぞれ先行詞の'学生・本'を修飾している．奥津 (1974: 123) は，(5a) (6a) の数量詞遊離文で遊離数量詞を関係節化すると (5b) (6b) に示すように非文法的になると指摘している．[2]

(5) a. 僕は本を 3 冊買った．
    b. *[僕が本を買った] 3 冊　　　　　　（奥津 (1974: (4.9) 1)）
(6) a. 昨日ここに学生が 5 人出席した．
    b. *[昨日ここに学生が出席した] 5 人　　　　　（ibid.: (4.9) 2)）

(5) (6) の遊離数量詞と (4) の副詞が関係節化について並行的に振る舞うことから，奥津は遊離数量詞を副詞として扱うべきだと主張する．

　奥津の主張に対して，江口 (2002) は遊離数量詞の関係節化が，遊離数量詞に一定の変更を加えることで可能になると主張している．具体的には，主名詞となる数量表現は'3 人'といった具体的な値を表すものではなく，江口の言う「スケール」を表す表現（例えば'人数'）に置き換えなければならない．

(7) a. 学生が 3 人来た．　　　　　　　　　（江口 (2002: (6a)))
    b. [学生が来た] 人数　　　　　　　　　（ibid.: (7)）

---

[2] 遊離数量詞の先行詞については，次のように関係節化が可能である．
  (i) [僕が 3 冊買った] 本

この関係節では，遊離数量詞の'3 冊'は'本'を修飾しており，主述関係の逆転は起こらない．(i) のような関係節は，修飾される名詞がタイプ解釈を受ける（'本'はタイトルを表し，'3 冊'はそのトークンを表す）．この種の関係節は 6.3.5 節で取り上げる．

(7b) が書き言葉で用いられることはまれであると思われるが，話し言葉で用いられることは十分に予想できるし，その場合に意味解釈ができるという点では容認可能であると考えられる．

　江口 (2002) は，(7b) の関係節が (7a) の数量詞遊離文の数量詞を関係節化することによって派生されると主張している．(7b) のように数量を直接限定する関係節を「数量限定型」と呼ぶことにする．この型は英語には見られない (*the number of which students came)．(7b) に近い英語表現を探すとすれば the number of the students who came になる．この句では，関係節が個体 (students) を限定し，それに the number of ('～の数') という表現が付加されている．このように個体を修飾する関係節を「個体限定型」と呼ぶことにする．個体限定型関係節は，次に示すように日本語でも可能である．

　　(8)　［来た］学生の人数

　(8) のような個体限定型関係詞節が日本語と英語の両言語に見られるのに，なぜ (7b) のような数量限定型関係節は日本語にしか見られないのであろうか．同一の意味を表すのであれば2種類の形式は不要であろうから，両者には何らかの違いがあるものと思われる．本節では数量限定型関係節と個体限定型関係節の統語的・意味的特性についてまとめ，両者の機能を比較する．

6.1.2.　数量詞遊離文と数量限定型関係節の共通点

　江口 (2002) は，(7b) の数量限定型関係節が，次に示す関係節化と並行的なプロセスが適用されて生成されると主張する．

　　(9)　a.　節内部の一要素を消去する．　　　　　（江口 (2002: (5a))）
　　　　　b.　消去された要素を節の後の被修飾要素にする．　(ibid.: (5b))

ただし，(9b) の「消去された要素」をそのまま被修飾要素（＝主名詞）にするのではなく，'人数' のようなスケールを表す表現（以下，「スケール名詞」と呼ぶ）に変えて主名詞にしなければならないと江口は述べている．

　数量詞遊離文と数量限定型関係節を関連づける根拠として，江口は両構文の類似点を挙げている．以下では3つの主要な類似点をまとめる．第1の

類似点として，数量限定型関係節に遊離数量詞を追加すると不適格になるという事実がある．

(10) a. ［太郎が寿司を食べた］量　　　　　　(ibid.: (14a))
　　 b. *［太郎が寿司を 30 個食べた］量　　　(ibid.: (14b))

(9) で見たように，関係節化では主名詞になる要素を節内部から削除しなければならない．(10b) の非文法性は遊離数量詞 '30 個' が関係節化されて主名詞 '量' になったと考えれば自然に導かれる．

　第 2 の類似点は，遊離数量詞の先行詞になる名詞(句)の格に関する制約が，そのまま数量限定型関係節にも当てはまるという事実である．

(11) a. *太郎は工具で 3 つコンピューターを修理した．(ibid.: (15a))
　　 b. *［太郎が工具でコンピューターを修理した］個数　(ibid.: (15b))

遊離数量詞の先行詞になれる名詞(句)の格は，ガ格やヲ格が典型的で，道具のデ格や起点のカラ格は遊離数量詞の先行詞になりにくいことが早くから指摘されている (奥津 (1969, 2007)，Shibatani (1977)，柴谷 (1978) など)．(11a) の遊離数量詞 '3 つ' はデ格名詞の '工具' を先行詞とすることはできない．同様に，(11b) の数量限定型関係節で主名詞の '個数' は関係節内の '工具' と意味的関係を結ぶことはできない．

　第 3 の類似点は，名詞句内部の名詞(句)が遊離数量詞の先行詞になれないのと同様，数量限定型関係節でも主名詞(句)は関係節内にある名詞句内部の名詞と意味的関係を結べない，という事実である．

(12) a. *次郎は［友達のノートを］3 人借りている．(江口 (2002: (17a)))
　　 b. *［次郎が［友達のノートを］借りている］人数　(ibid.: (17b))

(12a) は，遊離数量詞 '3 人' の先行詞を名詞句内部の '友達' に求められないことを示している．これと並行的に，(12b) の数量限定型関係節では，主名詞の '人数' が関係節内の当該名詞句と意味的関係を結べない．

　以上，数量詞遊離文と数量限定型関係節の類似点を見た．江口はこれらの類似点を根拠にして，数量限定型関係節が数量詞遊離文から派生したものであると結論づけている．本研究は，2 つの構文の派生関係については中立的な立場をとるが，両構文の意味的な対応関係については認める．

6.1.3. 数量限定型関係節の主名詞（スケール名詞）

次の文法対立が示すように，数量限定型関係節 (7b)（(13a) として再掲）は，主名詞として具体的な数量を表さないスケール名詞を要求する．

(13) a. ［学生が来た］人数　（= (7b)）
　　 b. *［学生が来た］3 人

江口 (2002) は，'3 人' のような数量詞と '人数' のようなスケール名詞の違いについて次のように述べている．'3 人' は形態的に '3' という値と '人' というスケール（数え方）の 2 つの要素に分解できる．'人数' は値をもたず，スケールのみを表すが，連体修飾を受けると値をもつようになる．(13a) は学生が何人か来たという事態があってその人数を指している．一方，'そこにいた 3 人' のように数量詞 '3 人' が連体修飾を受けると '3 人' は指示的になる．

次の表は '3 人' と '人数' の意味機能を比較したものである．

修飾節の有無 表現	修飾節なし	修飾節あり
'3 人'	スケール + 値	指示対象をもつ
'人数'	スケール	スケール + 値

表 6.1　'3 人' と '人数' の意味機能の対比（江口 (2002: 24)））

'3 人' と '人数' では，後者の意味機能が一段階後退していることがわかる．すなわち，単独で用いられた場合，'3 人' は値をもつが，'人数' は値をもたない．修飾節を伴うと '人数' は値をもつようになり，単独で用いられた場合の '3 人' の意味機能に追いつく．ところが，'3 人' が名詞修飾を伴うと今度は指示対象をもつようになる．

表 6.1 を踏まえると，数量限定型関係節の主名詞になりうる要素は，「単独ではスケールのみを表し，名詞修飾を受けることによって初めて値を得るような表現」（江口 (2002: 12)）ということになる．

江口 (2002) は，数量限定型関係節の主名詞として (13a) のように類別詞（江口の用語では「分類辞」）を含むスケール名詞（'人数'）を用いているが，筆者の言語直感では類別詞を含まないスケール名詞（'数'）を用いたほうがすわりがよい．

(13) a′. ［学生が来た］数

筆者が 70 名ほどの日本語母国語話者を対象に（13a, a′）の容認性を調査したところ，(13a) を全く問題なく容認する話者と（13a′）のほうを好む話者に 2 分された．この事実は次節で取り上げるので，ここでは，数量限定型関係節において主名詞（スケール名詞）によって何が数えられているか，という問題と密接に関わっていることを指摘するにとどめておく．

　以上，本節では数量限定型関係節の主名詞となるスケール名詞についてまとめた．次節では，江口分析の不明確な点を指摘したうえで，より詳細に数量限定型関係節の特性を突き詰めることにする．

6.1.4. 数量限定型関係節と個体限定型関係節

　(14a) に例示される個体限定型関係節は，日本語と英語に共通して見られる形式であるが，(14b) に例示される数量限定型関係節は日本語にしか見られない．本節では日本語にこれらの 2 つの形式が存在する理由について考察する．

(14) a. ［昨日ここに来た］学生の人数
　　 b. ［昨日ここに学生が来た］数

(14a) では関係節によって個体（ここでは '学生'）が限定され，そのうえで個体の数（人数）が問題にされている．したがって，類別詞を含むスケール名詞が続いても問題が起こらない．これに対して，(14b) では主名詞の '数' は '学生' という名詞によってではなく，'昨日学生がここに来た' という事態によって限定されている．つまり，スケール名詞 '数' によって数えられる対象は個体ではなく，個体が関わった事態であるということになる．

　本研究は，数量限定型関係節と個体限定型関係節の意味機能について次の仮説を立てる．

(15)　個体限定型関係節と数量限定型関係節の意味機能
　　　個体限定型関係節は個体の数を問題にするのに対して，数量限定型関係節は事態の数を問題にする．

この仮説が正しければ，スケール名詞は '人数' のような個体専用の表現で

はなく，'数'のような事態を数えることもできる表現でなければならないことになる（ここで「事態を数えることもできる表現」とした理由と（14a）を容認する話者の扱いについてはあとで述べる）．

　事態を数える構文としての数量限定型関係節の特性は，対応する数量詞遊離文に由来すると考えられる．第3章で見たように，数量詞遊離文は事態の複数性を含意する．

　（16）　昨日ここに学生が5人来た．

　この文は，学生が来るという事態が5回起こったことを表す．[3]（16）に対応する（14b）の数量限定型関係節は，個体と事態の対応関係によって事態に焦点が当てられる．すなわち，事態を数えることが個体を数えることと同じになる．'人数'よりも'数'のほうが主名詞として好まれるのは，個体の数に対応した事態を数えるスケール名詞として後者が選ばれるためであると考えられる．これと関連して，数量限定型関係節の主名詞として類別詞を含むスケール名詞（例えば'人数'）を認める話者にとっては，数量限定型関係節の，事態に焦点を当てる形式としての意味合いが薄れ，個体を数えることで事態を数えているものと考えられる．その結果，主名詞として'人数'のような個体指向のスケール名詞が許容されるのではないか．

　なお，事態を数える点では（14b）は次の句に類似するが，個体と事態が1対1に対応しないため，スケール名詞の'(人)数'と'回数'は区別しなければならない．

　（17）　[昨日ここに学生が来た] 回数

この関係節は，事態の数だけを問題にするので，事態の数と個体の数が必ずしも対応しない．例えば，個体の同一性を問わず，問題の個体が来れば事態が起こったと見なす．したがって，（17）は数量詞遊離文ではなく，次のような文に対応する．

　（18）　昨日ここに学生が3回来た．

---

[3] ただし，学生が個別に来たか，グループで来たかという（非）同時性について中立である．詳しくは第3章3.4.1節の議論を参照のこと．

この文では，学生が来るという事態の数だけに焦点が当たり，個体の数については問題にしない（3回とも同じ個体だったのか，3回とも違う個体だったのか，あるいは2回については同じ個体だったのか，わからない）．[4] これに対して'学生が3人来た'と言えば，事態の数と個体の数が一致する．

これまでは，ガ格名詞を先行詞とする遊離数量詞が関係節化された場合を見てきた．以下では，ヲ格名詞(句)を先行詞とする遊離数量詞が関係節化された場合に注目する．次の例では，主名詞の'鐘'は関係節内でヲ格の文法機能を担う．

(19) 大晦日についた鐘の数

この関係節は構造的に2通りに曖昧で，次に示すようにそれぞれの構造に応じて個体解釈と事態解釈をもつ．

(20) (19)の解釈
  a. 個体解釈：大晦日についた鐘の個数
    統語構造：[NP [大晦日についた] 鐘］の数
    対応する文形式：私は大晦日に2個の鐘をついた．
  b. 事態解釈：大晦日に鐘をついた回数
    統語構造：[大晦日についた] [NP 鐘の数]
    対応する文形式：私は大晦日に鐘を2回ついた．

統語構造の観点から見ると，(20a)は個体限定型関係節である．つまり，関

---

[4] 次の例は統語論的には個体限定型関係節のように見えるが，意味論的にはむしろ数量限定型と考えなければならない．

 (i) [流した]涙の数

この表現は涙粒の数を問題にしているのではなく，'流した涙'によってメトニミー的に泣く事態を指している．したがって，次の数量限定型関係節とほぼ同じ意味を表す．

 (ii) [涙を流した]数

この関係節は事態解釈で，泣いた回数を問題にする．
　このようにメトニミーによって個体名詞が事態を指すことがあるため，主名詞が個体名詞ならばそれを限定する関係節は個体限定型であると言い切ることはできない．

係節が主名詞の'鐘'を限定し，その主名詞が'数'を限定する。[5] この構造と組み合わされる解釈は個体解釈で，ついた鐘の個数を問題にする．対応する文形式では，主名詞'数'は'2個'のような数量詞になる．(20b)の統語構造では，スケール名詞'数'が名詞句'鐘の数'に内包され，さらに関係節によって限定される．したがって，(20b)の関係節は数量限定型と見なされる（このような関係節を「数量名詞句限定型関係節」と呼ぶことにする）．その解釈は鐘をつく事態に焦点を当てた事態解釈である．対応する文形式では，主名詞'(鐘の)数'は'2回'のような数量詞で置き換えられる．

次に(19)に対応する数量限定型関係節の例を考えてみよう．

(21)　大晦日に鐘をついた数

主名詞のスケール名詞'数'は，関係節内のヲ格名詞の'鐘'と意味的に関係する．その構造は(20b)のそれと並行的である（(20b)は数量限定型関係節で，主名詞句の主要部'数'が関係節によって修飾される）．ここで重要なのは，(21)の解釈が事態解釈になることである．すなわち，(21)では鐘をついた回数のみが問題で，鐘の個数は問題にしていない．[6] 以上をまとめると，次のようになる．

(22)　(21)の解釈
　　　事態解釈：大晦日に鐘をついた回数
　　　統語構造：［大晦日に鐘をついた］［$_{NP}$ 数］
　　　対応する文形式：私は大晦日に鐘を2回ついた．[7]

---

[5] ここではついた鐘の個数を問題にしているので，ついた回数が鐘の個数と一致する必要はない．例えば，2個の鐘をついた場合，それぞれ1回ずつつくとついた回数は2回となるが，1つの鐘を1回，もう1つの鐘を2回ついたとしても，ついた鐘の個数は依然として2個である．

[6] 事態と個体を対応させることが可能であるから，例えば鐘をつく事態が2回あれば，それぞれ事態で別の鐘をつく状況を想定できる．その場合の鐘の個体数は2となる．この解釈ではどの鐘をついたかではなく，ついた回数に焦点が当てられている．

[7] ヲ格名詞と事態の関わりに注目するために，対応する文形式では主語を定名詞（'私'）にしてある．(21)の関係節内の主語が'参拝客'のような不定名詞にすると，解釈が曖昧になる．

　　(i)　［参拝客が大晦日に鐘をついた］{数／??人数}

第6章　日本語における数量表現と関係節の相関　　205

(19) と (21) で可能な解釈に違いがあるという事実は，数量限定型関係節によって数えているものが個体ではなく，事態であるという (15) の仮説を支持する．

これまで，個体限定型関係節が個体に焦点を当てる形式であるのに対して，数量限定型関係節は事態に焦点を当てる形式であると考える根拠を見てきた．6.1 節で述べたように，数量限定型関係節は話し言葉で用いられ，書き言葉では個体限定型関係節を用いるのが一般的であるように思われる．実際，インターネットを利用した実例の収集でも数量限定型関係節は限定的である．容認可能な表現であるのに実例が少ないという事実が示唆することは何であろうか．そこで，以下では数量限定型関係節が用いられる文脈について考えてみたい．

数量限定型関係節が事態に焦点を当てる形式であるならば，個体の数よりも事態の数（規模）に焦点が当たる．結果として，意外性や事件性といった意味合いを帯びることになる（小林亜希子氏との私信）．このことは，数量限定型関係節と個体限定型関係節に述部を続けると次のような対立が観察されることからも支持される．[8]

(23)　数量限定型
　　　a.　[A 大学に学生が来た]（人）数には驚いた．
　　　b.　[A 大学に学生が来た]（人）数は誰も予想しないほど多かった．
　　　c. *[A 大学に学生が来た]（人）数は 30 人だった．
　　　d.?*[A 大学に学生が来た]（人）数を学校側が公表した．
(24)　個体限定型
　　　a.　[A 大学に来た] 学生の人数には驚いた．
　　　b.　[A 大学に来た] 学生の人数は誰も予想しないほど多かった．

───────────
この表現は，(22) のように鐘をついた回数を問題にする読みと鐘つきに関わった参拝客の数を問題にする読みをもつ．後者の解釈は，個体に焦点を当てた個体限定型の関係節の解釈に近くなると思われる．

　(ii)　[[大晦日に鐘をついた] 参拝客] の人数

[8] (23) (24) は小林亜希子氏の指摘による．著者の言語直感では，関係節の主名詞（スケール名詞）が '人数' のように類別詞を含むとすわりが悪いが，それを取り除けば小林氏の容認性判断と同じになる．

c. ［A 大学に来た］学生の人数は30人だった．
d. ［A 大学に来た］学生の人数を学校側が公表した．

数量限定型関係節では個体数に言及する述語はすわりが悪く，'予想しないほど'や'…には驚いた'のような事態に対する評価と見なせる述語が自然である．このように数量限定型関係節は事態に注目した形式であり，個体限定型関係節に比べて用いられる環境が制限される．また，上の対立は，単に個体数に言及する場合の無標の形式が個体限定型であることも示している．

6.1.5. 量を表すスケール名詞

本節は，スケール名詞が量を表す場合に注目する．(10a)((25a)として再掲)の数量限定型関係節と(25b)の個体限定型関係節を解釈について比較してみよう．

(25) a. ［太郎が寿司を食べた］量　(=(10a))
b. ［NP［太郎が食べた］寿司］の量

これらの関係節を分析するうえで，解決しなければならない問題が2つある．1つは'量'の扱いで，今1つは'寿司を食べる'という述語の扱いである．'寿司を食べる'という述語は，対象が非有界的であるために「活動動詞」(activity verb)に分類される(cf. Vendler (1967), Tenny (1987))．この述語は，事態の進行に応じて食べられる対象が漸次的に増えるという語彙特性をもつ．[9] したがって，'鐘をつく'のように対象の増減なしにつく回数が増える事態とは決定的に異なる．とは言え，'寿司を食べる'という事態は，数のスケールに基づいてとらえることも，量のスケールに基づいてとらえることも可能である．例えば，食べる寿司を数でとらえれば(26a)になり，量でとらえれば(26b)になる．

(26) a. 僕は寿司を20貫食べた．→［僕が寿司を食べた］数
b. 僕は寿司を2人前食べた．→［僕が寿司を食べた］量

---

[9] このような対象は，一般に「漸次的増加対象」(incremental theme)と呼ばれる (Tenny (1987, 1994), Krifka (1989), Dowty (1991) などを参照)．

(26a) は遊離数量詞 '20 貫' を含み，対応する数量限定型関係節では数のスケール名詞が主名詞になる．一方，(26b) は遊離数量詞 '2 人前' を含むが，対応する数量限定型関係節では量のスケール名詞が主名詞になる．数のスケール名詞が主名詞である数量限定型関係節は，事態を数えていると仮定したので，(26a) では '20 貫（の寿司）' が事態の数を表していることになる．これは前節で見た事態解釈と並行的な解釈である．これに対して，量のスケール名詞が主名詞である数量限定型関係節の場合，事態を数えているとは言えない．(26b) は，寿司を食べる行為が '2 人前' が表す量に達するまで継続したことを表している．つまり，(25a) では関係節が表す事態の進行に応じて累積した寿司の量を問題にしていることになる．この解釈は累積量解釈である（cf. 'チョムスキーの本を 100 ページ読んだ'）．

(25b) の関係節は個体を限定し，それがスケール名詞 '量' にかかるため，最終的に個体の量が問題になる．意味的には，太郎が食べた対象（個体）を特定し，その個体の量を問題にしている．なお，(25b) は次の統語構造を与え，数量名詞句限定型関係節と見なすこともできる．

(25) b′．［太郎が食べた］［$_{NP}$ 寿司の量］

この場合，スケール名詞の '量' が名詞句を構成し，関係節がその主要部（＝ '量'）を限定する．よって，(25b′) は数量限定型関係節と見なされ，その解釈は累積量解釈になる．すなわち，太郎が寿司を食べることによって累積した寿司の量を指している．

数量限定型関係節と個体限定型関係節の解釈の違いをまとめると次のようになる．

(27) 数量限定型
    a.　［太郎が寿司を食べた］量　（＝(25a)）
    b.　［太郎が食べた］［$_{NP}$ 寿司の量］
       解釈：太郎が寿司を食べることによって累積した寿司の量
(28) 個体限定型
    ［$_{NP}$［太郎が食べた］寿司］の量　（＝(25b)）
    解釈：太郎によって食べられた寿司の量

数量限定型関係節は事態の進行とともに累積した寿司の量を表すが，個体限

定型関係節は食べた寿司の個数を限定し，その量を問題にしている．どちらの関係節も寿司を食べるという事態において消費された寿司の量を表している点では同じである．

　次に，量のスケール名詞のもう1つの例として'距離'を考えてみよう．'距離'と'マラソンコースを走る'という述語で次の関係節を作ることができる．

　　(29) a.　［金田が（その）マラソンコースを走った］距離
　　　　 b.　［［金田が走った］［（その）マラソンコース］］の距離

'（その）マラソンコース'は有界的な名詞(句)なので'（その）マラソンコースを走る'という述語は「達成動詞」(accomplishment verb) に分類される (Vendler (1967), Tenny (1987) などを参照). この語彙特性によって，'寿司を食べる'の場合と異なり，(29a) と (29b) は異なる意味を表すことになる. まず，(29a) の関係節は数量限定型なので，その解釈は累積量解釈になる．すなわち，'金田がそのマラソンコースを走る'という事態で累積した距離を表す．ここで注目すべきは，定名詞の'そのマラソンコース'と主名詞の'距離'が部分関係を結ぶことである．つまり，(29a) は次のような数量詞遊離文に対応する．

　　(30)　金田はそのマラソンコースを5キロ走った．

この文において'そのマラソンコース'と'5キロ'の意味関係は，I 部分関係になる（'僕はその本を100ページ読んだ'における'その本'と'100ページ'の部分関係と同類）．

　次に (29b) であるが，一見すると，個体限定型関係節のようだが，主名詞句が特定名詞句の'そのマラソンコース'であるため，問題の関係節は非制限的用法になり，主名詞句を限定しない．結果として，(29b) の意味は，'（その）［金田が走った］マラソンコースの距離'と同義になる．つまり，実際に金田が走った距離ではなく，特定のマラソンコースの（属性としての）距離を指す．また，(29b) が金田の走った距離を表さないことから，次の数量名詞句限定型関係節の構造を付与できないと結論づけられる．

　　(31) #［金田が走った］［_{NP}（その）マラソンコースの距離］

第 6 章　日本語における数量表現と関係節の相関　　209

　(29) において金田が実際に走った距離を表せるのが (29a) だけであることから，数量限定型関係節が次のような意味機能をもつことがわかる．すなわち，述語に定名詞が含まれ，それが主名詞(句)と部分関係を結ぶような関係節は，個体限定型ではなく，数量限定型になる．(29a) の数量限定型関係節は I 部分関係を表す ('そのマラソンコース' と主名詞の '距離' の部分関係) が，次に示すように M 部分関係や T 部分関係も表すことができる．(32) は数量限定型関係節で，それぞれ (33) の数量詞遊離文に対応する．

　(32) a.　[僕がそのりんごを食べた]（個）数[10]
　　　 b.　[僕がその本を買った]（冊）数
　(33) a.　僕はそのりんごを 2 個食べた．　[M 部分関係]
　　　 b.　僕はその本を 2 冊買った．　　　[T 部分関係]

興味深いことに，数量名詞句限定型関係節では，M 部分関係と T 部分関係で次の関係節の容認性が逆転する．

　(34) a. #[僕が食べた][_NP そのりんごの個数]
　　　 b.　[僕が買った][_NP その本の冊数]

(34a) は 'そのりんごの個数' と同義にしか解釈できず，関係節が '個数' を限定する統語構造では意味的に矛盾する（そのりんごの個数と僕が食べたりんごの個数が衝突するため）．これは (31) の I 部分関係の場合と並行的な振る舞いである．これと対照的に，(34b) は '僕が買った (その本の) 冊数' と同義になり，意味的な矛盾が生じない．これは 'その本' がタイプ解釈を受け，'その本の冊数' が意味をなさないため，関係節が '冊数' を限定することを阻止しないためであると考えられる．まとめると，数量限定型関係節の主名詞句が部分関係を表す場合，M 部分関係と I 部分関係は容認されないが，T 部分関係は容認される．

　本節は，量のスケール名詞が主名詞になる数量限定型関係節に注目した．

---

　[10] 'そのりんご' がテーブルにあったりんごを指す場合に M 部分関係の解釈が得られる．一方，'そのりんご' がタイプ指示になると T 部分関係の解釈となり，(32b) と並行的になる．なお，最初の 'そのりんご' をタイプ名詞句と見なす分析については，第 3 章 3.4.2 節の議論を参照のこと．

量のスケール名詞と数のスケール名詞との違いは，前者が関係節が表す事態を通じて累積した量を問題にするのに対して，後者は個体と事態の対応関係に基づいて事態を間接的に数える，という点である．

6.1.6. 数のスケール名詞と量のスケール名詞の比較

最後に，数のスケール名詞と量のスケール名詞を比較する．次の数量詞遊離文では，それぞれ個体数量詞の'2本'と内容数量詞の'2パイント'が先行詞である'ギネス'から遊離している．

(35) a. 昨夜，ジョンはパブでギネスを2本飲んだ．
　　 b. 昨夜，ジョンはパブでギネスを2パイント飲んだ．

以下は，(35)の各文に対応する個体限定型関係節と数量限定型関係節を示したものである．

(36) a. [[昨夜，ジョンがパブで飲んだ]ギネス]の本数
　　 b. [[昨夜，ジョンがパブで飲んだ]ギネス]の量
(37) a.?*[昨夜，ジョンがパブでギネスを飲んだ]数
　　 b. [昨夜，ジョンがパブでギネスを飲んだ]量

(36)の個体限定型では，主名詞として数のスケール名詞と量のスケール名詞のいずれも許容される．[11] (37)の数量限定型では，主名詞として量のスケール名詞は問題ないが，数のスケール名詞はすわりが悪い（スケール名詞を'本数'としても容認性は回復しない）．

数量限定型関係節において数のスケール名詞と量のスケール名詞で容認性の対立が生じる原因として，関係節事態の意味特性が考えられる．すなわち，'ギネスを飲む'という事態は，ギネスのびんの本数よりむしろ，累積したギネスの量でとらえるほうが自然である．したがって，数量限定型の形式では量のスケール名詞が選ばれるものと思われる．この点で，先に見た

---

[11] (36)の関係節は，数量名詞句限定型として解釈することもできる．

　(i) a. [昨夜，ジョンがパブで飲んだ][NP ギネスの本数]
　　　b. [昨夜，ジョンがパブで飲んだ][NP ギネスの量]

関係節は数量名詞句の主要部（'本数・量'）を限定し，解釈は累積量解釈になる．

'学生がここに来る'や'大晦日に鐘をつく'などの事態とは本質的に異なる．これに対して，個体限定型関係節では関係節によって個体が決定されるだけなので，あとで数と量のどちらに言及しても問題が生じないのである．

6.1.7. まとめ

6.1 節は遊離数量詞が関係節化された，'僕がりんごを食べた（個）数'のような句について考察した．本研究は，この種の関係節を数量限定型と呼び，'僕が食べたりんごの数'のような個体限定型関係節から区別した．そして，数量限定型関係節と個体限定型関係節の統語的・意味的特性を比較した．

本研究は，個体限定型関係節が個体に焦点を当てる形式であるのに対して，数量限定型関係節は事態に焦点を当てる形式であると仮定した．これによって，例えば'大晦日に鐘をついた数'（数量限定型）が鐘の個数ではなく，鐘をついた回数に焦点を当てることが自然に導かれる．また，当該関係節が事態の意外性や事件性を表す述語と整合することも説明できる．さらに，'僕が寿司を食べた量'のように数量限定型関係節の主名詞が量のスケール名詞の場合は，数のスケール名詞の場合と異なり，事態を通じて累積した個体の量が問題になると主張した．

6.2. 複合名詞句からの数量詞遊離[12]

日本語数量詞遊離文の研究は，特に初期段階の 60 年代末から 80 年代にかけて当該構文の基底文や遊離数量詞の統語構造上の位置といった統語的特徴の解明に関心があった（奥津（1969），井上（1976, 1978），神尾（1977），柴谷（1978），Miyagawa（1989）など）．90 年代ごろからは，研究の関心が数量詞遊離文の意味論的特徴の解明に移る（Kaga（1987），加賀（1992, 1997），三原（1998），高見（1998a, 1998b），加藤（重）（2003）など）．本研究は遊離数量詞が基底生成されるという立場をとるが，関連文献における慣例に基づき「遊離」という名称を用いる．[13]

---

[12] 本節は田中（2000b）に大幅な加筆修正を行ったものである．
[13] 三原（1998）は，数量詞の移動分析に由来する「数量詞遊離文」という名称を避け，

近年の数量詞遊離文の研究で扱われる言語データは，遊離数量詞の先行詞が単純名詞である場合が一般的である．初期の研究では，例えば井上 (1977) が指摘したような，遊離数量詞の先行詞が関係節を伴った複合名詞句の例も見られたが，当時は遊離数量詞の移動分析の可否に議論が集中し，遊離数量詞の先行詞が単純名詞の場合との比較などの議論に結びつくことはなかった．[14]

(38) a. 前を走っていた乗用車が 2 台つかまった．（井上 (1977: (48b)))
  b. 並んで走っていた数台のトラックがガードレールにみんなぶつかった．   (ibid.: (49))

本節では複合名詞句から数量詞が遊離した場合に注目し，そこで見られる意味的特性について考察する．

6.2.1. 主節と関係節の論理関係と遊離数量詞

廣瀬 (1998) は，(2a, b) の最小対立 ((39a, b) として再掲）に基づき，遊離数量詞の先行詞が複合名詞句の場合，容認性が低下する場合があると指摘している．

(39) a. 山田はそこで [その後の人生を一変させる] 1 冊の本を買った．
                 (= (2a))
  b.?*山田はそこで [その後の人生を一変させる] 本を 1 冊買った．
                 (= (2b))

(39a) は連体数量詞文で容認されるが，対応する (39b) の数量詞遊離文は容認性が低い．[15] 興味深いのは，(39b) と同様に遊離数量詞の先行詞が複合

「数量詞連結構文」という名称を提案している．

[14] (38b) に例示される，2 つの数量詞（'数台・みんな'）を含む数量詞遊離文は，筆者の知る限り Kawashima (1998) が取り上げるまで分析されてこなかった．この種の構文は 6.3 節で考察する．

[15] (39b) の遊離数量詞を NQC 型（先行詞と格助詞の間に生じる遊離数量詞）に変えると容認される．

 (i) 山田はそこで [その後の人生を一変させる] 本 1 冊を買った．

NQC 型は，一般的な遊離数量詞と異なり，先行詞が定名詞でも部分関係を表さなくてよい

名詞であっても，容認される場合があるということである．

(40) ［あなたの人生を一変させた］本を1冊挙げてください．

(廣瀬 (1998))

(39b) と (40) の本質的な違いは，①関係節の目的語と②関係節の時制の2点である．①については，(39b) の関係節に含まれる'その後の人生'は主節事態の時点（以下，「主節時」と呼ぶ），すなわち本を買った時点，を受けるが，(40) の関係節に含まれる'あなたの人生'は主節時への依存はない．[16] ②については，(39b) では関係節の時制形式がル形，主節のそれがタ形で主節事態が関係節事態よりも先に実現する（A 事態が B 事態よりも先に実現

―――――――――――――――

（第3章3.4.3節を参照）．

(ii) 私の研究室にはパソコンが2台ある．
 a. ＊今朝，そのパソコンが2台突然故障した．（＝第3章 (79b)）
 b. 今朝，そのパソコン2台が突然故障した．（＝第3章 (79c)）

(iia) は'そのパソコン'が3台以上で遊離数量詞が部分解釈を受けられれば容認されるが，第1文の内容と意味的に矛盾する．一方，(iib) の遊離数量詞は部分解釈を受けなくても容認される．ただし，NQC 型の遊離数量詞の部分解釈については，容認性判断に揺れが見られる（第3章の注52を参照）．

[16] 橋本 (1995a) が指摘するように，非状態的な述部であれば主節の表す出来事の成立時点を「主節時」と見なすことができるが，次のように状態的な述部ではそれができない．

(i) 明日［無事に帰ってきた］人は，きっと全員救命具をつけているに違いない．

(橋本 (1995a: (2)))

この例では，主節の述語'救命具をつける'の成立時を主節時とすることには問題がある．なぜなら関係節時よりもまえである解釈が普通だからである．橋本は従属節時の基準となる主節時が，Reichenbach (1947) の SRE 体系で言えば，「出来事時」(event time) ではなく「参照時」(reference time) であると主張している．(i) に即して言えば，関係節時が基準にしている時点は'テイル'が指している時点である，と橋本は指摘している．

次の例のように，非状態的な述語の場合は出来事時と参照時が一致するため (i) の場合のような問題が生じない．

(ii) 明日の集まりでは，［先に行った］人が，迎えに来てくれる．

(橋本 (1995a: (1)))

本研究は，橋本分析に基づいて，出来事時と参照時がずれない限りにおいて，主節時を出来事が成立する時点としてとらえることにする．また，関係節時についても，厳密には参照時ととらえなければならないが，主節時と並行的に用いることにする．

することをA＜Bと表記する).[17] 一方，(40)では関係節の時制形式がタ形，主節のそれがル形なので，関係節事態＜主節事態となる (cf. 三原 (1992)).

(40)と並行的になるように，関係節内に主節事態の実現時点に依存する表現を含めず，かつ関係節事態＜主節事態になる時制形式で数量詞遊離文を構成すると，次のように容認される.[18]

(41) 山田はそこで［自分の人生を一変させた］本を1冊買った．

遊離数量詞の容認性の決定要因が，関係節と主節の時制形式のパタンなのか，あるいは関係節に含まれる主節時に依存する表現なのかを峻別するには次の例が有効である．

(42) 山田はそこで［花子に贈る］本を1冊買った．

この文における主節と関係節の時制形式パタン（関係節＝ル形，主節＝タ形）

---

[17] 日本語のタが過去時制・完了相のどちらの表示としても用いられることはすでに多くの文献で指摘されている．例えば，Nakau (1976) は従属接続詞に時制を要求するものと相を要求するものがあり，タ形の曖昧性が解消されることを指摘している（中右 (1980) も参照）．

(i) a. その生徒は，先生に作文を誉められたので，大変喜んだ．
    b. その生徒は，先生に作文を誉められたとき，大変喜んだ．

Nakau (1976) によれば，(ia) の従属節のタ形は過去時制を表し，(ib) の従属節のタ形は相を表す．本研究は，三原 (1992) のアプローチに基づき，事態の実現順序に注目するため，タ形の時制・相の区別を問題にせず，ル形との関係で時間的にどちらが先行するのかに注目する．ただし，6.2.4節では相が主節と関係節の論理関係に与える影響について考察する．

[18] 主節と関係節がともにタ形の場合，関係節事態＜主節事態だけでなく，主節事態＜関係節事態の解釈も可能である．したがって，次の例は2通りに曖昧になる．

(i) 山田はそこで［自分の人生を一変させた］本を買った．
    解釈①　山田が自分の人生を一変させた本をあとから買った．
                                    （関係節≠主節事態の理由）
    解釈②　山田が本を買ったあとで人生が一変した． （関係節＝主節事態の理由）

興味深いことに，(41)のように主節が遊離数量詞を含む場合，解釈②に相当する読みが失われ，解釈①に相当する読みしか得られない．この事実については6.2.3節で考察する．

は，(39b) のそれと並行的であるが容認される．したがって，関係節が主節時に依存する表現を含むことが遊離数量詞の容認性を低下させていることになる．では，主節時に依存する表現を関係節が含むことが意味することは何か．それは，主節事態が関係節事態に対する原因として解釈されることであると考えられる．換言すれば，主節事態が原因となって関係節事態が起こるという，因果関係が見いだせるということである．具体的には，(39b) の関係節と主節の論理関係は次のように表せる．

(43)　山田の本の購入［主節事態］⇒ 山田の人生の変化［関係節事態］

なお，(41) では関係節事態（人生を一変させること）が主節事態（本を買うこと）よりも先に実現するので，(39b) に見られる因果関係は成立しない．また，(42) では関係節事態が主節事態の実現時点で未成立であるが，主節事態が関係節事態の原因と見なされることはない．

　主節の原因解釈の有無に注目して，(39b) (41) (42) の特徴をまとめたのが次の表である．

例文	事態の実現順序（時制形式）	主節の原因解釈	FQ の容認性
(39b)	主節事態（タ）＜関係節事態（ル）	あり	*
(42)	主節事態（タ）＜関係節事態（ル）	なし	OK
(41)	関係節事態（タ）＜主節事態（タ）	なし	OK

表 6.2　主節の原因解釈と遊離数量詞（FQ）の容認性

(41) の関係節は主節に対する原因を表さない．というのは，主節事態よりも関係節事態が先に実現するからである．表 6.2 からわかる各文の共通点と相違点は以下の 2 点である．

① 容認される (41) と (42) は，主節事態と関係節事態の実現順序が逆転しているが，ともに主節が原因解釈を受けない．
② 容認されない (39b) と容認される (42) は，主節事態と関係節事態の実現順序が同じだが，前者のみ主節が原因解釈を受ける．

①と②を総合すると，主節事態の原因解釈が数量詞遊離文の容認性に影響を与えていると推論できる．よって，本研究は次の仮説を立てる．

(44) 主節事態が関係節事態の原因として解釈される場合，関係節の主名詞（句）を先行詞とする遊離数量詞は容認されない．

以下では，この仮説を検証し，その由来の解明を試みる．

6.2.2. 数量詞遊離文における遊離数量詞と先行詞の関係

数量詞遊離文を分析するうえで，まず遊離数量詞と先行詞の意味関係を押さえておかなければならない．第3章3.4.2節の分析に基づくと，日本語数量詞遊離文はT部分関係またはI部分関係を表す（M部分関係はT部分関係から語用論的に推論されることがある）．どの部分関係になるかは，遊離数量詞が基数的数量詞か比率的数量詞か，基数的数量詞ならば個体数量詞か内容数量詞か，さらに遊離数量詞の先行詞が定か不定か，によって決まるのであった．以下に各種類の部分関係を表す数量詞遊離文を例示する．

(45) a. 太郎は夏休み中にその本を2冊買った．　　（＝第3章 (33)）
　　b. 僕は，そのりんごを3つ食べた．　　　　　（＝第3章 (31b)）
　　c. 太郎は夏休み中にその本を100ページ読んだ．
　　　　　　　　　　　　　　　　　　　　　　　（＝第3章 (29b)）

(45a, b) はT部分関係の例である．(45a) では'その本'は特定の本のタイトル（タイプ）を表し，遊離数量詞（個体数量詞）がそのトークンの数を表す．(45b) では'そのりんご'が特定の空間に存在するタイプを表す（りんごの種類は捨象される）ため，遊離数量詞（個体数量詞）の'3つ'との関わりによってM部分関係が語用論的に推論される．(45c) はI部分関係の例で，遊離数量詞（内容数量詞）の'100ページ'は先行詞である'その本'の中身の一部分を指す．この数量詞遊離文の特性を踏まえて，(39b) と (41) の文法対立を分析してみよう．両文に含まれる遊離数量詞（'1冊'）は個体数量詞であるから，両文が表しうる部分関係はT部分関係ということになる．

まず，(41) は2通りのT部分関係の解釈が可能である．1つは，'自分の人生を一変させた本'が特定の本のタイトル（タイプ）を指し，遊離数量詞の'1冊'がそのトークンを指す読みである．今1つは，'自分の人生を一変させた本'が（タイトルの違いが捨象された）タイプを指す場合で，遊離数

量詞の'1冊'との関わりでM部分関係の読みが推論される．ただし，人生を一変させた本が1冊しかない場合には，M部分関係の読みはキャンセルされる．

以上をまとめると次のようになる．

(46) '山田はそこで自分の人生を一変させた本を1冊買った'の解釈
  a. T部分関係の読み①
   '自分の人生を一変させた本'＝特定のタイトルの本（タイプ）
   '1冊'＝先行詞の表す本のトークン
  b. T部分関係の読み②
   '自分の人生を一変させた本'＝人生を変えた本（タイプ）
   '1冊'＝先行詞の表す本のトークン（M部分関係の推論可）

次に(39b)であるが，結論から言うと，この文はT部分関係を表さない．なぜなら，'その後の人生を一変させる本'は時間（＝本の購入時点）によって規定されており，タイプの定義を満たさないためである．例えば，20歳のときに買った本が人生を変えたという状況で'その後の人生を一変させる本'を用いると20歳以外のときに買って読んだ同じ本は排除されてしまう．また，20歳のときに同時に買った（タイトルの異なる）2冊の本がどちらも人生を変えたとしても，それを'その後の人生を一変させる本'（タイプ解釈）で指すことはできず，'その後の人生を一変させる本'（個体解釈）で指さなければならない．要するに，'その後の人生を一変させる本'はトークンそのものを指すということである．[19]

---

[19] 橋本修准教授（筑波大学）から(39b)に類似する次の文が容認されるのではないかと指摘を受けた．

 (i) 山田は獄中でその後の人生を一変させる手紙を2通受け取った．

筆者の言語直感でもこの文は(39b)と対照的に容認されるように思われる．ただし，(i)と(39b)では場所句の解釈が異なっていると考えられる．すなわち，(i)に含まれる'獄中で'は(39b)の'そこで'と異なり，瞬間的な位置ではなく，むしろ時間的な幅をもつ位置を表しているように感じられる．このことが反映された言い換えとして，次の文を考えることができる．

 (ii) 山田は獄中にいる{とき／間}にその後の人生を一変させる手紙を2通受け取った．

タイプ解釈が適切に成立する例として，第3章3.3.2節で見た，創造動詞を含む数量詞遊離文が参考になる．第3章 (40a) の例 ((47) として再掲) では，'その穴' と遊離数量詞の '2つ' が T 部分関係を結ぶのであった．

(47) 太郎は地面にその穴を 2 つ掘った．（＝第 3 章 (40a)）

創造動詞の対象となる名詞は〈−既存性〉の性質をもつため，'その穴' は掘るまえには（空間的に）存在していない．この点で人生を変える本が本を購入して（読んで）初めて決まることと類似する．しかし，(47) の 'その穴' は主節事態から独立して抽象的に存在しており，主節事態を通じて物理的に存在することになるのに対して，(39b) では 'その後' という主節時が '人生を一変させる本' を規定するため，主節から独立して存在することはできない．このように，タイプ名詞(句)は主節事態から独立して規定されなければならない．

なお，人生を変えることを目的にした本（例えば，Kelly McGonigal の『スタンフォードの自分を変える教室』）を問題にする場合は，タイプ解釈が可能となり，次のような数量詞遊離文を用いることができる．

(48) 僕はそこで人生を変える本を 1 冊買った．

この文では，'人生を変える本' は '人生を変えるための本' とほぼ同義で解釈される．(48) は，'人生を変える本' が特定のタイトル（タイプ）あるいはそういうジャンルの本を指し，遊離数量詞の '1 冊' はそのトークンを指

このような，場所句の継続的解釈は遊離数量詞の先行詞の解釈に影響を与える．(39b) では場所句が瞬間的な位置であるため，'その後の人生を変える本' のタイプ解釈が排除されるが，(ii) では 'その後の人生を一変させる手紙' に含まれる 'その後' とは手紙を受け取った瞬間的時点といよりも，獄中にいる期間（収監されている時間）を漠然と指すように感じられる．結果として，特定の時点となじまないタイプ解釈が可能になっているのではないかと思われる．

実際，(39b) の遊離数量詞を '2 冊' に変えた場合，2 冊の本を買った時点は同一時点であるとしか読めないが，(i) では 2 通の手紙を受け取った時点が同一時点よりも別の時点の読みが優勢であるように感じられる．同一時点の読みであっても，'その後' が指す時点は手紙を受け取った時点ではなく，出所する時点であると思われる．いずれにせよ，'その後' が指す時点が場所句の解釈に依存し，数量詞遊離文の容認性に影響していることは疑いない．

すため，T 部分関係が成立する．

　最後に容認性が低下しない（39a）を見よう．この文は連体数量詞文であるため，(39b) の場合のような T 部分関係は含意されない．結果として，主節事態と関係節事態の間には（39b）と並行的な因果関係が成立するが，タイプ解釈に関する問題は生じない．主名詞句の '1 冊の本' は個体解釈を受け，それを制限節が限定する．

　本節では，関係節が主節に対する原因を表す場合，遊離数量詞の先行詞がタイプ解釈を受けられないため，解釈できないことを示した．次節では，主節が原因解釈を受けるメカニズムについて考察する．

6.2.3. 関係節のテンス・アスペクトと遊離数量詞の容認性

　本節では，主節と関係節の因果関係と数量詞遊離の相関について考察する．(41)（(49a) として再掲）と対応する連体数量詞文を比較する．

(49) a.　山田はそこで［自分の人生を一変させた］本を 1 冊買った．
$$(=(41))$$
　　 b.　山田はそこで［自分の人生を一変させた］1 冊の本を買った．

すでに見たように，(49a) には 2 つの T 部分関係の読みがあるが，どちらの読みでも主節事態と関係節事態の実現順序は関係節事態＜主節事態になる．すなわち，山田の人生の変化は問題の本を購入するまえに実現している．換言すれば，山田は自分の人生を変えることになった本を自分で買わずに，ほかの手段（例えば，図書館から借りたり，人にもらったりするなど）によって手に入れたことになる．したがって，山田が本を買うことが主節の原因と見なされることはない．

　興味深いことに，(49b) では状況が異なる．(49a) と並行的な，関係節事態＜主節事態の読みもあるが，主節事態＜関係節事態の読みも可能である．つまり，購入した 1 冊の本によって山田の人生が変わったという読みである．この場合，主節事態は関係節事態の原因として解釈される．(39b) との対比で注目すべきは，(49b) では 'その後の人生' ではなく '自分の人生' となっているので，主節時に依存する表現ではないが，事態の実現順序に対応して，'自分の人生' が '本を買ったあとの自分の人生' と解釈されるために主節時に依存した表現と同等になると考えられる．

主節と従属節の時制形式と各節が表す事態の実現順序については，三原 (1992) が砂川 (1986) をたたき台にして修正を加え，提示している．三原は，主節と関係節の時制形式がタ形であるとき，関係節の時制形式が発話時に基づいて決まると主張する．つまり，発話時点において関係節事態が実現していれば，関係節事態が主節事態に先行するかどうかは問題にならない．[20] 次の例は主節と関係節の時制形式がともにタ形であるが，(a) 文は主節事態＜関係節事態の場合を，(b) 文は関係節事態＜主節事態の場合をそれぞれ表している（三原は発話時点・主節事態・関係節事態をそれぞれ ST・MC・SC と呼ぶ）．[21]

(50) a. 林さんは昨日，[我々が送った小包] を受け取った（そうだ）．
　　　　(SC ＜ MC ＜ ST)　　　　　　　（三原 (1992: 第 1 章 (10b))）
　　　b. 福井交通の運転手が [越前海岸で自殺した女性] をそこまで車に乗せていった（らしい）．(MC ＜ SC ＜ ST)

(ibid.: 第 1 章 (9b))

三原の主張に基づくと，(49a, b) の最小対立は主節と関係節が同一の時制形式であるから，各節が表す事態の実現順序はどちらが先でもかまわないはずである．ところが，連体数量詞文では主節事態＜関係節事態と関係節事態＜主節事態のいずれも可能なのに対して，数量詞遊離文では関係節事態＜主節事態のみが可能である．数量詞遊離文で得られない解釈は，主節事態＜関係節事態の読み，すなわち本の購入後に人生が一変するという読みである．
　(39b) (42) のように主節の時制形式がタ形，関係節のそれがル形の場合は，三原分析では関係節時が主節時に基づいて決定されるという．つまり，

---

[20] 砂川 (1986) は，関係節の時制形式がタ形の場合，関係節事態が主節時よりもまえに実現していると主張しているが，三原 (1992) は (50b) のような例が存在することから砂川分析に対して反論している．

[21] (50) は関係節の述語が動作述語の場合であるが，状態述語の場合でも同様に主節事態と関係節事態の順序は問われない．

　(i) a. 富山市は [昨年まで城跡公園にあった合掌造り] を 10 年前に白川郷から運んできた（という話です）．(MC ＜ SC ＜ ST)　　（三原 (1992: 第 1 章 (9a))）
　　　b. 上田市は [駅前にあった江戸時代の旧家] を再開発のために取り壊した．(SC ＜ MC ＜ ST)　　　　　　　　　　　　　　　(ibid.: 第 1 章 (10a))

ル形の時制形式をもつ関係節事態は主節時で実現していないがやがて実現することになる．次の例で確認してみよう．[22]

(51) 戦前は親や親戚が［子供が結婚する相手］を決めた．
(MC ＜ SC ＜ ST)（ibid.: 第1章 (20a)）

三原は，(51) の関係節の時制形式がル形なのは，発話時ではなく，主節時に基づくためにほかならないと指摘する．もし発話時に基づくなら，'戦前' という時間副詞から発話時以前の話であることは明白なので，関係節はタ形になることを予測してしまう．

関係節の時制形式がル形で主節のそれがタ形であることは，主節事態の（関係節事態に対する）原因解釈の必要条件である．実際に主節が原因解釈になるかどうかは，我々の百科辞書的知識に基づいて決定される．

(52) a. ある本の購入によって人生が一変した．　　(cf. (39b))
　　 b. #ある本の購入によって花子にそれを贈った．(cf. (42))

(52a) では，本を購入する事態は人生が一変する事態の原因と見なされる．これに対して，(52b) では本を購入する事態は花子にその本を贈る事態の原因とは見なされず，むしろ花子に本を贈る事態が本を購入する事態の目的ととらえられる．

これまで主節と関係節が表す事態の実現順序と数量詞遊離文および連体数量詞文の解釈の相関について考察してきた．その結果，数量詞遊離文は，連体数量詞文に比べて，表せる主節事態・関係節事態の実現順序のパタンが少ないことが明らかになった．すなわち，主節事態が関係節事態の原因を表す読みが排除される．この事実は (44) の仮説を支持する．

6.2.4. 原因解釈の決定要因

本研究は，(39b)（(53) として再掲）の主節が原因解釈を受けるのは，関

---

[22] (51) は関係節の述語が動作動詞の場合であるが，状態述語の場合でも同様に関係節事態は主節事態と同時もしくはあとに実現する．

(i) 柴田氏は［高級住宅地にあるマンション］を2億円で購入した．
(SC＝MC＜ST)（三原 (1992: 第1章 (19a))）

係節時が時間副詞'その後'を介して主節時に依存するためであると主張した．

(53)?*山田はそこで［その後の人生を一変させる］本を1冊買った．
(=(39b))

また，(49b)の解釈で，事態の実現順序が主節事態＜関係節事態の場合，主節事態が関係節事態の原因を表す．この事実は，'その後'のような，主節に依存する時間副詞が明示的でなくても主節の原因解釈が成立することを示唆する．繰り返しになるが，'自分の人生'は'本を買ったあとの自分の人生'と解釈されることによって，主節の原因解釈が成立するものと思われる．このことを踏まえると，(49a)の数量詞遊離文で主節事態＜関係節事態の解釈が許されないのは，このパタンでは主節と関係節をつなぐ明示的な時間副詞を介さなくても2つの節が因果関係を結ぶためであると推論できる．実際，主節との因果関係を断ち切るような時間副詞（例えば，発話時指向のダイクティック時間副詞の'これから'）を付加すると，次に示すように数量詞遊離文の容認性が低下しない．

(54) 山田はそこで［これからの人生に役立つ］本を2冊買った．

この場合，'これからの人生に役立つ'という関係節事態は，'買う'という主節事態のあとで起こる．しかし，主節事態が原因となって関係節事態が起こるのではない．むしろ，'これからの人生に役立つ'ということがまずあって，そのために（あるいは，単に偶然に）'買った'のである．このように，時間副詞を'これから'に変更することで関係節時は主節時に依存しなくなるため，関係節事態は主節事態から切り離され，両者間の因果関係が消失する．その結果として，関係節の主名詞句と遊離数量詞が適切にT部分関係を結ぶことができ，文法性が低下しないのである．

最後に，主節述語の相が主節と関係節の論理関係に影響を与えることを示す．次のように(53)の主節のアスペクトを「過去パーフェクト（結果の状態）」を表すテイタ形に変え，場所副詞の'そこで'を省略すると容認性が回復する（場所句を省略するのは，あとで述べるように，テイタ形の完了相解釈が得られやすくなるからである）．

第 6 章　日本語における数量表現と関係節の相関　　　223

(55)　山田は［その後の人生を一変させる］本を 1 冊買っていた．

　結論から言うと，この文では主節と関係節の因果関係が断ち切られるため問題が生じない．(53) で見たように，非ダイクティックな時間副詞'その後'は主節事態（本を買うこと）が起こる時点に対応する．一方，主節がテイタ形の (55) では，発話時に先行する参照時 (reference time) において主節事態（本を買うこと）がすでに実現している状況を表すようになる (cf. 工藤 (1995))．この参照時こそ，'その後'が指す時になる（あるいは，文脈上で指定される別な時点を指すことも可能かもしれないが，少なくとも'その後'は主節時ではない）．

　(53) と (55) で'その後'が指す時点を比較すると次の図のようになる．

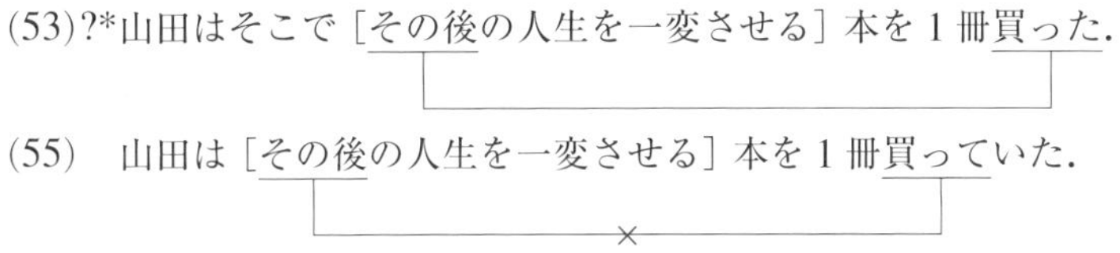

(53)?*山田はそこで［その後の人生を一変させる］本を 1 冊買った．

(55)　　山田は［その後の人生を一変させる］本を 1 冊買っていた．

図 6.1　'その後'と主節時の関係

(55) が表す状況の具体例としては，例えば山田が本を買ったあとで田中が山田を訪れる時点があり，その時以降の人生が一変したという解釈である．[23] この読みでは，結果的には購入した本が人生を変えることになっているものの，本を買ってから人生が一変するまでに時間的な開きがある．つまり，本を買うことで直ちに人生が変わるのではなく，田中が山田を訪ねるという事態があって初めて，事前に買っていた本が人生を変える原因となる．これは，換言すれば，本を買う事態と人生が一変する事態との間に（直接的な）因果関係がないことを意味する．よって，(55) は (42) のように，主節事態が関係節事態に先行するものの，因果関係を結ばないため，遊離数量詞の容認性が低下しない．[24]

---

　[23] 福嶋健伸氏との個人談話による．
　[24] 橋本 (1995b) は，相対基準時節（主節時を基準にしてル・タ形が選ばれる従属節）の分析で，通常はダイクティックな時の連用成分を許さない非制限節が，主節をテイル形に変えるとすわりがよくなることを観察している．

これに対して，'そこで'がある場合は，'その後'が主節時を指す解釈となり，テイタ形は完了相ではなく，継続相の解釈になる．ただし，'そこで'と'テイタ'の完了相解釈が整合しないわけではない．

(56) a.　山田はその時ちょうど，<u>そこで</u>本を買っていた．　［継続相］
　　　b.　山田はその時すでに，<u>そこで</u>本を買っていた．　［完了相］

'買う'の対象を'その後の人生を一変させる本'にすると完了相の読みが失われるのは，完了相では過去のある時点（＝'その時'）を基準にして本を買う事態の完了を表すが，一方で'その後'は本を買う時点を問題にするため，参照する時点が衝突することによると考えられる．これと対照的に，継続相では過去のある時点（＝'その時'）における動作の継続を表すが，この時点は'その後'が問題にする時点でもあるため，参照する時点の衝突は回避される．

最後に，主節と関係節が因果関係を結んでいても，それが総称的（＝タイプ的）に解釈されると遊離数量詞が許容されることを示す．次の例を考えてみよう．

(57) a.　［飲むと悪酔いする］酒を1本飲んだ．
　　　b.　［購入後のメンテナンスに費用がかさむ］車を1台購入した．

(57a)では関係節と主節に'飲む'という動詞が含まれ，主節時を関係節が受けているように見えるが，実はそうではない．関係節は総称的な事態を表すため，主節時を受けないことに注意すべきである．すなわち，'飲むと'という表現は条件を表しており，その条件に主節が合致しているだけである．'飲むと悪酔いする酒'とは主節に依存することなくそのタイプが確立

(i) a.　?あさっての今頃，［無事に下山した］彼とのんびり1杯飲もう．
(橋本 (1995b: (27)))
　　b.(?)あさっての今頃，［無事に下山した］彼とのんびり1杯飲んでいるかもしれない．
(ibid.: (26))

この容認性の回復について，橋本は「主節時が単なる出来事時ではなく，状態というアスペクトの基準時としてはたらくため，言わば主節時が従属節時の基準時として「強化」される」と述べている．(i)の関係節は非制限節で (55) の制限節とは異なるが，ダイクティックな時副詞の解釈に影響を与える点では共通していると考えられる．

する．例えば，ある種の酒を飲むと悪酔いしてしまう人がいれば，その酒を'飲むと悪酔いする酒'で指すことができる．この表現はタイプ解釈を受けている．

(57b) では関係節の内容に'購入後'とあり，これは主節時を受けているように見えるが，主節事態とは独立して購入後にメンテナンス費用がかかる車種を問題にしている（当然，購入時点は特定の時点に定まらない）．要するに，誰が購入しても，購入後にメンテナンス費用がかさむのである．この解釈では'購入後のメンテナンスに費用がかさむ車'がタイプ名詞句と見なされている．

以上の考察から，関係節を内包する名詞句からの数量詞遊離は，主節事態と関係節事態が因果関係にある場合（ただし，関係節事態が総称的で，主節事態が条件として解釈される場合を除く）に容認性が低下すると結論づけられる．

6.2.5. まとめ

本節は，関係節の主名詞(句)から数量詞が遊離する場合に焦点を当てた．まず，そのような数量詞遊離文が T 部分関係を表すことを示した．そのうえで，主節事態が関係節事態の原因と見なされるときは，関係節の主名詞(句)のタイプ解釈が許されないことを指摘した．具体的には，関係節時が主節時に依存すると，遊離数量詞の先行詞が主節時よりもまえに規定されないため，（創造動詞の場合のように）動詞の目的語がタイプ解釈を受けられないと主張した．以上から，問題の数量詞遊離文では T 部分関係が適切に表されず，結果として容認されないと結論づけた．

6.3. 概数詞の遊離文[25]

これまでの数量詞遊離文の研究は，(58a, b) に例示される基数詞・数量詞の場合を扱うことが多かった．本節は，(58c) に例示される，概数詞の遊離文に焦点を当て，基数詞・数量詞のそれとの比較を行う．

---

[25] 本節は田中 (2011) と田中 (2012) を統合し，加筆修正を施したものである．

(58) a. 学生がみんな試験に合格した．
　　 b. 学生が3人試験に落ちた．
　　 c. 学生が数人試験に落ちた．

まず，用語の整理をしておこう．遊離した基数詞・概数詞・数量詞を'遊離 X'と呼び，それを含む文を'X 遊離文'と呼ぶ（X は基数詞・概数詞・数量詞のいずれか）．例えば，(58a) の'みんな'は遊離数量詞，(58b) の'3人'は遊離基数詞，(58c) の'数人'は遊離概数詞となる．また，(58) の各文はそれぞれ「数量詞遊離文」，「基数詞遊離文」，「概数詞遊離文」である．

基数詞・概数詞・数量詞には助詞'ノ'で名詞に接続する連体修飾用法がある．(58) の各文に対応する，連体修飾用法の数量表現を用いた文は次のとおりである．

(59) a. すべての学生が試験に合格した．
　　 b. 3人の学生が試験に落ちた．
　　 c. 数人の学生が試験に落ちた．

連体用法の数量表現を'連体 X'と呼び，それを含む文を'連体 X 文'と呼ぶ（X は基数詞・概数詞・数量詞のいずれか）．(59) の各文は，それぞれ「連体数量詞文」，「連体基数詞文」，「連体概数詞文」である．

遊離概数詞が遊離基数詞と異なる振る舞いを示すことは，70 年代に指摘された．例えば，Kuno (1978) は遊離基数詞と遊離概数詞がニ格名詞を先行詞にできるかどうかで対立することを観察している．

(60) a. *友達に5人手紙を書いた．
　　 b.(?)友達に4, 5人手紙を書いた．　　　　(Kuno (1978: (101a)))

赤楚 (2005) は，遊離基数詞と遊離概数詞の振る舞いの違いを両者の形容詞的機能（先行詞を修飾する機能）と副詞的機能（動詞を修飾する機能）のバランスの違いに還元する．概数詞は基数詞よりも数量情報が低いため，形容詞的機能が弱まり，副詞的機能が強まるという．

本研究は，遊離概数詞だけがニ格名詞の先行詞を許す理由には立ち入らず，ガ格またはヲ格名詞を先行詞とする遊離基数詞・遊離概数詞・遊離数量詞の意味機能を比較する．本研究の主張は，遊離概数詞が基本的には遊離基

数詞と同様，個体の数量の多寡を問題にする「基数的数量詞スケール」を表すが，特定の環境に生じた場合には母集合に占める割合を問題にする「比率的数量詞スケール」を表す，というものである（各数量詞スケールは加賀(1997)によるもので，あとで解説する）．この主張が正しければ，遊離概数詞が比率的数量詞スケールを表す場合，'ほとんど'のような比率的数量詞の特性を帯びることになる．

6.3.1. 赤楚 (2005) による概数詞の分析

統語的分析では，遊離基数詞・遊離数量詞は「相互 C 統御条件」(mutual c-command condition) を満たす場合に認可されるという主張がある (cf. Miyagawa (1989))．赤楚 (2005) は，遊離概数詞がこの条件を満たさなくても認可されると主張する．その理由は，遊離基数詞が形容詞的機能（連体修飾の機能）が副詞的機能（連用修飾の機能）よりも強いのに対し，遊離概数詞は基数詞よりも数量情報が低いため，形容詞的機能が弱まり，副詞的機能が強くなるためであるという．赤楚は概数詞と基数詞の機能について次の仮説を立てる（赤楚の用語法では概数詞は「概数数量詞」に，基数詞は「基数数量詞」に対応する）．

(61) VP 内に現れる概数数量詞は動詞（'行為'）を強調することが主要機能であり，数量的情報を示す機能は副次的なものである．それに対して，基数数量詞は数量的情報を与えることが主要機能である． (赤楚 (2005: 71))

この仮説の要は，'表す数量の不明確さ'と'動詞を強調する機能'を関連づける点にある．概数詞は動詞を強調する機能が主なのに対して，基数詞は数量情報を与える機能が主ということになる．

赤楚は (61) の仮説の根拠として Kawashima (1998) が指摘した遊離基数詞と遊離概数詞の対照性を挙げる（二重線と下線は筆者）．[26]

---

[26] Kawashima 自身が断っているように，(62)(63) の出典は井上 (1978: 175) である．

(62) ??花子が積んであったたくさんのみかん箱を3個投げ捨てた（こと）
(Kawashima (1998: (31b)))[27]

(63) 　花子が積んであったたくさんのみかん箱を2, 3個投げ捨てた（こと）
(ibid.: (33b))

両文では，遊離基数詞'3個'と遊離概数詞'2, 3個'の各先行詞が連体数量詞'たくさん'を含む（以下，基数詞・概数詞・数量詞の遊離文において先行詞が連体用法の数量表現を含む文を総称的に「二重数量詞文」と呼ぶ）．興味深いことに，(62) の遊離基数詞はすわりが悪いが，(63) の遊離概数詞は問題なく許容される．赤楚によれば，(62) は連体数量詞と遊離基数詞が'数量情報の矛盾'を起こすため容認性が低下するが，(63) は遊離概数詞の数量情報が低く，数量情報の矛盾が生じないため容認されるという．

さらに，赤楚は，数量情報を低くすれば遊離基数詞と先行詞の数量情報の矛盾を回避できると主張する．

(64) 　花子は積んであったたくさんのみかん箱を試しに3個投げてみた．
(赤楚 (2005: (41)))

赤楚は'試しに3個'が概数詞と機能的に同等であるとする．つまり，基数詞に'試しに'を添えると数量情報が重要でなくなり，先行詞に含まれる数量詞'たくさん'と矛盾しなくなるという．

6.3.2. 赤楚分析の問題点

言語データを詳しく見ると，遊離概数詞が常に許容されるわけではないことがわかる．

(65) a. 　夏休み中に文庫本を3冊読んだ．
　　 b. 　夏休み中に文庫本を2, 3冊読んだ．
(66) a. *夏休み中にたくさんの文庫本を3冊読んだ．
　　 b. *夏休み中にたくさんの文庫本を2, 3冊読んだ．

(65a, b) では遊離基数詞'3冊'・遊離概数詞'2, 3冊'はともに許容される

---

[27] 赤楚は (62) の容認性を'*'としているが，Kawashima (1998) は'??'としている．

(先行詞は不定名詞の'文庫本')．一方，(66a, b) では遊離基数詞・遊離概数詞はいずれも許容されない（先行詞は'たくさんの文庫本'）．赤楚分析では，(66b) の概数詞は基数詞よりも数量情報が低いため，先行詞と数量的矛盾を起こさないはずだが，予測に反して許容されない．赤楚は概数詞の数量情報は低いとするが，(66b) の'2, 3 冊'と'たくさん'では表す数に明確な差があり，両者が数量的に矛盾しないと主張することには無理があると思われる．

赤楚は (64) において'試しに3個投げてみた'と'2, 3個投げた'が意味的に同等だと主張する．しかし，'3個'の数量情報が減少しているとは考えにくい．試しであっても 3 個という数量は明確であるし，'試しに数個投げてみた'と比べると依然として両者には数量の明確性に差がある．また，次のように動詞句'試しに投げてみる'の外に基数詞・概数詞を抜き出してみると，文法対立が観察される．

(67)　花子は積んであったたくさんのみかん箱を {*3個／2, 3個} 試しに投げてみた．

この事実から (64) は典型的な基数詞遊離文とは異なると考えられる．

　以上の考察から，(62) から (64) の言語事実が (61) の仮説を支持するとは言えない．概数詞が基数詞に比べて明確な数を表さないからと言って，遊離概数詞の数量情報を表す機能が副次的であるとは言えない．明確な数だけが数量情報として重視されるのであれば，'すべて・ほとんど'などの遊離数量詞も数量情報を表す機能が副次的であると言わなければならない．重要なのは，'3人'のような基数詞と'すべて'のような数量詞では表す数量情報が異なる，ということである．すなわち，前者は数量の多寡を表すのに対して，後者は母集合に対する比率を表す．したがって，基数詞と比率を表す数量詞を'数量情報'という単一の基準で序列することには問題がある．

6.3.3. 遊離基数詞と遊離概数詞の解釈

　第 3 章 3.3 節，3.4 節で，日本語の基数詞遊離文において先行詞と遊離基数詞が部分関係を結ぶとき，それは T 部分関係または I 部分関係であって，M 部分関係の解釈は T 部分関係のそれから推論されると主張した．

　この遊離基数詞文の特性を踏まえて，次の例を考えてみよう．

(68)　前を走っていた乗用車が 2 台つかまった．　　（井上 (1977: (48b)))

井上 (1977) はこの文に M 部分関係の解釈があることを指摘した．つまり，遊離基数詞 '2 台' が，'前を走っていた乗用車' が表す母集合に対する部分集合を表すという解釈である．しかし，(68) の本来の解釈は T 部分関係の解釈であって，'前を走っていた乗用車' がタイプ解釈を受け，そのトークンを遊離数量詞 '2 台' が表すとすべきである．M 部分関係の解釈は，前を走っていた乗用車の集合を '2 台' に対する母集合としてとらえることによって語用論的に推論されるものであり，キャンセルすることができる（第 3 章 3.4.2 節を参照）．

(68) の遊離基数詞を遊離概数詞で置き換えると，遊離基数詞の場合と並行的に T 部分関係の解釈が得られる．

(69)　前を走っていた乗用車が数台つかまった．

遊離数量詞の先行詞 '前を走っていた乗用車' はタイプ解釈を受け，そのトークンを遊離概数量詞 '数台' が表す．この場合も，語用論的に M 部分関係の解釈を読み込むことが可能である．すなわち，先行詞の '前を走っていた乗用車' は，遊離概数詞 '数台' が表す部分集合に対する母集合と見なすことができる．

本研究は，遊離基数詞・遊離概数詞の並行性に基づき，次の一般化を提案する．

(70)　遊離基数詞・遊離概数詞の解釈と先行詞の定性
　　　A　先行詞が定の解釈を受けるとき，遊離基数詞・遊離概数詞は先行詞の一部分を指すか，先行詞の数量を指定する．
　　　B　先行詞が不定の解釈を受けるとき，遊離基数詞・遊離概数詞は先行詞の数量を指定する．

この一般化により，(66a, b) の非文法性は次のように説明される．遊離概数詞 '2, 3 冊' の先行詞は不定名詞 '文庫本' であるから，当該概数詞は (70) の B により部分解釈を受けない．結果として，遊離概数詞の先行詞は連体数量詞 'たくさん' と遊離概数詞によって二重に量化され，容認性が低下する（遊離基数詞についても同様）．

次に二重数量詞文の場合を見る．

(71) a. ??夏休み中に書棚に並んでいたたくさんの文庫本を3冊読んだ．
     b.　夏休み中に書棚に並んでいたたくさんの文庫本を2,3冊読んだ．

遊離基数詞'3冊'・遊離概数詞'2,3冊'の先行詞は定の解釈を受けるから，(70) の A を適用すると，問題の基数詞・概数詞は部分解釈になることを予測する（T部分関係の解釈は，先行詞が連体数量詞'たくさん'を含み，個体解釈を受けるために排除される）．結果として，連体数量詞'たくさん'は全体に相当する'文庫本'を量化し，遊離基数詞・遊離概数詞はその部分を量化する．つまり，同一名詞の二重量化は回避されるはずである．それにもかかわらず，(71a) と (71b) の容認性に差が認められることから，遊離基数詞と先行詞の意味関係が (71a) と (71b) で異なることが考えられる．次節はこの点に焦点を当て，(71a) の遊離基数詞とその先行詞の意味関係は部分関係になるが，(71b) の遊離概数詞とその先行詞の意味関係は比率関係になると主張する．

6.3.4. 遊離基数詞と遊離概数詞の意味機能の違い

Kawashima (1998: 12-13) は，(62)（(72a) として再掲）の基数詞遊離文，(63)（(72b) として再掲）の概数詞遊離文，(72c) の数量詞遊離文に関する言語事実を踏まえ，遊離概数詞と遊離数量詞が並行的に振る舞うことを観察している（二重線と下線は筆者）．

(72) a. ??花子が積んであったたくさんのみかん箱を3個投げ捨てた（こと）　　　　　　　　　　　　　　　　　　　　　　　　(＝(62))
     b.　花子が積んであったたくさんのみかん箱を2,3個投げ捨てた（こと）　　　　　　　　　　　　　　　　　　　　　　　(＝(63))
     c.　花子が積んであったたくさんのみかん箱をすべて投げ捨てた（こと）　　　　　　　　　　　　　(Kawashima (1998: (32b)))

Kawashima は (72b) の遊離概数詞（下線部）が数量詞であると結論づけるが，なぜ異なる種類の数量表現が類似の意味機能を担えるのかについては説明していない．また，Kawashima は，連体数量詞（二重線部）が (72a) で遊離基数詞（下線部）の生起を阻むのに，(72c) で遊離数量詞（下線部）の

生起を許容する理由については不明であるとしている.

以下では,(72)の各二重数量詞文によって示唆される,遊離基数詞・遊離概数詞・遊離数量詞の類似点と相違点について論じる.分析に入るまえに,数量詞の下位分類を行う.第3章3.1節で見たように,'ほとんど・すべて'のような数量詞は,あらかじめ決められた母集合に対する比率を表す比率的数量詞で,'たくさん'のような数量詞は,母集合を前提としない基数的数量詞である(数量詞とその限定対象の前提性との関係については,第2章2.1節と第3章3.1節を参照).

加賀(1997)は数量詞と部分否定解釈の相関を綿密に調査し,Horn(1972, 1989)が提案した数量詞スケールについて many('たくさん'の意味)のような基数的なタイプと most('ほとんど'の意味)のような比率的なタイプをまとめて表記することには問題があると指摘している.[28] 加賀は否定文において数量詞の適切な解釈を得るためには,基数的数量詞と比率的数量詞を別の数量詞スケールで表す必要があると主張する.それぞれの数量詞は次のスケールで表される.

```
├──────────┼──────────┼──────────────────┤
  some        many         most              all/every
  いくつか     多く         大部分            全部／全員
```

図 6.2　比率的数量詞スケール（加賀（1997: (35))))

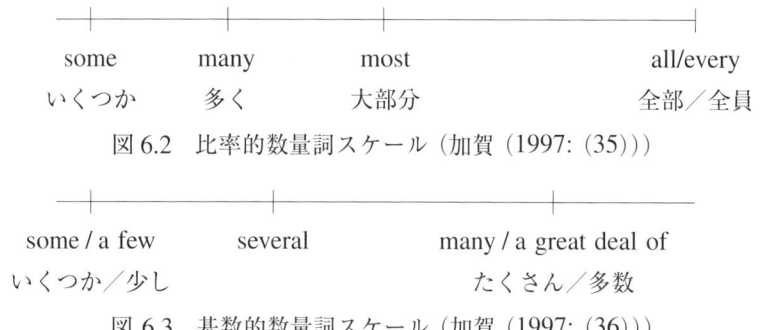

```
├──────────────┼──────────────┤
  some / a few    several        many / a great deal of
  いくつか／少し                  たくさん／多数
```

図 6.3　基数的数量詞スケール（加賀（1997: (36))))

加賀によれば,各スケールは2項対立のスケールと見なせる.すなわち,

---

[28] Milsark(1974)は,英語の some/many に基数的用法と比率的用法があり,前者のときだけ there 存在文の意味上の主語に生起できることを観察している(第2章2.1節を参照).このことは,当該数量詞が比率的スケールと基数的スケールの両方に含まれることから確認できる.

加賀(1997)は,some に対応する日本語の'いくつか'にも同様な区別があると述べている.ただし,many に対応する日本語が基数的用法では'たくさん',比率的用法では'多く'になると,加賀は主張する(これに関する議論については,第3章3.1節を参照).

前者は「普遍数か，普遍数でないか」のスケールであり，後者は「少数か，多数か」のスケールである．2つの数量詞スケールでは問題にされる数量情報は明確に区別される．加賀の言葉を借りれば，(73) では母集合との間で決まる「相対的評価」の序列が，(74) では母集合から独立した「絶対的評価」の序列が示されている．

基数的数量詞・比率的数量詞の2分法では，概数詞と基数詞はともに基数的数量詞と見なされ，比率的数量詞から区別される．これは，一見すると (72) で観察される，遊離概数詞と遊離数量詞の並行性と矛盾するようであるが，遊離概数詞がその生起環境によって基数的用法と比率的用法のいずれかを担えると考えれば，その矛盾は回避できる．そこで本研究は，概数詞遊離文について次の仮説を立てる．

(73) 遊離概数詞の解釈に関する仮説
　　　遊離概数詞は単独では基数的数量詞であるが，先行詞に連体数量詞が含まれる場合，比率的数量詞の機能を獲得し，先行詞の表す集合に対する比率を表す．

例えば，'2, 3 個' のような遊離概数詞は，先行詞が 'たくさん' のような連体数量詞を含む場合，比率的数量詞の機能を担うことになる．

以下では (72) の各文の解釈を詳しく見る．(72c) の遊離数量詞 'すべて' は比率的数量詞である．これが，先行詞 'みかん箱' を限定する連体数量詞 'たくさん' と共起できるのは，数量の限定を受けた先行詞に対する割合を表すからである．遊離数量詞と先行詞の関係は，次の図で表される．

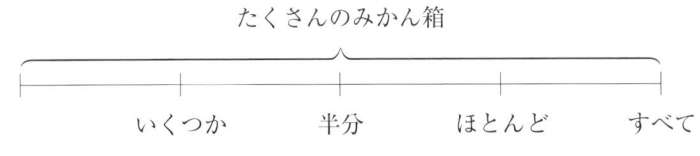

図 6.4　遊離数量詞と連体数量詞を含む先行詞の意味関係

線分が表しているのは 'たくさんのみかん箱' の表す集合（全体）である．そして下段は比率的数量詞の序列で，各数量詞は全体に占める割合を表している．(72c) の 'すべて' は比率的数量詞スケール上のほかの数量詞に置き

換えても問題なく容認される．[29]

次に (72a, b) を考察する．連体数量詞 'たくさん' は 'みかん箱' を，遊離概数詞 '2, 3 個'・遊離基数詞 '3 個' はその部分を量化するため，同一名詞の二重量化は回避される．それにもかかわらず，遊離基数詞を含む (72a) の容認性が低い．(72a) は，その容認性の程度から判断すると，おそらくは情報構造の問題ではないかと推測される．詳細については 6.3.6 節で論じるので，ここでは二重数量詞文が遊離基数詞と整合しないことを指摘するにとどめておく．

二重数量詞文に遊離概数詞が生じた場合に，遊離基数詞の場合のような問題が生じないのはなぜか．(72b) を例にとると，遊離概数詞 '2, 3 個' は，その先行詞に含まれる連体数量詞 'たくさん' との対比によって比率的数量詞の '少し・いくつか' と同等の機能を担うと考えられる．遊離概数詞と先行詞の関係は，次の図で表される．

---

[29] (72c) の遊離数量詞（'すべて'）をほかの比率的数量詞で置き換えた場合に，'半分' の容認性がほかよりも落ちると判断する話者がいる（加賀信広教授のご指摘による）．

(i) 花子が積んであったたくさんのみかん箱を {いくつか／ほとんど／?半分} 投げ捨てた（こと）

この要因として考えられるのは，'半分' が全体に対する割合のうちでも 2 等分を問題にする点である．(i) では全体に相当する集合が 'たくさん' によって量化されているため，全体の数量の多さが漠然と規定される．一方，遊離数量詞の '半分' が適切に部分集合を表すためには，全体の数量が明示される場合，それが明確であることを要求するものと考えられる．この連体数量詞と比率的数量詞の機能的なミスマッチが容認性の低下となって現れていると思われる．実際，(i) の連体数量詞を明確な数を表す基数詞に変えると '半分' と整合する．

(ii) 花子が積んであった 10 個のみかん箱を半分投げ捨てた（こと）

なお，比率的数量詞 '半分' を単独で用いた場合には問題が生じない．

(iii) 花子が積んであったみかん箱を半分投げ捨てた（こと）

この場合は，全体に相当する集合の数量が規定されていないため，'半分' の機能とのミスマッチが起こっていないと見ることができる．なお，比率的数量詞は，その語彙特性により全体の数量が明示されていなくても全体に対する割合（語彙的部分解釈）を表すことができる（2.1 節，3.2 節を参照）．

(iv) 学生が {みんな／ほとんど} その試験に合格した．

たくさんのみかん箱

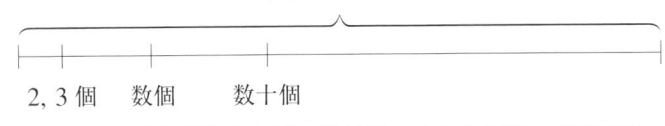

```
├───┼───┼───────┼───────────────────────┤
  2,3個  数個   数十個
```

図 6.5　概数詞遊離文と連体数量詞を含む先行詞の意味関係

先行詞に含まれる連体数量詞'たくさん'との対比により，概数詞は相対的な数量を表す表現と見なされ，許容される．

遊離概数詞が比率的解釈を受けられるかどうかは，先行詞に含まれる数量表現との相対的な数量関係に依存する．次の例が示すように，同スケール上のより大きな数を表す概数詞（'数百個'など）は容認されない．

(74) *花子が積んであったたくさんのみかん箱を数百個投げ捨てた（こと）

これは連体数量詞'たくさん'との対比で明確な数量差が認められず，結果として比率を表せないためであると考えられる．つまり，'たくさん'の表す数が'少なくはない数'であるため，小さな数との対比は可能でも，大きな数では対比ができないことによる．

また，次の二重数量詞文でも連体概数詞と遊離概数詞の表す数が近いため，数量の明確な差を認めにくい（かっこ付きの容認性判断は筆者のもの）．[30]

(75) (?)並んで走っていた数台のトラックがガードレールに3, 4台ぶつかった．　　　　　　　　　　　　　　　（井上 (1978: (36)))

連体概数詞'数台'と遊離概数詞'3, 4台'の比率関係では，当該遊離概数詞は'ほとんど'の意味で解釈されることになるが，筆者の言語直観では落ち着きが悪い．'3, 4台'は，基数的数量詞としては'いくつか'に近い表現と見なされるが，先行詞に含まれる連体数量詞'数台'との対比によって決まる比率的意味は'ほとんど'になり，それぞれの数量詞スケール上での位置

---

[30] 井上は容認可能としているが，筆者の言語直感ではすわりが悪い．なお，次の例のように遊離数量詞が比率的数量詞の場合は，問題なく容認される．

(i)　並んで走っていた数台のトラックがガードレールにみんなぶつかった．
　　　　　　　　　　　　　　　　　　　　　　　　（井上 (1977: (49)))

関係が逆転する（'いくつか'は基数的数量詞スケール上の左側に，'ほとんど'は比率的数量詞スケール上の右側にそれぞれ位置する）．このために容認性が低下すると思われる．

ここで (71b)（(76) として再掲）を再検討しよう．

(76)　夏休み中に書棚に並んでいたたくさんの文庫本を 2, 3 冊読んだ．
$$(=(71b))$$

先に，(70) の一般化に基づいて，遊離概数詞と先行詞が M 部分関係を結ぶと分析した．しかし，この分析では遊離基数詞の '2 冊' が容認されないことを正しく予測できない．本研究は，(76) の遊離概数詞と先行詞が '2, 3 冊' と 'たくさん（の文庫本）' との対比によって，先行詞に対する比率を表すと仮定する．

母集合を前提とする点については，比率関係と部分関係は類似するが，両者は明確に区別されなければならない．例えば，'積んであったみかん箱を 2, 3 個' は（I）部分関係であるが，'積んであったたくさんのみかん箱を 2, 3 個' は比率関係である．部分関係では概数詞 '2, 3 個' は絶対的な数量を表しており，全体の数から独立している．一方，比率関係では概数詞 '2, 3 個' は全体の数量に占める部分の割合（少数であること）を表す．要するに，部分関係に関わる数量表現が基数的であるのに対して，比率関係に関わる数量表現は比率的となる．[31]

二重数量詞文に含まれる 2 つの数量表現の組み合わせは自由ではなく，一定のパタンがある．(71)(72) を踏まえると，連体修飾の数量表現が基数的で，遊離した数量表現が比率的用法の場合に容認される．連体修飾の数量表現が比率的である場合，次に示すように遊離した数量表現は基数・比率の別を問わず容認されない．[32]

---

[31] ただし，'5 人に 1 人' のように基数詞が生起できる比率表現があることを踏まえると，基数詞が比率を表さないとは言い切れないと思われる（cf. '5 人のうちの 1 人'）．

[32] 遊離数量詞の 'すべて' は，先行詞の '書棚に並んでいたほとんどの文庫本' と M 部分関係（集合に対する比率関係）を結ぶことは不可能であるが，I 部分関係（単一の個体とその中身の比率関係）を結ぶことは可能である．つまり，'そのほとんどの文庫本について，すべて（のページを）読んだ' という解釈である．なお，遊離数量詞の先行詞がヒト名詞の場合，モノ名詞のように I 部分関係を問題にできないため，適切な比率関係は得られない．

(77) 夏休み中に書棚に並んでいたほとんどの文庫本を {*2 冊／*2, 3 冊／*すべて} 読んだ．
　　　 cf. 夏休み中に書棚に並んでいたほとんどの文庫本を読んだ．

　この文の名詞句'ほとんどの文庫本'は，部分構造の形式（'N ノ Q'）ではないが，語彙的部分解釈（比率）をもつ（3.2.3 節を参照のこと）．結果として，遊離した各種数量詞が先行詞とさらなる部分関係を結ぶことが阻まれる（部分構造でも第 1 名詞句に比率的数量詞が生じると容認性が低下する．e.g. '*ほとんどの本のうちの {2 冊／2, 3 冊／すべて}'）．
　以上の考察を踏まえると，二重数量詞文が表す解釈は次のように一般化される．

(78) 二重数量詞文では，連体数量詞によって遊離数量詞・遊離概数詞の先行詞の数量が指定され，遊離数量詞・遊離概数詞によって先行詞に対する割合が表される．

　次節では比率表現と数量詞・概数詞の関連性に焦点を当てる．遊離概数詞が比率を表すのは，先行詞に連体数量詞が含まれる場合に限られ，それ以外は基数詞と並行的に振る舞うことを指摘し，その理由を探る．

6.3.5. 概数詞の基数的用法と比率的用法
　以下では，遊離基数詞・遊離概数詞・遊離数量詞と先行詞の関係について論じる．まず，先行詞が連体数量詞を含まない場合を見る．

(79) a. 昨日，お土産にもらったもみじ饅頭を 2 個食べた．
　　 b. 昨日，お土産にもらったもみじ饅頭を 2, 3 個食べた．
　　 c. 昨日，お土産にもらったもみじ饅頭を {いくつか／ほとんど} 食べた．

(79c) では比率的数量詞の'ほとんど'が先行詞の'もみじ饅頭'に対する比率を表す．よって，先行詞の'お土産にもらったもみじ饅頭'は定の解釈を受ける．一方，'いくつか'は単独で比率を表さず，(79b) の概数詞の'2, 3

(i) *教室にいたほとんどの学生をみんな誉めた．

個'と同等である．これらの数量表現は，食べたもみじ饅頭の数量が多くないことを表すが，先行詞と結ぶ関係は比率関係でなく，T 部分関係である．つまり，先行詞はタイプ解釈を受ける．(79a) では遊離基数詞の '2 個' と先行詞の関係は，(79b) と同様に，T 部分関係である．この場合も，先行詞はタイプ解釈を受ける．以上から，(79) では遊離基数詞 '2 個'，遊離概数詞 '数個'，遊離数量詞 'いくつか' はいずれも先行詞と T 部分関係を結ぶが，比率的数量詞 'ほとんど' のように比率関係を表すことはないと結論づけられる．

次に，二重数量詞文で遊離した数量表現の先行詞が定の解釈を受ける場合を見る．

(80) a. ??昨日，お土産にもらったたくさんのもみじ饅頭を 2 個食べた．
　　 b. 　昨日，お土産にもらったたくさんのもみじ饅頭を 2, 3 個食べた．
　　 c. 　昨日，お土産にもらったたくさんのもみじ饅頭を {いくつか／ほとんど} 食べた．

(78) の一般化を踏まえると，各文の遊離した数量表現の先行詞には基数的数量詞 'たくさん' が含まれるため，遊離数量詞の解釈に影響を与える．

まず，(80a) には遊離基数詞の '2 個' が含まれる．先に見たように，基数詞遊離文では全体を表す先行詞が連体数量詞を含むことは許されない．[33]

---

[33] 元になった論文の査読者から遊離基数詞が '10 個' のようなより大きな数の場合はどうかという指摘を受けたが，筆者の言語直感では容認性の差は感じられない．

(i) *昨日，お土産にもらったたくさんのもみじ饅頭を 10 個食べた．

さらに，遊離基数詞に 'だけ・も' を付けると容認性が上がるのではないかと指摘を受けた（かっこは筆者の容認性判断を表す）．

(ii) 　昨日，お土産にもらったたくさんのもみじ饅頭を 2 個だけ食べた．
(iii) (*)昨日，お土産にもらったたくさんのもみじ饅頭を 10 個も食べた．

基数詞が副助詞を伴う場合，新たな特性を獲得するように思われる．例えば，(ii) の '2 個だけ' は '少しだけ' とほぼ同義であるように感じられる．'だけ' は遊離基数詞の数量情報が先行詞のごく一部であることを表すので，結果的に先行詞の表す母集合に占める割合を表している可能性がある．ただし，副助詞を伴った基数詞を遊離基数詞と見なすかどうかについては検討を要する．第 3 章の注 41 で見たように，副助詞を伴った数量詞が単独の数量詞と異なる意味特性をもつことがあるため，二重数量詞文でも副助詞によって情報構造

これと対照的に (80b) は許容される．これは，概数詞の'2, 3個'が先行詞に含まれる連体数量詞の'たくさん'との対比によって比率的数量詞として再解釈されるためである．(80c) では，連体数量詞'たくさん'との対比により，本来，基数的数量詞である'いくつか'が比率的用法を獲得し，'ほとんど'と同様に許容される．

最後に，比率的数量詞'ほとんど'と基数的数量詞'いくつか'が，先行詞の種類によってどのような意味機能を担うのか考察する．

(81) a. 昨日，もみじ饅頭を {いくつか／ほとんど} 食べた．
　　 b. 昨日，たくさんのもみじ饅頭を {*いくつか／ほとんど} 食べた．

(81a) は遊離数量詞の先行詞が限定詞を伴わない場合である．遊離数量詞の'ほとんど'は比率的数量詞なので，語彙的部分解釈を表す．すなわち，先行詞は定の解釈を受け，それに対する比率（食べたもみじ饅頭の割合）を遊離数量詞が表す．一方，遊離数量詞の'いくつか'は基数的数量詞なので，先行詞の数量（食べたもみじ饅頭の個数）を指定する．

(81b) の'たくさんのもみじ饅頭'は，遊離数量詞が比率的数量詞の場合，定の解釈を受ける．一方，'いくつか'は基数的数量詞として機能するが，先行詞が基数的数量詞'たくさん'を内包するため，同一名詞の二重量化により許容されない．なお，(80c) で見たように，先行詞が連体数量詞を含み，かつ定の解釈を受ける場合には，'いくつか'は'ほとんど'と並行的に，比率的数量詞として機能する．

次の表は，遊離数量詞の'ほとんど'と'いくつか'が先行詞の形式に応じてどのような機能を担うのかまとめたものである．

例文	先行詞の形式	'いくつか'	'ほとんど'
(81a)	はだか名詞	基数的	比率的
(81b)	連体数量詞を含む名詞句	*	比率的
(79c)	関係節を含む名詞句	基数的	比率的
(80c)	連体数量詞と関係節を含む名詞句	比率的	比率的

表6.3　遊離数量詞'いくつか・ほとんど'の解釈と先行詞の形式

が変化することは十分考えられる．本研究は基数詞と概数詞が単独で用いられた場合の機能に注目するため，(ii) のような例については今後の課題としたい．

'ほとんど'は常に比率的用法になることから「語彙的な比率的数量詞」と見なすことができる．一方，'いくつか'は語彙的には基数的数量詞であり，先行詞が連体数量詞を含み，かつ定の解釈を受ける場合にのみ比率的用法を獲得する「派生的な比率的数量詞」と見なせる．

語彙的な比率的数量詞である'ほとんど'と派生的な比率的数量詞'いくつか'の違いは何か．'いくつか'は数量の多寡を表す働きがあるが，明確な数を表さず，概数詞'2, 3個'とほぼ同義である．表す数量の不明確性が相対的な数量を表すための必要条件であるとすれば，遊離概数詞が本来の基数的用法に加えて，比率的用法を獲得できる理由に自然な説明を与えられる．絶対的な数量を表す基数詞は，その特性のために全体の一部分は表すことができても，全体に対する割合を表すことができない．対照的に，絶対的な数量を表さない概数詞と数量詞'いくつか'は，その表す数の不明確性によって全体に対する割合を表す柔軟性をもっているのである．

本節では，遊離概数詞の先行詞が連体数量詞を含み，かつ定の解釈を受ける場合には，遊離概数詞は'いくつか'のような比率的数量詞の機能をもつことを見た．

6.3.6. 二重数量詞文と先行詞のヒト性

本研究は，二重数量詞文において遊離概数詞が遊離数量詞と並行的に振る舞うのは，遊離概数詞が比率用法を獲得することによると主張してきた．実は，二重数量詞文を詳細に観察すると，遊離概数詞は先行詞がヒト名詞からなるかどうかで容認性が変化することがわかる．次の例が示すように，先行詞が'人'の場合は，母集合に対する割合を表す比率的数量詞の遊離数量詞は容認されるが，遊離概数詞では容認性が低下する．[34]

(82) 警察は広場にいたたくさんの人を {ほとんど／??2, 3人} 逮捕した．

次に，先行詞が人以外の生物である'蛍'の場合を見よう．

---

[34] このような文法対立は部分構造（[　]で表示）では見られない．
  (i) 警察は広場にいた [たくさんの人のほとんど] を逮捕した．
  (ii) 警察は広場にいた [たくさんの人の（うちの）2, 3人] を逮捕した．

(83) 少年は水辺にいたたくさんの蛍を{ほとんど／2, 3匹}つかまえた．

この文が容認されることから遊離概数詞'2, 3匹'は先行詞'たくさんの蛍'と適切にM部分関係（比率関係）を結んでいると言える．

(82)(83)は遊離した数量表現の先行詞が目的語であったが，主語の場合も同様な文法対立が観察される．次の例は，ヒト名詞句'たくさんの人'を先行詞とする遊離概数詞'2, 3人'を含むが，すわりが悪い．[35]

(84) ダンス音楽がかかると広場にいたたくさんの人が{ほとんど／??2, 3人}踊り出した．

一方，次の例では遊離概数詞'数羽'の先行詞は非ヒト名詞句'たくさんの雀'であるが，問題なく容認される．

(85) 手すりに留まっていたたくさんの雀が数羽チュッチュと鳴いた．

(井上（1978:(38)))

二重数量詞文で先行詞のヒト性と遊離した数量表現との相関をまとめたのが，次の表である．

遊離した数量表現	先行詞の種類	
	非ヒト名詞	ヒト名詞
比率的数量詞	OK	OK
基数的数量詞・概数詞	OK	??
基数詞	??	??

表6.4 二重数量詞文における遊離した数量表現と先行詞の相関

この表から二重数量詞文で概数詞・基数的数量詞が比率用法を獲得できるのは，先行詞が非ヒト名詞の場合に限られることがわかる．

二重数量詞文が概数詞・基数的数量詞を含む場合に，先行詞の名詞句のヒト性が容認性に影響を与えるのはなぜか．結論から言えば，先行詞が「均質な集合」（西田（2004）を参照）を表すときには比率解釈が成立すると考え

---

[35] 部分構造では'(広場にいた)たくさんの人'と'2, 3人'が適切にM部分関係を結ぶ．

(i) ［広場にいたたくさんの人のうちの2, 3人］が踊り出した．

ればヒト名詞と非ヒト名詞の対照性が説明できる．'たくさんの蛍'は個体解釈と量解釈の2つの解釈が可能であるのに対して，'たくさんの人'は個体解釈のみ可能であると仮定すれば，遊離概数詞の比率解釈が得られるのは，量解釈を許す非ヒト名詞のときに限られることになる．

　量解釈のテストとして，(82) から (85) の先行詞に含まれる連体数量詞が関係節内に生じた場合を比べると，次の対立が観察される．

(86) a. *［広場にたくさんいた］人　　　　(＜ (82) (84))
　　 b. ［水辺にたくさんいた］蛍　　　　(＜ (83))
　　 c. ［手すりにたくさん留まっていた］雀　(＜ (85))

(86a) は主名詞がヒト名詞で関係節内に数量表現を含むと容認性が著しく低下する．(86b, c) は主名詞が非ヒト名詞で関係節内に数量表現を含んでも容認性が低下しない．この対立は，Kaga (1991) が指摘したタイプ解釈の可否と並行的である．

(87) a.　花子が2本飲んだ酒　　　　　　(Kaga (1991: (2a)))
　　 b. *花子が2人殴った男　　　　　　(ibid.: (2b))

Kaga によれば，数量表現を含む関係節によって限定される主名詞(句)はタイプ解釈を受ける．タイプ解釈は空間・時間によって規定されない概念なので個別性が捨象される．人は基本レベルカテゴリーが個のレベルなのでタイプ解釈が難しいが，物や動物は基本レベルカテゴリーが種類なのでタイプ解釈が可能である．

　遊離概数詞の先行詞が量の解釈を受けるかどうかで，数量表現の比率解釈の可否が決まるということは何を意味するのか．これは，概数詞が個別性の捨象された，均質な個体の集合を指す場合に比率解釈が得られることを意味する．'ほとんど'のような比率の数量詞は，その語彙特性により，人であっても量の解釈が可能である（例えば，'学生がほとんど試験に合格した'）．一方，基数的数量詞である概数詞は，個を問題にする表現である（'学生が数人試験に落ちた'）．したがって，対比される集合が個体解釈の場合，遊離概数詞と先行詞は比率関係にならず，遊離基数詞の場合と同様に容認性が低下すると考えられる．

6.3.7. 二重数量詞文と遊離基数詞

最後に，二重数量詞文で遊離基数詞が容認されない理由について考察する．関連する二重数量詞文は (71a) (80a) (それぞれ (88a, b) として再掲) に例示される．

(88) a. ??夏休み中に書棚に並んでいたたくさんの文庫本を3冊読んだ．
$(= (71a))$
b. ??昨日，お土産にもらったたくさんのもみじ饅頭を2個食べた．
$(= (80a))$

直観的には，これらの文の不自然さは遊離基数詞がその先行詞に含まれる数量詞'たくさん'と数量的に一致しないことによる．すなわち，(88a) では，'読んだ'の目的語が'(書棚に並んでいた) たくさんの文庫本'であるのに，実際に読んだのは'3冊'で数量のずれが生じている．また，(88b) では，'食べた'の目的語が'(お土産にもらった) たくさんのもみじ饅頭'であるのに，実際に食べたのは'2個'で数量のずれが生じている．

(88) の各文の内容で重要なのは，動詞の表す行為の対象となる個体と遊離基数詞によって指定される絶対的な数量である．このとき，連体数量詞によって指定される目的語の数量は，述語の表す行為には直接関係しない．すなわち，読んだ文庫本が3冊であるということは，書棚に並ぶ文庫本の冊数によって影響を受けないし，食べたもみじ饅頭が2個であることは，もらったもみじ饅頭の個数によって影響を受けない．

二重数量詞文では動詞の目的語の数量と遊離した各数量表現が表す数量のずれが問題になるが，部分構造を用いれば，(88) の各文で生じる数量のずれは問題にならない ([ ] は部分構造を表す)．

(89) a. 夏休み中に，[書棚に並んでいたたくさんの文庫本のうちの3冊]を読んだ．
b. 昨日，[お土産にもらったたくさんのもみじ饅頭のうちの2個]を食べた．

部分構造では，統語構造によって第2名詞が主要部に指定されるため，第1名詞句に'たくさん'のような数量表現が含まれていたとしても，それが第2名詞に関わらないことが，統語的に保障される．

二重数量詞文では，遊離数量詞とその先行詞に含まれる連体数量詞は次のような関係になる．

(90) [〈連体数量詞〉+N] ガ／ヲ 〈遊離数量詞〉V スル

部分構造と異なり，遊離数量詞と先行詞内の連体数量詞とでは構造的に一方が他方よりも際立つことはない．それは，次のように遊離数量詞と連体数量詞が数量の指定について対等であることからも裏づけられる．[36]

(91) a. 遊離数量詞による数量指定
    僕は，りんごを3つ食べた．（＝第3章 (31a)）
  b. 連体数量詞による数量指定
    僕は，3つのりんごを食べた．

この構文的特徴により，二重数量詞文では連体数量詞と遊離数量詞の両方に焦点が当たるため，2つの（基数的）数量詞が適切な部分関係を結べないものと考えられる．要するに，二重数量詞文は部分構造のような部分関係を表す形式ではないということである．

では，二重数量詞文で遊離した数量表現が比率的用法である場合に容認されるのはなぜか．この場合，遊離した数量表現は先行詞の数量に対する相対的な数量（割合）を表すことになるため，先行詞が連体数量詞によって数量を指定されることは意味をもつ．すなわち，比率的数量詞が問題にするのは全体の中身であるから，全体の数量によって割合の量が影響を受ける．したがって，比率用法の数量表現と機能的な衝突が生じない．[37] また，遊離した

---

[36] 遊離数量詞と連体数量詞は表す数量は同じであるが，数量詞遊離文と連体数量詞文には集合読み・個別読みの区別や集合的認知・離散的認知の区別がある（第3章3.4.1節を参照）．

[37] 二重数量詞文は，連体数量詞が比率的数量詞の場合でも容認されることがある（cf. (77))．

(i) a. 遠藤は，ファミレスのほとんどのメニューをすべて食べた．
  b. 遠藤は，ファミレスのすべてのメニューをほとんど食べた．

(ia) は連体数量詞が'ほとんど'で，遊離数量詞が'すべて'である．連体数量詞はメニュー（料理の集合）に対する割合（M部分関係）を表し，遊離数量詞は先行詞が表す個々の料理の中身に対する割合（I部分関係）を表す．つまり，ほとんどのメニューについて完食した

数量表現が概数詞・基数的数量詞の場合は，全体の数量との対比によってのみ比率用法を獲得するという仮説に基づけば，連体数量詞は基数詞遊離文の場合とは一転してその存在意義をもつことになる．

6.3.8. まとめ

本節は概数詞遊離文に焦点を当て，遊離概数詞と遊離基数詞・遊離数量詞との意味機能の違いについて論じた．概数詞は数量の多寡を表す点で基数詞と類似するが，二重数量詞文に遊離概数詞として生じた場合，先行詞に含まれる連体数量詞との対比によって比率の用法を獲得する．ただし，概数詞は語彙的な比率の数量詞（'ほとんど・すべて'など）ではないので，単独ではその機能を担うことはできない．概数詞の比率の用法は，基数的数量詞の'いくつか'のそれと同様，派生的なものである．

二重数量詞文で遊離概数詞が許容されるか否かは，遊離概数詞が比率的用法を獲得できるかどうかに依存する．よって，先行詞との意味関係が重要に

という意味になる．

(ib) は連体数量詞が'すべて'で，遊離数量詞が'ほとんど'である．この場合も，連体数量詞はメニューに対する割合（M 部分関係）を，遊離数量詞は先行詞の表す個々の料理の中身に対する割合（I 部分関係）を表す．文意は，ファミレスのすべてのメニューについて，完食できないものもあったが，ほとんど食べた，である．

このように，二重数量詞文が 2 つの比率的数量詞を含む場合でも，それぞれの比率的数量詞が表す比率関係が適切にレベル分けされている．すなわち，連体数量詞は遊離数量詞よりも上位のレベルの部分関係を表す．なお，ヒト名詞ではこのような二重数量詞文が許されないことについては，注 32 を参照のこと．

英語部分構造でも日本語の二重数量詞文と並行的な解釈が観察される．Barker (1998) は，部分構造において第 1 名詞と第 2 名詞がそれぞれ数量詞を含む場合の解釈について考察している．

 (ii) a. I already read half of the books.   (Barker (1998: (30a)))
   b. I already read half of all the books.   (ibid.: (30b))

Barker によれば，(iia) にはある本の集合の半分を読んだ (The speaker read one out of every two of the books) という「可算解釈」（本研究の M 部分解釈に相当）とある本の集合の各メンバーについて半分を読んだ (The speaker read half of each book) という「不可算解釈」（本研究の I 部分解釈に相当）があるという．一方，(iib) は不可算解釈しかもたないという．この場合，第 2 名詞句に含まれる all は個体を量化し，第 1 名詞に含まれる half は各個体の中身（つまり，ページ）を量化しているため，二重量化が回避されている．

なる．先行詞が量の解釈を受けなければ，遊離概数詞がそれに対する比率を表すことができない．結果として，個体解釈を受けるヒト名詞が先行詞の場合に，遊離概数詞の容認性が低下する．

遊離基数詞が二重数量詞文と整合しないのは，基数詞遊離文の構文的特性による．遊離基数詞は，連体基数詞と対等に限定対象の名詞の数量を指定できる．二重数量詞文は，連体基数詞と遊離基数詞の両方を含むため，どちらの数量表現も焦点になり，結果として容認性が低下する．一方，構文的に部分関係を表す部分構造は，主要部が焦点になることが統語的に保障されるので，2つの基数詞が生じても問題が生じない．なお，二重数量詞文に比率用法をもつ数量表現（遊離数量詞や遊離概数詞）が整合するのは，先行詞の数量が比率関係において上位のレベルの数量を表すためである．

6.4. 本章のまとめ

本章は，日本語における数量表現と関係節の相関関係について論じた．具体的には，遊離数量詞が関係節化された構文の特徴，数量詞遊離文の先行詞が関係節を内包する場合の解釈，遊離概数詞と遊離基数詞・遊離数量詞の比較と二重数量詞文との整合性について考察した．以下に節ごとの要旨を示す．

6.1節では'僕がりんごを食べた（個）数'のような句について考察した．これと意味的に関連する句として'僕が食べたりんごの個数'がある．本研究は，前者のように数量（＝スケール名詞）が限定される関係節を数量限定型，後者のように個体が限定される関係節を個体限定型と呼び，個体限定型が個体に焦点を当てる形式であるのに対して，数量限定型は事態に焦点を当てる形式であると仮定した．この仮定によって，数量限定型関係節が個体解釈ではなく，事態解釈をもつことが正しく説明できることを示した．また，スケール名詞が量の場合，数量限定型関係節は事態の進行とともに累積する個体の量を表すと主張した．

6.2節では，遊離数量詞の先行詞が関係節を内包する場合に課される意味制約について論じた．関係節事態と主節事態が因果関係を結ぶ場合に，遊離数量詞の容認性が低下する事実に注目し，それが示唆する遊離数量詞の意味機能を解明した．遊離数量詞が関係節を内包する名詞句を先行詞にする場

合，関係節と主節が因果関係を結ぶと，関係節事態が主節事態に依存して実現するため，結果として当該名詞句はタイプ解釈を受けられず，遊離数量詞が認可されないと主張した．

6.3 節は概数詞が遊離した場合の特性について考察した．特に，二重数量詞文に生じた遊離概数詞が遊離基数詞と異なる振る舞いを示す理由を探った．本研究は，遊離概数詞は，先行詞が連体数量詞を含む場合，それとの対比によって比率的用法を獲得するという仮説を立てた．概数詞はそれ自体，明確な数を表さないため，遊離して先行詞に含まれる数量詞と対比されると，比率を表せるようになると分析した．

また，二重数量詞文で遊離概数詞の先行詞がヒト名詞の場合に容認性が低下する事実を指摘し，当該名詞が量の解釈を受けられず，遊離概数詞と比率関係を結べないことが原因であると主張した．

二重数量詞文と遊離基数詞が整合しない原因については，連体数量詞と遊離基数詞の双方が焦点になることに還元した．遊離した比率的数量詞（比率用法を獲得した概数詞・基数的数量詞を含む）が二重数量詞文と整合することについては，全体の数量に対する比率関係を表し，連体数量詞と機能的に衝突しないためであると主張した．

第 7 章

結　論

　本章は，各章の考察で得られた結論を要約し，残された課題と今後の展望について述べる．

7.1.　各章の結論の要約

　第 2 章では英語部分構造について考察した．Quirk et al. (1985) による分割の観点（質・量・尺度）と Selkirk (1977) と Jackendoff (1977) による疑似部分構造と真部分構造の区別を統合し，部分関係を M 部分構造，I 部分構造，T 部分構造の 3 つに分類する提案を行った．なお，質を表す部分関係は生産性が低いこと（*a kind of his computer），計量的な部分関係が上記の各部分構造の下位類と見なされることを指摘した（two kilos of these apples は M 部分構造または T 部分構造と見なされ，one liter of the milk は I 部分構造または T 部分構造と見なされる）．

　次に，A out of B 形式と部分構造の関係に注目した．A out of B 形式は，意味的に M 部分構造と交替できるが，T 部分構造とは交替できないことを指摘した．さらに，第 2 名詞が指示詞 these/those を伴う T 部分構造と代用形 them が生じる T 部分構造のうち，ヒト名詞が生じることができるのは前者ではなく，後者であると主張した．

　第 3 章では，部分関係を表す日本語表現として，部分構造と数量詞遊離

文を取り上げた．日本語部分構造は'A ノ（ウチノ）B'形式で表されるが，数量詞の種類と生起位置によって当該形式が部分関係を表すかどうかが決まると主張した．具体的には，基数的数量詞（'1 つ・数個'など）が B 位置に生じた場合に部分構造の意味が得られるが，A 位置に生じた場合には疑似部分構造に対応する意味が得られる．ただし，比率的数量詞（'ほとんど'など）の場合は，B 位置だけでなく，A 位置に生じた場合も部分解釈が得られる．

数量詞遊離文については，内容数量詞（'100 ページ'など）が遊離すると I 部分関係が得られ，個体数量詞（'2 冊'など）が遊離すると T 部分関係の解釈が得られると主張した．また，文脈や聞き手の百科辞書的知識によって母集合についての情報が与えられると，遊離数量詞との関わりによって M 部分関係の解釈が語用論的に推論されると分析した．

日本語では T 部分関係が数量詞遊離文によって表される（例えば，'その鉛筆を 3 本買った'）．ただし，日本語数量詞遊離文では，定の解釈を受けるヒト名詞は遊離数量詞の先行詞になることができない．この事実は，定のヒト名詞が個体解釈を受けると考えることで説明できると主張した．

第 4 章は，英語における制限節と非制限節の統語的・意味的特徴について論じた．制限節の下位分類について安井（2000）の意味的分析と河野（2004, 2012）の統語的分析を取り上げ，それぞれを批判的に検討した．制限節の意味的特性として，定制限節が不定制限節と同様，限定機能をもつこと，不定制限節の排他性が関係節を含めた名詞句全体に適用されることを指摘した．また，制限節の統語的特性として，定制限節の先行詞（N'）を類先行詞と見なし，不定制限節の先行詞（NP）を個体先行詞と見なす分析では，総称的名詞句のように NP 形式が類の解釈を受ける場合を適切にとらえられないと主張した．

部分構造が不定制限節としか整合しないとする河野（2004, 2012）の主張に対して，文脈の支えがあれば定制限節と部分構造が整合することを示した．また，部分構造を内包する制限節では，①部分構造がメンバーのレベルを問題にし，先行詞がグループのレベルを問題にするという指示レベルの繰り上げが起こること，②あらかじめグループレベルの表現が導入されていなければ適切に解釈できないこと，を指摘した．さらに，②が満たされると，部分構造制約も実質的に満たされることになると主張した．

第 5 章では，M・I・T の部分構造と制限節の相関について論じた．各部分構造が制限節に生じた場合に，共通の特徴と個別の特徴をもつことを示した．共通の特徴とは，各部分構造が制限節内で問題にする指示レベルよりも，先行詞の指示レベルのほうが高くなることである．これは，各部分構造における第 1 名詞(句)と第 2 名詞句の指示レベルの差に由来する．

個別の特徴とは，M 部分構造が文脈の支えを要すること，T 部分構造は類別詞の省略を許すが，I 部分構造はそれを許さないことである．類別詞の省略の可否は，T 部分構造と I 部分構造の類別詞を省略して得られる連鎖(疑似的 M 部分構造) が，M 部分関係を表すかどうかによって決まると主張した．

続いて，非制限節の先行詞が数量詞 all を含む場合に観察される文法対立について考察した．関係節が主節に対して表しうる論理関係を調査し，基本的に先行詞が定であれば理由解釈が，先行詞が不定であれば条件解釈が得られることを指摘した．

さらに，非制限節が数量詞 all を含む先行詞と整合する場合と整合しない場合があるのはなぜかという疑問に取り組んだ．本研究は，主節事態と関係節事態の意味的な緊密性の強さが，各節の主語の個別性に影響すると主張した．つまり，2 つの事態に因果関係がない場合，各節の主語の数量は独立して指定できるが，2 つの事態が因果関係にあると関係節主語の数量は個別に指定できない．したがって，主節主語が数量表現を含んでいると関係節主語がそれを受けるために容認性が低下する．

第 6 章では，日本語における数量表現と関係節の相関関係について論じた．まず，遊離数量詞が関係節化された構文('僕がりんごを食べた数' など) について考察した．この構文が事態に焦点を当てる形式であると仮定することで，この種の関係節がもつ事態解釈を正しく予測でき，個体に焦点を当てる形式('僕が食べたりんごの数' など) と明確に区別できると主張した．

続いて，数量詞遊離文の先行詞が関係節を伴う場合について考察した．遊離数量詞の先行詞の名詞句は，タイプ解釈を受けなければならないが，関係節事態と主節事態が因果関係を結ぶ場合，関係節事態が主節事態に依存して実現するため，当該名詞句はタイプ解釈を受けられず，結果的に遊離数量詞が認可されないと主張した．

最後に二重数量詞文について考察した．二重数量詞文では遊離概数詞と遊

離数量詞が並行的な振る舞いを示す．この理由について，遊離概数詞が先行詞に含まれる連体数量詞との対比によって比率的用法を獲得するという仮説を立てた．概数詞は明確な数を表さないため，遊離して先行詞内の数量詞と対比されると，比率を表せるようになると主張した．

7.2. 残された課題と今後の展望

　英語の数量表現については，T 部分関係にまつわる問題がある．T 部分関係は，第 1 名詞句が類別詞を含む単数型 T 部分構造 (two copies of the book など) と第 2 名詞が指示詞または代用形を含む複数型 T 部分構造 (two of those apples, two of them など) によって表される．単数型と複数型の概念的な関係については今後の課題である．これは the book のような単数名詞句がタイプ解釈を受ける場合と those apples のような複数名詞句がタイプ解釈を受ける場合の概念化の違いに関連すると考えられる．また，複数型 T 部分関係では，指示詞を用いた場合にはヒト対モノの対立が見られるが，代用形を用いた場合にはそれがなくなる．この事実に対する理論的説明が待たれる．

　次に日本語の数量表現については，日本語部分構造と比率的数量詞が表す I 部分関係の違いの問題がある．例えば，'月の半分' という部分構造には，①「1ヶ月の半分」という I 部分解釈と②「複数月の半分」の M 部分解釈があるが，比率的数量詞が単独で名詞を限定した，'半分の月' には②の解釈しかない．本論では量化の単位は個が基準になるため，個の中身の量は部分構造のような専用形式によって表されるとしたが，この主張に対する理論的な裏づけが必要である．

　日本語数量詞遊離文における T 部分関係については，2 種類のタイプ概念の理論的な取り扱いが課題である．'僕はそのりんごを 3 個食べた' の分析で 'そのりんご' が種類（品種）を表すタイプ名詞句としても，種類が捨象され，空間的に切り離されないタイプ名詞句としても解釈されると主張した．後者は時間的・空間的に規定されないというタイプの定義に反するようにも思えるが，一方で，抽象化の違いと見なせば，どちらもタイプの概念として認めなければならないと思われる．そうであれば，理論的に 2 種類のタイプ概念がどのように定式化されるのか考える必要がある．

NQC 型の数量詞遊離文については，遊離数量詞の先行詞が定の名詞(句)の場合に部分解釈が得られるかどうかについて統一見解が見られない．筆者のインフォーマント調査では部分解釈を認めないインフォーマントが多かったが，その理由については理論的説明が待たれる．

　以下は，数量表現と関係節の相関に関する課題である．英語については，部分構造を含む定制限節の使用頻度の問題と外置制限節が主節と結ぶ論理関係の問題がある．英語の制限節が数量表現を含む場合，文脈の支えがあれば，不定制限節だけでなく，定制限節も容認されると主張した．一方で，言語コーパスでそのような定制限節の出現頻度が低い理由を説明しなければならない．定制限節が理論的に可能であるのに頻度が低いということであれば，文体論的に回避されている可能性が高い．これを裏づけるには，不定制限節が生じたあとの文脈の検討を要する．

　また，主節と関係節の論理関係が数量表現の影響を受けることが確かめられたが，関係節の理由解釈と条件解釈を決定する要因の解明が待たれる．基本的には，関係節の先行詞が不定の場合は条件解釈が得られ，定の場合は理由解釈が得られると言ってよいが，外置制限節が条件解釈を受けられるという Ziv (1973) の主張と符合しない．外置制限節が表しうる論理関係について (非外置型の) 制限節と異なる特性をもつのか，あるいは Ziv の事実観察の見直しが必要なのか見極めなければならない．

　日本語における数量表現と関係節の相関については，二重数量詞文に含まれる 2 つの数量表現 (連体用法の数量表現と遊離した数量表現) の意味関係の問題がある．当該構文の特性として，連体用法の数量表現が全体の数量を表し，遊離した数量表現がそれに対する割合を表すと主張した．2 つの数量表現の意味関係が比率関係にならない場合は容認性が低下する ('書棚に並んでいたたくさんの文庫本を {2, 3 冊／??3 冊} 読んだ')．二重数量詞文において，2 つの数量表現の意味関係が比率関係に限定される理由については，当該構文の情報構造に由来すると仮定した．この説明の理論的裏づけは，今後の課題である．

　最後に，今後の展望について述べたい．本研究が考察の対象とした数量表現と関係節は，部分関係という概念で結びついている．部分構造は部分関係を表す専用形式であるし，数量詞遊離文も部分関係を表せる．また，制限節の限定機能は部分関係を生み出すし，非制限節は部分構造や遊離数量詞を介

して主節と接続することで，主節事態との論理的な関連性が変化する．部分構造，数量詞遊離文，関係節が，多くの人間言語で観察されるということは，部分関係が人間言語の普遍的な意味概念であることの現れと見なせるだろう．

部分関係は論理関係という客観的な性質だけでなく，ヒト対モノの対照性のような主観的な性質ももつ．また，部分関係は，Lakoff and Johnson (1980) 以来，メトニミー（あるいはシネクドキ）の産出に関与しているとされ，その認知的な重要性は揺るぎないものである．

本研究が部分関係の1つと見なしたタイプ・トークンの関係は，Peirce (1931-58) 以来議論されており，哲学だけでなく言語学においても重要な問題である (cf. Hutton (1990))．しかし，名称こそ広く認知されているものの，文解釈におけるタイプ解釈と個体解釈の曖昧性の分析については，議論すべき点が依然として少なからず残っていると言わなければならない (cf. Langacker (1991))．

人間言語の中核的な概念の1つである部分関係が，相当な広がりと深みをもっていることは疑いない．本書が扱った問題は，部分関係にまつわる問題の全体からすればごく一部にすぎないだろう．しかし，この研究を足がかりにしてその比率を高めていくことができればと思う．

参 考 文 献

[略　記]

BLS　　*Proceedings of the Annual Meeting of the Berkeley Linguistics Society.* Berkeley Linguistic Society.
CLS　　*Papers from the Regional Meeting.* Chicago Linguistic Society.
JCLA　*Papers from the National Conference of the Japanese Cognitive Linguistic Association*（日本認知言語学会論文集）. The Japanese Cognitive Linguistic Association（日本認知言語学会）.
JELS　*Papers from the National Conference of the English Linguistic Society of Japan*（日本英語学会研究発表論文集）. English Linguistic Society of Japan（日本英語学会）.
KLS　　*Proceedings of the Annual Meeting.* Kansai Linguistic Society（関西言語学会）.
TES　　*Tsukuba English Studies.* Tsukuba Linguistic Society（筑波英語学会）.
WCCFL　*Proceedings of the West Coast Conference on Formal Linguistics.* Stanford Linguistics Association.

【辞　典】

『オーレックス英和辞典』初版（2008）旺文社，東京．[O^1 英和]
『オーレックス英和辞典』第 2 版（2013）旺文社，東京．[O^2 英和]
『ジーニアス英和辞典』第 4 版（2006）大修館書店，東京．[G^4 英和]
『ジーニアス英和辞典』第 5 版（2014）大修館書店，東京．[G^5 英和]
『ジーニアス英和大辞典』（2001）大修館書店，東京．
『明鏡国語辞典』初版（2002）大修館書店，東京．
Cobuild Advanced Dictionary of English, seventh ed. (2012) HyperCollins, Glasgow. [$CADE^7$]
Dictionary of Collective Nouns and Group Terms, second ed. (2012) Gale Research Company, Detroit. [DCG^2]

【言語コーパス】

British National Corpus [BNC] 小学館コーパスネットワーク．
Wordbanks*Online* [WB] 小学館コーパスネットワーク．

【書籍・論文】

[和文]

赤楚治之（2005）「日本語における概数数量詞の Q-float について」『日本語文法』第5巻第2号，57-73．

安部朋世（1997）「〈名詞＋数量詞＋助詞〉型の数量詞」『筑波日本語研究』第2号，99-116．

安藤貞雄（2005）『現代英文法講義』開拓社，東京．

池内正幸（1985）『名詞句の限定表現』大修館書店，東京．

井上和子（1976）『変形文法と日本語・上・統語構造を中心に』大修館書店，東京．

井上和子（1977）「日本語に「変形」は必要か」『月刊言語』第6巻第9号，100-109．

井上和子（1978）『日本語の文法規則』大修館書店，東京．

宇都宮裕章（1995）「数量詞の機能と遊離条件」『共立国際文化』7，1-27，共立女子学園共立女子大学国際文化部．

江川泰一郎（1991）『英文法解説―改訂3版―』金子書房，東京．

江口正（2002）「遊離数量詞の関係節化」『人文論叢』33，2147-2167，福岡大学．

大木充（1987）「日本語の遊離数量詞の談話機能について」『視聴覚外国語教育研究』第10号，37-67，大阪外国語大学．

奥津敬一郎（1969）「数量的表現の文法」『日本語教育』第14号，42-60．

奥津敬一郎（1974）『生成日本文法論』大修館書店，東京．

奥津敬一郎（1983）「数量詞移動再論」『人文学報』160，1-24，東京都立大学．

奥津敬一郎（1996a）「連体即連用？（3）―数量詞移動その1―」『日本語学』第15巻第1号，112-119．

奥津敬一郎（1996b）「連体即連用？（4）―数量詞移動その2―」『日本語学』15-2，95-105．

奥津敬一郎（2007）『連体即連用？』ひつじ書房，東京．

加賀信広（1992）「集合・個別読みと（非）同時性」『英語青年』第138巻第1号，22．

加賀信広（1995）「数量詞」『英文法への誘い』，斎藤武生・原口庄輔・鈴木英一（編），第18章，295-310，開拓社，東京．

加賀信広（1997）「数量詞と部分否定」『指示と照応と否定』，廣瀬幸生・加賀信広，91-178，研究社，東京．

加賀信広（2001）「数量詞遊離」『〈最新〉英語構文事典』，中島平三（編），第25章，784-796，大修館書店，東京．

加藤重広（2003）『日本語修飾構造の語用論的研究』ひつじ書房，東京．

加藤美紀（2003）「もののかずをあらわす数詞の用法について」『日本語科学』13，33-57．

神尾昭雄（1977）「数量詞のシンタックス」，『月刊言語』第6巻第9号，83-91．

北原博雄（1996）「連用用法における個体数量詞と内容数量詞」『国語学』第186号，

29-42.

工藤真由美（1995）『アスペクト・テンス体系とテクスト現代日本語の時間表現』ひつじ書房，東京．

國廣哲彌（編）（1980）『日英語比較講座②文法』大修館書店，東京．

熊山晶久（1985）『用例中心英語冠詞用法辞典』大修館書店，東京．

河野継代（2004）「部分表現と共起する制限的関係詞節の関係詞」『英語青年』第 149 巻第 10 号，630-631．

河野継代（2012）『英語の関係節』開拓社，東京．

小早川暁（1997）「「それらの＋名詞」と畳語名詞の意味論」関西言語学会第 22 回大会（京都大学），口頭発表．

柴谷方良（1978）『日本語の分析』大修館書店，東京．

砂川有里子（1986）『する・した・している』（日本語文法セルフ・マスターシリーズ 2），くろしお出版，東京．

関茂樹（2001）『英語指定文の構造と意味』開拓社，東京．

高見健一（1998a）「日本語の数量詞遊離について――機能的分析」『言語』第 27 巻第 1-3 号，（上）86-95，（中）86-95，（下）98-107．

高見健一（1998b）「遊離数量詞」『談話と情報構造』，神尾昭雄・高見健一，第 II 部第 3 章，165-196，研究社，東京．

田子内健介・足立公也（2005）『右方移動と焦点化』研究社，東京．

田中拓郎（2010）"Floating *Many* in Japanese," *JELS* 27, 287-296.

田中秀毅（1998）「日英語における関係節と数量詞の相関」*JELS* 15, 201-210.

田中秀毅（2000a）「関係節と部分構造」*JELS* 17, 231-240.

田中秀毅（2000b）「日本語における複合名詞句からの数量詞遊離」『言語文化論集』第 53 号，63-77，筑波大学．

田中秀毅（2000c）「非制限的関係詞節と量化先行詞」『英語語法文法研究』第 7 号，93-108．

田中秀毅（2001）「個体数と内容量」『意味と形のインターフェイス・上』，中右実教授還暦記念論文集編集委員会（編），399-409，くろしお出版，東京．

田中秀毅（2003）「部分構造と関係詞節に共通する機能について」『英語世界のナビゲーション』，森あおい他，167-209，青踏社，東京．

田中秀毅（2004）「日本語における「遊離数量詞の関係節化」について」『英語英米文学研究』第 12 号，81-103，広島女学院大学．

田中秀毅（2005）「関係詞節と先行詞の定性について」『英語英米文学研究』第 13 号，45-66，広島女学院大学．

田中秀毅（2006）「定・不定関係詞節についての覚え書き」『言葉の絆――藤原保明博士還暦記念論文集――』，卯城祐司ほか（編），161-174，開拓社，東京．

田中秀毅（2009）「関係詞節と主節の論理関係について」『英語英米文学研究』第 17 号，23-45，広島女学院大学．

田中秀毅 (2010a)「日本語における遊離数量詞と先行詞の意味関係について」『英語英米文学研究』第 18 号, 1-26, 広島女学院大学.

田中秀毅 (2010b)「非制限的関係詞節と数量詞」『英語語法文法研究』第 17 号, 115-131.

田中秀毅 (2011)「日本語における概数詞の遊離文について」『日本語文法』第 11 巻第 1 号, 139-156.

田中秀毅 (2012)「日本語の名詞句と節が表す「部分—全体の関係」の比較」*JCLA* 12, 223-235.

寺村秀夫 (1975)「連体修飾のシンタクスと意味——その 1——」『日本語・日本文化』第 4 号, 71-119, 大阪外国語大学留学生別科.〔寺村秀夫 (1993) に再録.〕

寺村秀夫 (1991)『日本語のシンタクスと意味 III』くろしお出版, 東京.

寺村秀夫 (1993)『寺村秀夫論文集 1——日本語文法編——』くろしお出版, 東京.

中右実 (1977)「英語における不定名詞句と非制限的関係詞節」『文藝言語研究 (言語篇)』第 2 号, 27-67, 筑波大学.

中右実 (1980)「テンス, アスペクトの比較」『日英語比較講座②文法』大修館書店, 東京.

中右実 (1989)「〈既定性〉概念再考」講義ノート, 筑波大学.

長原幸雄 (1990)『関係節』大修館書店, 東京.

西田光一 (2004)「個体と部分の連続性と日本語の「種類名詞」」『日本認知言語学会論文集』第 4 巻, 77-86.

野呂健一 (2013)「「赤いりんご」と「りんごの赤いの」——線条的類像性の観点から」*KLS* 33, 169-180.

橋本修 (1995a)「現代日本語の非制限節における主節時基準現象」『文藝言語研究 (言語篇)』第 27 号, 107-124, 筑波大学文芸・言語学系.

橋本修 (1995b)「相対基準時節の諸タイプ」『国語学』第 181 集, 15-28.

長谷川重和 (1994)「数量詞の修飾について」『日本語・日本文化』第 20 号, 1-17, 大阪外国語大学留学生日本語教育センター.

廣瀬幸生 (1995)「関係節」『英文法への誘い』, 斎藤武生・原口庄輔・鈴木英一 (編), 231-246, 開拓社, 東京.

廣瀬幸生 (1998)「英文法研究」(講義ノート), 筑波大学.

藤原多賀子 (2004)「頭／匹／羽の用法とカテゴリー化の過程」『類別詞の対照』, 西光義弘・水口志乃扶 (編), 第 7 章, 113-127, くろしお出版, 東京.

松本曜 (1991)「日本語類別詞の意味的構造と体系: 原型意味論による分析」『言語研究』第 99 号, 82-106.

三木悦三 (2001)「関係詞節の機能と量化先行詞——田中論文 (2000) に応えて——」『英語語法文法研究』第 8 号, 156-168.

水口志乃扶 (1980)「非制限的関係詞節の機能について」『英語学』第 23 号, 68-83.

水口志乃扶 (2004)「日本語の類別詞の特性」『類別詞の対照』, 西光義弘・水口志乃

扶(編), 第 4 章, 61-77, くろしお出版, 東京.
三原健一 (1992)『時制解釈と統語現象』くろしお出版, 東京.
三原健一 (1998)「数量詞連結構文と結果の含意」『月刊言語』第 27 巻第 6-8 号, (上) 86-95, (中) 94-102, (下) 104-113.
ミントン, T. D. [安武内ひろし訳] (1999)『ここがおかしい日本人の英文法』研究社, 東京.
ミントン, T. D. [水嶋いつみ訳] (2004)『ここがおかしい日本人の英文法 III』研究社, 東京.
矢澤真人 (1985)「連用修飾成分の位置に出現する数量詞について」『学習院女子短期大学紀要』第 18 号, 96-112, 学習院女子短期大学.
安井稔 (1978)『新しい聞き手の文法』大修館書店, 東京.
安井稔 (2000)「関係詞節とその先行詞」『英語青年』第 146 巻第 9 号, 578-582.
山田孝雄 (1936)『日本文法学概論』宝文館, 東京.

[英文]

Abbott, Barbara (1996) "Doing without a Partitive Constraint," *Partitives: Studies on the Syntax and Semantics of Partitive and Related Constructions*, ed. by Jacob Hoeksema, 25-56, Mouton de Gruyter, New York.

Aikhenvald, Alexandra (2000) *Classifiers: A Typology of Noun Categorization Devices*, Oxford University Press, Oxford.

Akmajian, Adrian and Adrienne Lehrer (1976) "NP-like Quantifiers and the Problem of Determining the Head of an NP," *Linguistic Analysis* 2, 395-413.

Allan, Keith (1977) "Classifiers," *Language* 53, 284-311.

Andrews, Avery D. (1975) *Studies in the Syntax of Relative Clauses and Comparative Clauses*, Doctoral dissertation, MIT.

Bache, Carl and Leif K. Jakobsen (1980) "On the Distinction between Restrictive and Nonrestrictive Relative Clauses in Modern English," *Lingua* 52, 243-267.

Baker, Carl L. (1968) *Indirect Questions in English*, Doctoral dissertation, University of Illinois.

Barker, Chris (1998) "Partitives, Double Genitives and Anti-uniqueness," *Natural Language and Linguistic Theory* 16, 679-717.

Bobaljik, Jonathan D. (1995) *Morphosyntax: The Syntax of Verbal Inflection*, Doctoral dissertation, MIT.

Carlson, Gregory N. (1977a) "The English Bare Plural," *Linguistics and Philosophy* 1, 413-456.

Carlson, Gregory N. (1977b) *Reference to Kinds in English*, Doctoral dissertation, MIT. [Published by Garland, New York, 1980.]

Carlson, Gregory N. (1977c) "Amount Relatives," *Language* 53, 520-542.

Carlson, Gregory N. (1979) "Generics and Atemporal *When*," *Linguistics and Philosophy* 3, 49-98.

Dancygier, Barbara and Eve Sweetser (2000) "Constructions with *if*, *since*, and *because*: Causality, Epistemic Stance, and Clause Order," *Cause, Condition, Concession, Contrast: Cognitive and Discourse Perspectives*, ed. by Elizabeth Couper-Kuhlen and Bernd Kortmann, 111-142, Mouton de Gruyter, Berlin.

Declerck, Renaat (1988) "Restrictive *When*-clauses," *Linguistics and Philosophy* 11, 131-168.

Declerck, Renaat (1991) *A Comprehensive Descriptive Grammar of English*, Kaitakusha, Tokyo.

Declerck, Renaat and Susan Reed (2001) *Conditionals: A Comprehensive Empirical Analysis*, Mouton de Gruyter, New York.

Diesing, Molly (1992) *Indefinites*, MIT Press, Cambridge, MA.

Donnellan, Keith (1966) "Reference and Definite Descriptions," *Philosophical Review* 75, 281-304. [Reprinted in Aloysius P. Martinich, ed., *The Philosophy of Language*, 3rd ed., 231-243, Oxford University Press, Oxford.]

Downing, Pamela (1993) "Pragmatic and Semantic Constraints on Numeral Quantifier Position in Japanese," *Journal of Linguistics* 29, 65-93.

Downing, Pamela (1996) *Numeral Classifier Systems: The Case of Japanese*, John Benjamins, Amsterdam and Philadelphia.

Dowty, David (1991) "Thematic Proto-roles and Argument Selection," *Language* 67, 547-619.

Fabb, Nigel (1990) "The Difference between English Restrictive and Nonrestrictive Relative Clauses," *Journal of Linguistics* 26, 57-78.

Fetta, Michael S. (1974) *The Syntax of English Restrictive and Appositive Relative Clauses*, Doctoral dissertation, New York University.

Fodor, Janet and Ivan Sag (1982) "Referential and Quantificational Indefinites," *Linguistics and Philosophy* 5, 355-398.

Greenbaum, Sidney and Janet Whitcut (1988) *Longman Guide to English Usage*, Longman, London.

Guéron, Jacqueline (1980) "On the Syntax and Semantics of PP Extraposition," *Linguistic Inquiry* 11, 637-678.

Hawkins, John A. (1978) *Definiteness and Indefiniteness: A Study in Reference and Grammaticality Prediction*, Croom Helm, London.

Hawkins, John A. (1980) "On Surface Definite Articles in English," *The Semantics of Determiners*, ed. by Johan van der Auwera, 41-66, Croom Helm, London.

Heim, Irene (2000) "Degree Operators and Scope," *The Proceedings of 10th Semantics and Linguistic Theory (SALT)* 10, 40-64.

Hooper, Joan B. and Sandra A. Thompson (1973) "On the Acceptability of Root Transformations," *Linguistic Inquiry* 4, 465-497.

Horn, Lawrence R. (1972) *On the Semantic Properties of Logical Operators in English*, Doctoral dissertation, University of California, Los Angeles. [Reproduced by the Indiana Linguistic Club in 1976.]

Horn, Lawrence R. (1989) *A Natural History of Negations*, University of Chicago Press, Chicago.

Huck, Geoffrey J. and Younghee Na (1990) "Extraposition and Focus," *Language* 66, 51-77.

Huddleston, Rodney (1971) *The Sentences in Written English: A Syntactic Study Based on an Analysis of Scientific Texts*, Cambridge University Press, Cambridge.

Huddleston, Rodney and Geoffrey K. Pullum (2002) *The Cambridge Grammar of the English Language*, Cambridge University Press, Cambridge.

Hutton, Christopher (1990) *Abstraction and Instance: The Type-Token Relation in Linguistic Theory*, Pergamon Press, Oxford.

Jackendoff, Ray (1968) "Quantifiers in English," *Foundation of Language* 4, 422-442.

Jackendoff, Ray (1977) *X-bar Syntax: A Study of Phrase Structure*, MIT Press, Cambridge, MA.

Jackendoff, Ray (1983) *Semantics and Cognition*, MIT Press, Cambridge, MA.

Jespersen, Otto (1933) *Essentials of English Grammar*, George Allen and Union, London.

Jespersen, Otto (1949) *A Modern English Grammar*, Vol. VII, Ejnar Munksgaard, Copenhagen.

Kaga, Nobuhiro (1987) "Quantifier Scope and Event," *English Linguistics* 4, 273-293.

Kaga, Nobuhiro (1991) "Humanness and the Kind-level Interpretation," *TES* 10, 51-67.

Karttunen, Lauri (1976) "Discourse Referents," *Syntax and Semantics* 7, ed. by James D. McCawley, 363-386, Academic Press, New York.

Kawashima, Ruriko (1998) "The Structure of Extended Nominal Phrases: The Scrambling of Numerals, Approximate Numerals, and Quantifiers in Japanese," *Journal of East Asian Linguistics* 7, 1-26.

Kehler, Andrew (2002) *Coherence, Reference, and the Theory of Grammar*, CSLI Publications, Stanford.

Kempson, Ruth (1975) *Presupposition and the Delimitation of Semantics*, Cambridge University Press, London.

Kim, Alan Hyun-Oak (1995) "Word Order at the Noun Phrase Level in Japanese," *Word Order in Discourse*, ed. by Pamela Downing and Michael Noonan, John Benjamins, Amsterdam and Philadelphia.

Kiparsky, Paul and Carol Kiparsky (1970) "Fact," *Progress in Linguistics*, ed. by Manfred Bierwisch and Karl E. Heidolph, Mouton, The Hague.

Koptjevskaja-Tamm, Maria (2001) " "A Piece of the Cake" and "a Cup of Tea": Partitive and Pseudo-Partitive Nominal Constructions in the Circum-Baltic Languages," *The Circum-Baltic Languages: Typology and Contact*, Vol. 2: *Grammar and Typology*, ed. by Östen Dahl and Maria Koptjevskaja-Tamm, 523–568, John Benjamins, Amsterdam.

Krifka, Manfred (1989) "Nominal Reference, Temporal Constitution and Quantification in Event Semantics," *Semantics and Contextual Expressions*, ed. by Renate Bartsch, Johan van Bentham and Peter van Emde Boas, 75–115, Foris, Dordrecht.

Kroch, Anthony S. (1974) *Semantics of Scope in English*, Doctoral dissertation, MIT.

Kuno, Susumu (1973) *The Structure of the Japanese Language*, MIT Press, Cambridge, MA.

Kuno, Susumu (1978) "Theoretical Perspectives on Japanese Linguistics," *Problems in Japanese Syntax and Semantics*, ed. by John Hinds and Irwin Howard, 213-285, Kaitakusha, Tokyo.

Kuroda, S.-Y. (1968) "English Relativization and Certain Related Problems," *Language* 44, 244–266.

Ladusaw, William A. (1982) "Semantic Constraints on the English Partitive Construction," *Proceedings of WCCFL* 1, ed. by Daniel P. Flickinger, Marlys Macken and Nancy Wiegand, 231–242.

Lakoff, George and Mark Johnson (1980) *Metaphors We Live By*, University of Chicago Press, Chicago.

Langacker, Ronald W. (1987) "Nouns and Verbs," *Language* 63, 53–94.

Langacker, Ronald W. (1991) *Concept, Image, and Symbol: The Cognitive Basis of Grammar*, Mouton de Gruyter, New York.

Lehrer, Adrienne (1986) "English Classifier Constructions," *Lingua* 68, 109–148.

Lyons, John (1977) *Semantics*, Vol. 1, Cambridge University Press, London.

Martin, Larry W. (1972) *Appositive and Restrictive Relative Clauses in English*, Doctoral dissertation, New York University.

Matsumoto, Yo (1993) "Japanese Numeral Classifiers: A Study on Semantic Categories and Lexical Organization," *Linguistics* 31, 667–713.

May, Robert (1977) *The Grammar of Quantification*, Doctoral dissertation, MIT.

May, Robert (1985) *Logical Form: Its Structure and Derivation*, MIT Press, Cambridge, MA.
McCawley, James D. (1981) "The Syntax and Semantics of English Relative Clauses," *Lingua* 53, 99-149.
McCawley, James D. (1988a) *The Syntactic Phenomena of English*, Vol. 1, University of Chicago Press, Chicago.
McCawley, James D. (1988b) *The Syntactic Phenomena of English*, Vol. 2, University of Chicago Press, Chicago.
McCawley, James D. (1998) *The Syntactic Phenomena of English*, 2nd ed., University of Chicago Press, Chicago.
McKeon, Donald W. (1972) *A Grammar of Quantified Noun Phrases in English*, Doctoral dissertation, New York University.
Milsark, Gary L. (1974) *Existential Sentences in English*, Doctoral dissertation, MIT. [Published by Garland, New York, 1979.]
Miyagawa, Shigeru (1989) *Structure and Case Marking in Japanese: Syntax and Semantics* 22, Academic Press, New York.
Muraki, Masatake (1974) *Presupposition and Thematization*, Kaitakusha, Tokyo.
Nakamura, Masaru (1983) "A Nontransformational Approach to Quantifier-floating Phenomena," *Studies in English Linguistics* 11, 1-10.
Nakau, Minoru (1976) "Tense, Aspect, and Modality," *Japanese Generative Grammar: Syntax and Semantics* 5, ed. by Masayoshi Shibatani, 421-482, Academic Press, New York.
Peirce, Charles S. (1931-58) *Collected Papers of Charles Sanders Peirce*, ed. by Charles Hartshome and Paul Weiss, Harvard University Press, Cambridge, MA.
Postal, Paul M. (1974) *On Raising: One Rule of English Grammar and Its Theoretical Implication*, MIT Press, Cambridge, MA.
Quirk, Randolph, Sidney Greenbaum, Geoffrey Leech and Jan Svartvik (1985) *A Comprehensive Grammar of the English Language*, Longman, London.
Reed, Ann M. (1991) "On Interpreting Partitives," *Bridges between Psychology and Linguistics: A Swarthmore Festschrift for Lila Gleitman*, ed. Donna Jo Napoli and Judy Anne Kegl, 207-223, Lawrence Erlbaum Associate, New Jersey.
Reichenbach, Hans (1947) *Elements of Symbolic Logic*, Macmillan, New York.
Rochemont, Michael Shaun and Peter W. Culicover (1990) *English Focus Construction and the Theory of Grammar*, Cambridge University Press, Cambridge.
Ross, John Robert (1967) *Constraints on Variables in Syntax*, Doctoral dissertation, MIT. [Published in 1986 as *Infinite Syntax!* Norwood, ABLEX Publishing, New Jersey.]
Rydén, Mats (1970) "Determiners and Relative Clauses," *English Studies* 51, 47-

52.
Safir, Ken (1986) "Relative Clauses in a Theory of Binding and Levels," *Linguistic Inquiry* 17, 663-689.
Selkirk, Elisabeth O. (1977) "Some Remarks on Noun Phrase Structure," *Studies in Formal Syntax*, ed. by Adrian Akmajian, Peter W. Culicover and Thomas Wasow, 285-316, Academic Press, New York.
Shibatani, Masayoshi (1977) "Grammatical Relations and Surface Cases," *Language* 53, 789-809.
Smith, Carlota (1964) "Determiners and Relative Clauses in a Generative Grammar of English," *Language* 40, 37-52.
Sportiche, Dominique (1988) "A Theory of Floating Quantifiers and Its Corollaries for Constituent Structure," *Linguistic Inquiry* 19, 425-449.
Stockwell, Robert P., Paul Schachter and Barbara Hall Partee (1973) *The Major Syntactic Structures of English*, Holt, Rinehart and Winston, New York.
Tanaka, Hideki (1997) "Some Remarks on Relative Clauses with Quantified Heads," *TES* 16, 189-208.
Tanaka, Hideki (1998) "Relative Clauses on Type-Representing Head Nouns," *TES* 17, 167-182.
Tanaka, Hideki (2012) "A Contrastive Study of *A of B* and *A out of B*," *JELS* 29, 163-169.
Tenny, Carol (1987) *Grammaticalizing Aspect and Affectedness*, Doctoral dissertation, MIT.
Tenny, Carol (1994) *Aspectual Roles and the Syntax-Semantics Interface*, Kluwer, Dordrecht.
Vendler, Zeno (1967) *Linguistics in Philosophy*, Cornell University Press, Ithaca, NY.
Wierzbicka, Anna (1988) *The Semantics of Grammar*, John Benjamins, Amsterdam.
Ziv, Yeal (1973) *On the Communicative Effect of Relative Clause Extraposition in English*, Doctoral dissertation, University of Illinois at Urbana-Champaign.
Ziv, Yeal and Peter Cole (1974) "Relative Extraposition and the Scope of Definite Description in Hebrew and English," *CLS* 10, 772-786.

索　引

1. 日本語は五十音順に並べてある．英語（で始まるもの）はアルファベット順で，最後に一括してある．
2. 〜は見出し語を代用する．☞ は「参照せよ」を表す．
3. 数字はページ数を示す．

[あ行]

一義（必然）的関係　173, 175, 177, 192
1字名詞　62, 63, 65, 66
因果関係　173-177, 191, 192, 215, 219, 222-225

[か行]

概数詞　57, 63, 64, 67, 68, 225-229, 233, 235-237, 239-242, 245, 246
概数詞遊離文　226, 231, 233, 235
外置　16, 17, 179, 180
外置制限節　179-181, 184, 185, 253
下位類形成　127
過去パーフェクト　222
活動動詞　206
含意　55, 78, 113, 115, 119, 127, 128, 137, 138, 175, 202
関係節化　151-154, 166-168, 196-199, 203
関係節事態　190, 196, 210, 213-216, 219-223, 225
完了相　222, 224
疑似部分構造　14-20, 22, 23, 27, 28, 59, 64, 80
基数詞　31, 57, 61, 62, 64, 68, 104, 153, 162, 225-229, 231, 240, 241
基数詞遊離文　226, 229, 231, 238, 245
基数的数量詞　9, 19, 37, 56, 57, 59, 60, 81, 101, 102, 216, 232, 233, 235, 238-242
既存性　82, 218
強決定詞　8, 9, 56
均質性　24, 62
均質な（個体の）集合　28, 62, 65, 241, 242
近接性　30
グループ・メンバーの関係（☞ M 部分関係）　3, 4, 35, 59, 72, 124, 146, 150, 151
グループ解釈　147, 155, 158, 167
グループ指向（〜の述語）　146
継続相　224
計量的な部分関係　12, 13, 29, 30
計量的部分名詞　12
計量類別詞　25, 29, 30, 33, 35, 36, 71, 162
結果節　177
原因節　177
限定詞　14, 64, 70, 83, 119, 127, 239
語彙的部分解釈　9, 65-67, 81, 237, 239
構文的部分解釈　9, 65, 67
後方照応　120, 123

個体（NP）　127-129, 131, 147
個体解釈　30, 32, 33, 35, 36, 45, 49, 91, 95, 99, 100, 167, 169, 170, 171, 203, 204, 242, 246
個体限定型関係節　198, 201, 203, 205-207, 210, 211
個体指示　97-101
個体数量詞　71, 72, 74-76, 80, 81, 83-85, 89, 210, 216
個体先行詞　127
個体先行詞制限節　127, 129, 131
個体レベル述語　100, 109, 170
個別性　24, 28, 48, 49, 99, 242
個別類別詞　25
語用論的推論　93-95, 101, 216, 230

[さ行]

参照時　223
時間副詞　221-223
指示性　19, 97
指示範囲　186, 187
指示レベル　33, 34, 113, 140, 144, 157-159, 162, 169
事態解釈　203, 204, 207
実現順序（事態の～）　215, 219-222
質を表す部分関係　10, 11, 20, 22, 30, 34, 35
指定辞　133
　属格～　15, 22
指定文　137
弱決定詞　8, 9, 56
集合的認知　87-89, 91, 106
集合類別詞　25-30, 141, 155, 158, 167
主節時　213-215, 218-225
主節事態　185, 188, 190, 196, 213-216, 218-223, 225, 254
主名詞（句）　164, 166, 167, 169-171, 195-204, 207-211, 216, 219, 222
主要部　69, 70, 204, 207, 243, 246
種類名詞　62, 63, 65, 66
上下関係（概念的～）　144, 147, 148, 163
譲渡不可能な部分　35
状況指示制約　190-192
情報単位　184
叙述文　137
真部分構造　14, 15, 51
数量限定型関係節　198-202, 204-211
数量詞　8, 9, 56-60, 67, 71, 81, 132, 133, 150, 158, 171, 172, 174, 177, 185-188, 190, 200, 204, 226, 229, 231, 232, 240
数量詞スケール　227, 232, 233, 235, 236
数量詞遊離文　53-55, 71-76, 79-82, 86, 87, 91-94, 96-99, 101-103, 105, 165, 166, 168, 197-199, 202, 208-212, 214-216, 218, 220-222, 226, 231
数量情報　226-229, 233
数量名詞句限定型関係節　204, 207-209
スケール（名詞）　197, 198, 200-202, 204, 206-211
制限的関係節（制限節）　111-115, 118-120, 129, 130, 132-137, 140, 141, 143, 146, 149-164, 173, 179, 181-187, 189-192, 253
制限的な制限節　126, 127, 130, 131
制限的用法　1, 111, 128, 137
絶対的な数量　236, 240, 243
絶対的評価　233
全体・部分の関係（☞ 部分関係）　2
前提　8, 9, 14, 15, 20, 37, 42, 57, 61, 64, 68, 72, 75, 77, 91, 92, 101, 107, 116-118, 141, 145, 146
前提性　8, 9, 14, 55, 56, 60, 64, 81, 83, 101, 103, 232
前方照応的　40

索　　引　　267

総称的　129, 131, 224, 225, 228
創造動詞　82-85, 218
相対的な数量　235, 240
相対的評価　233

[た行]

対比構造　37-43
タイプ　20, 23, 33, 34, 44, 46, 47, 72, 77-79, 90, 93-95, 97, 98, 102, 130, 151, 152, 155, 158, 168-170, 216-218, 224, 252
タイプ・トークンの関係（☞ T 部分関係）　3, 30, 32, 45, 72, 149-151, 155, 156
タイプ化　96, 100
タイプ解釈　20, 30, 33-36, 43-45, 49, 79, 80, 90, 94-97, 99, 100, 129, 166, 169, 170, 209, 217-219, 225, 230, 238, 242, 246, 252
タイプ指示　99, 100, 110
タイプ名詞（句）　22, 23, 32, 33, 35, 44, 48, 74, 77, 80, 82, 83, 95, 96, 100, 101, 155, 166, 218, 225, 252
達成動詞　208
単一構造仮説　130, 131
単一個体とその中身の関係（☞ I 部分関係）　3, 156
単一性の条件　161, 162
断定　116-118, 136
提示文　9, 56, 92
定性　14, 19, 36-38, 40, 68, 75, 80, 81, 120-122, 134, 136, 138, 181, 184, 230
定制限節　115-123, 127, 128, 134-138, 141, 175, 177, 180-183, 253
定名詞（句）　14, 18, 22, 23, 39, 64, 68, 76, 79, 80, 89, 94, 98, 99, 105, 115, 119, 120, 122, 123, 127, 128, 139-141, 184, 208, 209
同一性の条件　160, 161, 163
統語範疇　127-129, 142, 158
動物名詞　23, 26, 28, 69
トークン　20, 32-36, 45, 47, 48, 72, 74, 77, 78, 80, 91, 94-97, 101, 130, 153, 155, 158, 159, 166, 168-170, 216-218, 230
トークン指示　32
特定性　19, 76
特定名詞（句）　76, 80, 208

[な行]

内容数量詞　71-76, 80-84, 89, 210, 216
二重数量詞文　228, 232, 234-238, 240, 241, 243, 244, 253
二重量化　231, 234, 239

[は行]

排他性　119, 121-125, 128, 137, 138, 141, 175
場所副詞　222
はだか名詞　14, 16, 24, 80, 81, 129, 239
場面レベル述語　100, 166, 170, 171
非制限的関係節（非制限節）　17, 18, 111-115, 120-122, 132, 133, 171-179, 181, 183-192
非制限的な制限節　126, 127, 130, 131
非制限的用法　1, 111, 128, 208
ヒト性　27-29, 240, 241
ヒト名詞　23, 24, 26-30, 45, 48, 49, 98, 99, 240-242, 245, 248
非有界的　182, 206
比率関係　7, 37, 59, 103, 231, 235-238, 241, 242, 253
比率的数量詞　9, 19, 37, 56, 57, 59-68,

81-83, 92, 101-103, 170, 227, 232-234,
　　　236-242, 244, 252
　　語彙的な～　240, 245
　　派生的な～　240
不定数量詞　105
不定制限節　115-119, 121-125, 134-138,
　　141, 144, 157, 175, 177, 253
　　外置型～　180, 182, 183
　　非外置型～　179, 180, 182, 184
不定名詞（句）　14, 38, 39, 76, 77, 83, 85,
　　89, 115, 119-121, 127, 128, 139, 141,
　　230
部分関係　2-4, 7, 10, 12, 14, 19-20, 22,
　　25, 28-30, 32-36, 53, 55, 56, 59, 61, 64,
　　65, 71, 81, 93-96, 101, 102, 139, 159,
　　209, 216, 236
部分構造　1, 2, 7, 9, 14-20, 22, 25, 29-
　　35, 37-40, 47, 53, 55-61, 64, 67, 71, 72,
　　80, 81, 92, 93, 101-103, 132-141, 143-
　　146, 151, 157, 158, 165, 176, 177, 186,
　　188, 243, 244, 252, 253
部分構造制約　15, 38, 64, 68, 69, 81,
　　135, 138, 139, 141, 143
普遍数量詞　61, 91
不明確性（表す数量の～）　240
分割　2, 3, 10, 11
包括性（☞ 唯一性）　119
包含関係制約　188, 189, 191, 192
ボトムアップ的　145, 148

[ま行]

無標　8, 56, 72, 75, 82, 91, 94, 95, 101,
　　102, 164, 171, 206
メトニミー　23, 162, 203, 254
モノ名詞　23, 24, 44, 48, 49, 90, 98

[や行]

唯一性　119, 122, 123, 128, 137, 140, 175
有界的　182, 208
有標　75, 101
遊離概数詞　226-238, 240-242
遊離基数詞　226-232, 234, 236-238, 242,
　　243
遊離数量詞　48, 54, 55, 71-83, 87-99,
　　101, 103-106, 133, 196, 197, 199, 203,
　　207, 211, 212, 214-216, 218, 222-224,
　　227, 229-233, 237-240, 244, 253

[ら行]

離散的認知　87-89
理由解釈　150, 172, 174-178, 181-185,
　　188, 253
量を表す部分関係　11-13, 25, 29, 30
類（N′）　127-131
累積量解釈　75, 76, 101, 207, 208
類先行詞　127, 129, 130
類先行詞制限節　127, 129-131
類別詞　5, 10-12, 25, 31-36, 43, 44, 96,
　　98, 149, 152-165, 200-202, 252
連体概数詞文　226
連体基数詞文　226
連体修飾構造　196
連体数量詞　53, 54, 87-89, 93, 196, 228,
　　230, 231, 233-235, 237-240, 242-245
連体数量詞文　54, 85-87, 91, 92, 97,
　　106, 212, 219-221, 226
連体用法　6, 53, 66, 226, 228, 253
論理関係　5, 6, 150, 174, 176-181, 187,
　　190-192, 212, 215, 222, 253

[わ行]

割合数量詞　56, 81

[英語]

Buy タイプ　169, 194

I 部分関係　35, 65, 67, 72-76, 82, 83, 101-103, 155, 156, 165, 167-170, 208, 209, 216, 229, 252

I 部分構造　35, 36, 65-67, 72, 102, 150, 151, 153-156, 158-162, 168

MIT 分類　36, 40, 49, 59, 151

M 部分関係　35, 40-43, 59, 64, 65, 67, 72-75, 77, 78, 80, 82, 83, 89-96, 101-103, 105, 124, 146, 155, 157, 165, 167, 209, 216, 217, 229, 230, 236, 241

M 部分構造　35, 36, 40, 41, 43, 45, 65, 69, 72, 96, 97, 102, 150-158, 162-164

　疑似的な〜　162, 164

NP 先行詞（☞ 個体先行詞）　127

NP 先行詞制限節　127, 129, 130

N′ 先行詞（☞ 類先行詞）　127, 129

N′ 先行詞制限節　127, 129, 130

Read タイプ　169, 193

There 存在文　8, 9, 14, 40, 41, 56, 92

T 部分関係　35, 40, 72, 74, 75, 77, 78, 80, 82, 83, 89, 90, 92-99, 101-103, 155-157, 165, 166, 168, 169, 209, 216-219, 222, 229-231, 236, 238, 252

T 部分構造　35, 36, 40, 41, 43-48, 72, 96-98, 102, 149-162, 168

　個体限定型〜　98

　単数型〜　44, 46, 96, 252

　複数型〜　43-47, 96, 97, 252

　類別詞限定型〜　98

著者紹介

田中 秀毅（たなか　ひでき）

青森県出身．筑波大学大学院博士課程文芸・言語研究科言語学専攻単位取得退学．筑波大学準研究員，広島女学院大学文学部准教授を経て，現在，摂南大学外国語学部准教授．博士（言語学）．

著書：『英語世界のナビゲーション』（共著，青踏社，2003 年），『ユースプログレッシブ英和辞典』（執筆協力，小学館，2004 年）．

主な論文：「非制限的関係詞節と数量詞」（『英語語法文法研究』17，2010 年），「日本語における概数詞の遊離文について」（『日本語文法』11-1，2011 年），「日本語の名詞句と節が表す「部分―全体の関係」の比較」（日本認知言語学会 JCLA 12，2012 年），"A Contrastive Study of A *of* B and A *out of* B"（日本英語学会 JELS 29，2012 年）．

英語と日本語における数量表現と関係節の解釈に関する記述的・理論的研究

著作者	田中 秀毅	
発行者	武村 哲司	
印刷所	日之出印刷株式会社	

2015 年 10 月 27 日　第 1 版第 1 刷発行

発行所　株式会社　開拓社

〒113-0023 東京都文京区向丘 1-5-2
電話　(03) 5842-8900（代表）
振替　00160-8-39587
http://www.kaitakusha.co.jp

© 2015 Hideki Tanaka　　　ISBN978-4-7589-2220-3　C3080

JCOPY ＜(社)出版者著作権管理機構　委託出版物＞

本書の無断複写は，著作権法上での例外を除き禁じられています．複写される場合は，そのつど事前に，(社)出版者著作権管理機構（電話 03-3513-6969, FAX 03-3513-6979, e-mail: info@jcopy.or.jp）の許諾を得てください．